Tomislav Perko

1000 TAGE SOMMER

Tomislav Perko

1000 TAGE SOMMER

Von Kuala Lumpur bis Malawi – mit weniger als 10 Euro am Tag

riva

Bibliografische Information der Deutschen Nationalbibliothek

Die Deutsche Nationalbibliothek verzeichnet diese Publikation in der Deutschen Nationalbibliografie. Detaillierte bibliografische Daten sind im Internet über **http://d-nb.de** abrufbar.

Für Fragen und Anregungen:
info@rivaverlag.de

1. Auflage 2017

Nymphenburger Straße 86
D-80636 München
Tel.: 089 651285-0
Fax: 089 652096

Übersetzung des Buches aus dem Kroatischen: Martin Sobkuljak, eastlingua
Redaktion: Marion Neuwirth für bookwise GmbH, München
Umschlaggestaltung: Isabella Dorsch
Umschlagabbildung: Tomislav Perko
Fotos im Innenteil: Tomislav Perko
Satz: bookwise GmbH, München
Druck: GGP Media GmbH, Pößneck
Printed in Germany

ISBN Print 978-3-7423-0162-8
ISBN E-Book (PDF) 978-3-95971-609-3
ISBN E-Book (EPUB, Mobi) 978-3-95971-610-9

Für dich.

Inhalt

Vorwort

Am Ende der Einleitung zu *1000 Tage Frühling*, dem ersten Buch von Tomislav Perko, stellte Reiseschriftsteller Hrvoje Šalković fest, dass das Buch nur einen einzigen Schönheitsfehler hat: »Sie werden einen wahnsinnigen Wunsch verspüren, diese warme, interessante Geschichte weiterzulesen und -zuverfolgen.« Zwei Jahre später hat Tomislav diesen »Fehler« schließlich korrigiert, und wir dürfen seine ehrlich und humorvoll erzählte Geschichte weiterlesen, die uns auf eine zweifellos unterhaltsame Reise mitnimmt. Wenn dieses Buch nur das wäre, was man auf den ersten Blick vermutet: nämlich eine außergewöhnliche Robinsonade eines ehemaligen Brokers, der zu Hause wie auf Kohlen saß und jetzt durch die Welt tingelt, dann würde es genügen, das Buch fände seinen Weg zu all jenen, die sich nach einer ähnlichen Lebensstiländerung sehnen. Bereits im ersten Buch wurde aber klar, Tomislavs Suche ist die Suche nach Freiheit. Denn wir alle wollen frei sein und den richtigen Weg finden, um unsere Ziele zu erreichen. Sein Weg war, immer mit einem hochgestreckten Daumen irgendwo an der Straße, ohne besonderen Plan, ins Unbekannte, aber auch Schönere zu reisen. Perko weist immer wieder bescheiden darauf hin, dass er kein Schriftsteller ist, dass man von seinem Buch sprachlich nicht viel zu erwarten habe, dass man ihm nichts übel nehmen und das Buch nicht hassen sollte. So wie er es anfangs hasste, als er noch nicht wusste, wie er seine eigenen Erfahrungen in Text übertragen kann. Und wie könnte man jemandem irgendetwas übel nehmen, der mit seinem Buch nichts anderes will, als seine Geschichte erzählen und den Leser dazu ermutigen, seine eigene Geschichte zu schaffen, egal, ob das Reisen, Hobbys oder etwas anderes ist. Der einzige Schritt, der wirklich zählt, ist der erste. Der, mit dem man von der Couch in die Welt hinausgeht, mit allem Vertrauten bricht und sich aus eigener Kraft neu erfindet. Das zeigt auch dieses Buch. *1000 Tage Sommer*, genauso wie *1000 Tage Frühling*, führt keine Listen der zurückgelegten Kilometer an, keine Adressen von Ho(s)tels, gibt keine Anweisungen oder Verhaltenstipps für unterwegs, sondern zeigt uns, wie das Leben, in diesem Fall das Reisen, in der Praxis eines »normalen« Menschen aussieht. Perko sagt uns nicht, wie lang und welcher Art der Weg in die Freiheit ist, aber er zeigt uns den Ort, wo wir beginnen und von wo aus wir auf die Suche gehen könnten. Auch wenn man manchmal »das tun muss, was man nicht mag, um genau das zu machen, was man gerne tut«. Es scheint, als hätte Tomislav dieses Buch nicht so sehr geschrieben, um einem inneren Drang zum Schreiben nachzukommen und ein Kunstwerk des geschriebenen Wortes zu schaffen, sondern vielmehr aus einem Bedürfnis heraus, seine Geschichte ehrlich zu erzählen, um so andere – und sei es auch nur einen einzigen Leser – dazu zu ermutigen, die Liebe zu etwas zu finden und sich diesem mit ganzem Herzen zu widmen, um sein Leben in vollen Zügen zu genießen und dadurch herauszufinden, wie die Welt von ihm und seinem Tun profitieren könnte. Der größte Wert dieses Buches liegt gerade in dieser Selbstlosigkeit des Teilens. Weder der erste noch der zweite Band sind klassische Reisereportagen, noch geben sie vor, es zu sein. Der Leser kann sich auf dieses Buch nicht verlassen wie auf eine Karte oder einen Reiseführer, er findet jedoch eine Handvoll Dinge, die ihn inspirieren könnten zu reisen, selbst Erfahrungen zu sammeln, Dinge mit eigenen Augen zu betrachten, was ohnehin viel wichtiger ist als reine Information. Auch ohne eine Karte kommt man zum gewünschten Reiseziel, aber wenn man nicht losgeht, kommt man nicht weit.

Maja Klarić

Tag 1000

»Tomislav Perko, Reiseschriftsteller aus Zagreb, ist gerade von seiner tausendtägigen Weltreise zurückgekommen. Er hat fünf Kontinente durchquert, mit einem Budget von nur einigen Euro pro Tag. Er ist getrampt, schlief in Wohnungen von unbekannten Menschen, spielte Gitarre auf der Straße, nahm ungewöhnliche Jobs an, arbeitete als Volunteer bei Projekten mit und segelte sogar auf einem 13 Meter langen Segelboot im Indischen Ozean. Er saß einige Zeit mit Polizisten an der iranisch-pakistanischen Grenze fest, meditierte in einem buddhistischen Kloster in Thailand, gelangte auf wundersamen Wegen in ein Hippiedorf in Australien, besuchte die schönste Insel der Welt, lebte eine Weile mit Massai-Kriegern in Afrika und suchte sogar zusammen mit Schamanen im Regenwald des Amazonas nach dem Sinn des Lebens.«

Ich lauschte der Ankündigung meines Vortrags in der Bibliothek von Split, schaute auf den Boden und lächelte. Jedes Mal, wenn jemand in wenigen Sätzen versuchte zu schildern, was ich in diesen 1000 Tagen alles erlebt hatte, klang die ganze Sache für mich unglaublich, ja fast unmöglich. Wüsste ich es nicht besser, glaubte ich, dass gleich die interessanteste, mutigste und willensstärkste Person der Welt einen Vortrag über ihre Abenteuer halten würde. Wüsste ich es nicht besser, wäre ich überzeugt, dieser Typ hätte den Sinn des Lebens entdeckt, und ich würde alles auf dieser Welt geben, damit mein Leben genauso erfüllt wäre.

Doch ich wusste: Es geht nur um mich – deswegen lachte ich.

»Wenn die Menschen hören, wo ich überall war und was ich in den letzten Jahren alles unternommen habe, möchte fast jeder etwas Ähnliches erleben«, begann ich wie schon so oft meine Einführung. »Die Mehrheit denkt, dass meine Reise eine sensationelle, unglaublich schwierige, beinahe unmögliche Sache sei. Dass man dazu außerordentlichen Mut und Einfallsreichtum bräuchte und dass das Ganze nichts für einen normalen Menschen sei. In meinem Vortrag will ich das Gegenteil beweisen und jedem von Ihnen zeigen, dass es eigentlich nicht so schwer ist. Fast jeder von Ihnen kann auf diese Art und Weise reisen, wenn Sie es wirklich wollen.«

Ich war ein bisschen nervös, gleichzeitig aber genoss ich diese Situation. Mich fasziniert es einfach, diese Neugier in den Augen der Menschen zu sehen, während ich eine Antwort auf ihre Frage gab: Wie ist es überhaupt möglich, die Welt auf *meine* Art und Weise – fast kostenlos – zu bereisen?

Ich wusste, was in ihnen vorgeht, weil ich vor ein paar Jahren den gleichen Blick und die gleiche Frage hatte. Und ich wusste, wie sich mein Leben zum Besseren verändert hatte, nachdem meine Frage beantwortet wurde.

Wer weiß, vielleicht wird sich durch meinen Vortrag das Leben des einen oder anderen für immer verändern.

»Warum begann ich überhaupt meine Reise«, fragte ich rhetorisch in die Runde und drückte den Knopf der Fernbedienung.

Es erschien ein Foto von mir, auf dem ich auf einer Holzbank irgendwo in Südaustralien sitze und nachdenklich in die Ferne blicke. Jedes Foto, das ich in dem Vortrag zeige, hat seine eigene Geschichte, die ich stundenlang erzählen könnte. Jetzt muss ich fast 100 Fotos zeigen, fast 100 Geschichten erzählen, in weniger als anderthalb Stunden.

»Meine Geschichte begann vor ungefähr fünf, sechs Jahren, als mein Tagesablauf noch ganz anders aussah«, erzählte ich dem Publikum. »Ich arbeitete als Börsenmakler an der Zagreber Börse, trug tagsüber einen Anzug mit passender Krawatte und verdiente eine Menge Geld. Ich war ehrgeizig und erfolgreich. Meine Ziele waren, meine Karriere voranzubringen, mein Bankkonto zu füllen, in schicke Clubs zu gehen und ein bequemes Leben zu führen. Dann kam das Jahr 2008 und die Finanzkrise mit dem darauffolgenden Börsencrash.

Innerhalb weniger Wochen verlor ich alles, was ich in den letzten Jahren aufgebaut und verdient hatte – meinen Job, meine Karriere und meine Ersparnisse. Meine Schulden stiegen auf über zweihunderttausend Kuna (ca. dreißigtausend Euro). Während ich immer depressiver wurde und nach den Gründen suchte, die mich in diese scheinbar ausweglose Situation gebracht hatten, wurde mir auf einmal klar, dass ich alle meine Prioritäten falsch gesetzt hatte. Wenn ich jahrelang etwas aufgebaut hatte, was in nur einigen Wochen wie ein Kartenhaus zusammenbrach, dann hatte ich vielleicht auf das falsche Pferd gesetzt. Ich sollte mir etwas aufbauen, was nicht so leicht zusammenbrechen kann. Vielleicht sollte ich Erfahrungen und keine materiellen Dinge sammeln. Und so begann ich über Reisen nachzudenken.«

»Der erste große Schritt in dieser Richtung war die Entdeckung der Website von *Couchsurfing*[1].« Ich zeigte das nächste Foto. Ungefähr zehn Menschen in meiner Mietwohnung, vor der Wand mit der gemalten Weltkarte. Alle glücklich und fröhlich, jeder zeigt mit dem Finger auf der Karte das

---

1 www.couchsurfing.com

Land, aus dem er stammt. »Wer von Ihnen hat schon von dieser Website gehört?«, fragte ich. Fast jeder im Saal hob die Hand.

»Für diejenigen von Ihnen, die das nicht kennen: *Couchsurfing* ist eine Internetcommunity, die es Ihnen möglich macht, Reisende in Ihrem Zuhause willkommen zu heißen, total freiwillig, einfach so. Man kann seine Gäste auf dem Sofa, im Gästezimmer, auf dem Fußboden oder – wer weiß – im eigenen Bett unterbringen.«

Die Mehrheit des Publikums lachte. Das war ein gutes Zeichen. Ich wusste es aus eigener Erfahrung: Diese Menschen waren nicht nur gekommen, um meinen Vortrag anzuhören, sondern auch eine interessante Geschichte über einen Menschen, der fast ohne Geld die Hälfte der Welt bereist hat. Doch egal, wie interessant diese Story auch sein mag, man muss anderthalb Stunden ruhig sitzen und konzentriert zuhören. Und die Konzentration bleibt am höchsten, wenn man ab und zu lachen kann.

»Genauso funktioniert es, wenn Sie selbst reisen. Sie können bei anderen schlafen, völlig kostenlos«, setzte ich meine Erklärung fort. »Als ich CS entdeckte, wurde ich regelrecht süchtig danach. Im Laufe eines Jahres begrüßte und verabschiedete ich mehr als hundertfünfzig Menschen aus allen Teilen der Welt in meiner kleinen Mietwohnung in Zagreb. Und diese Menschen waren meine Inspiration.«

Bevor ich alle diese Menschen kennenlernte, war Reisen keine reale Option in meinem Leben. Natürlich habe ich davon geträumt. Ich wollte reisen. Ich las immer wieder Bücher und sah viele Filme und Dokumentationen – doch das alles war so weit weg von mir und meinem Leben, außerhalb meiner Realität. Ich konnte mich mit den Hauptfiguren einfach nicht identifizieren. Ich dachte, man müsste willensstark und mutig sein – einfach alles, was ich selbst nicht war. Ich dachte, man muss viel Geld, finanzielle Sicherheit und die Hilfe der Eltern haben – einfach alles, was ich selbst nicht hatte. Aber durch *Couchsurfing* hatte ich plötzlich Menschen aus Fleisch und Blut in meinem Wohnzimmer, ganz normale Menschen in meinem Alter, die mir mit einem Bier oder einer Kippe in der Hand ihre eigenen Abenteuer erzählten und immer mit dem gleichen Satz aufhörten: Auch du kannst so reisen, wenn du es nur willst!

Und so begann ich ernsthaft über das Reisen nachzudenken.

»Der zweite Grund war die pure Neugier.« Ich ging zum nächste Foto über. Es zeigte eine offene Straße irgendwo in Australien. Es schien mir eine gute Metapher für Neugier. »Wir Menschen sind von Geburt an neugierige Wesen. Uns interessiert, was sich hinter der nächsten Ecke versteckt, wir möchten Neues erforschen, andere Sachen erleben. Die Erzählungen meiner Gäste berührten etwas in mir, und ich begann Fragen zu stellen. Vor allem, weil ich auf der Weltkarte an der Wand meines Wohnzimmers sah, wie klein, ja fast unscheinbar Kroatien ist. Ich wollte reisen, wollte erforschen, wollte endlich wissen, was in dieser großen Welt vor sich geht. Und ich war sicher, durch Reisen dieses Bedürfnis befriedigen zu können.«

»Der dritte Grund war mein ständiges Nachfragen«, fuhr ich fort. »Während ich verschiedene Menschen aus allen Teilen der Welt in meiner Wohnung willkommen hieß, bemerkte ich, dass sich unsere Gedanken und unsere Meinungen unterschieden. Und das nur, weil wir in einem anderen Umfeld geboren und aufgewachsen waren. Das gefiel mir nicht. Warum sollte ich eine bestimmte Meinung über etwas haben, nur weil ich in Kroatien geboren bin? Plötzlich wollte ich die Dinge aus einer ganz anderen Perspektive betrachten, wollte Informationen aus anderen Teilen der Welt sammeln, wollte mir meine Fragen selbst beantworten, wollte *meine eigene* Wahrheit finden. Ich wollte von Anfang an mehr darüber erfahren, was ich bis dahin glaubte zu wissen. Ich wollte allein begreifen, was meine eigene Wahrheit ist, was gut und was schlecht ist.«

»Eigentlich ist es traurig, dass bei fast jedem von uns von Kindheit an die angeborene Neugier unterdrückt und das Akzeptieren von vorgefertigten Meinungen gefördert wird. Wir werden zu unkritischem Denken angeregt, wir sollen alle Tatsachen so akzeptieren, wie sie uns serviert werden – angefangen bei der Moral, über den Glauben, bis hin zum Benehmen. Mit den besten Absichten (natürlich!) erziehen uns unsere Eltern auf die Art und Weise, die sie für die beste halten, und haben meistens kein Verständnis dafür, wenn wir uns anders verhalten oder einfach nicht so werden, wie sie es sich vorgestellt haben. Unsere Eltern haben ihre eigene Meinung darüber, mit wem wir befreundet sein sollten, in welche Schule wir gehen müssen, was gut und was schlecht für uns ist. Genauso ist die Grundlage der Religion ein Glaubensbekenntnis, das nicht näher hinterfragt wird. Iss keinen Apfel vom Baum der Erkenntnis! Befolge die Regeln der Heiligen Schrift! Unsere Religion und unser Weg sind die einzig richtigen! In der Schule bekommst du dann Lehrbücher, deren Inhalt sich von Staat zu Staat und je nachdem, zu welcher Zeit sie geschrieben wurden, unterscheidet. Wenn du das nicht akzeptierst, bekommst du schlechte Noten. Und schlechte Noten will keiner, oder? Bist du endlich mit deinem Studium fertig, dann sollst du eine anständige Arbeit finden, heiraten, dir ein eigenes Haus oder eine eigene Wohnung kaufen und so weiter. Wir werden trainiert, gleich zu sein, und vergessen, dass jeder von uns einzigartig ist.«

»Irgendwie wusste ich: Wenn ich Orte besuche, die sich vollständig von dem unterscheiden, in dem ich aufgewachsen bin, wenn ich Zeit mit Menschen aus anderen Kulturen verbringe, werde ich mich an meine Einzigartigkeit erinnern. Durch Reisen schaffe ich es.«

Tag 217

Ich öffnete mein schwarzes Heft und schrieb alle Gedanken auf, die mir durch den Kopf gingen. Schon seit zehn Tagen bin ich Vegetarier. Ich fühle mich gut, Fleisch fehlt mir überhaupt nicht, und darüber hinaus habe ich ein paar Dokus über die gesundheitlichen Vorteile einer pflanzlichen Ernährung gesehen. Obwohl ich keine Extreme und Grenzen mag, schien es mir vernünftig und sinnvoll, Vegetarier zu sein.

Das erinnerte mich an den Ursprung der Lebensart, die ich heute noch verfolge, und an die ersten Jahre meines Studiums: Eines Tages wache ich auf und entscheide mich, alle meine Ansichten zu löschen, alles zu vergessen, was ich zu Hause, in der Schule, in der Kirche oder in den Medien gelernt habe, und einfach von vorne anzufangen. Ich werde Fragen stellen, ich werde nichts mehr als selbstverständlich hinnehmen, ich werde meine Meinung über alles, was ich jahrelang gedacht habe, ändern. Ich werde keine Vorurteile mehr haben. Ich werde dazulernen. Ich werde zuhören.

Es öffnete mir die Augen. Auf einmal erkannte ich, dass ich unzählige Dinge falsch verstanden habe, dass ich vor allem durch mein Umfeld die Person geworden bin, die ich zu diesem Zeitpunkt war. Kroatien ist das beste Land der Welt. Iss Fleisch, ohne Fleisch kann man nicht leben. Glaub an das, was in den Zeitungen steht und was im Fernsehen gesagt wird. Hör auf deine Lehrer und Professoren. Zweifle nie an Tatsachen, die in einem Lehrbuch stehen.

Bullshit. Es ist erstaunlich, wie viele Leute etwas *wissen* – und dabei keine Ahnung haben. Sie haben es irgendwo gehört oder kennen einfach niemanden, der es anders macht. Dann muss es wohl stimmen. Der Vegetarismus ist nur eines von vielen Beispielen. Ich wuchs mit Fleisch auf. Fleisch war täglich auf dem Teller, außer freitags, da gab es Fisch. Und an den zwei, drei Tagen im Jahr, an denen man bis Mitternacht warten musste, um dann alles in sich hineinzustopfen, was tagsüber verboten war.

Als Chloe am Sonntag bei meinen Eltern zum Mittagessen eingeladen war und ich ihnen sagte, sie sei Vegetarierin, sagte mein Vater mit einem breiten Grinsen im Gesicht: »Sie kann das Gras auf dem Hof essen. Das ist alles, was wir für Vegetarier haben.«

Sehr witzig von meinem Vater.

Aber mal ehrlich: Wie viele Dinge meinen wir zu wissen, haben aber keine Ahnung davon? Wie viele Gespräche werden geführt, nur um zu beweisen, dass wir die besseren Argumente haben, obwohl wir nie ernsthaft versuchen, die andere Seite der Geschichte zu verstehen? Wie oft streiten wir miteinander, weil wir uns einfach nicht darauf einigen können, dass nicht nur einer recht hat? Wie oft schauen wir auf die Unterschiede zwischen Menschen anstatt auf die Gemeinsamkeiten? Zu oft.

Und das ist ein weiterer Grund, warum ich auf Reisen bin. Denn ich beschloss, nichts mehr sicher zu wissen. Ich wollte von vorn anfangen, alle Standpunkte hören, nicht nur einen. Ich beschloss zuzuhören, nicht zu predigen. Ich wollte Orte, Menschen und Sitten kennenlernen, von denen ich nur das wusste, was andere mir erzählten.

Auf meinen Reisen erkannte ich, dass *die anderen* gelogen haben. Um ihre Unwissenheit zu verbergen, um ihren eigenen Arsch zu retten, um uns so zu formen, wie sie es für richtig hielten. Wer *die anderen* auch waren, es gelang ihnen.

Als ich Kroatien verließ, warnten mich alle, in Serbien besonders vorsichtig zu sein. In Serbien wurde ich von allen gewarnt, in Bulgarien vorsichtig zu sein. Dort angekommen, warnte man mich vor der Türkei. Die Türken warnten mich, mich vor den Kurden in Acht zu nehmen, und die Kurden vor den Iranern. Die Iraner dann vor den Pakistanern. Und so weiter und so fort. Und wo hatte ich Probleme? Nirgendwo. Tatsächlich erlebte ich in den letzten vier Jahren nur einen einzigen Vorfall, und zwar auf dem Zagreber Hauptbahnhof, als ich von Boys (BBB – Bad Blue Boys, Fans des Zagreber Fußballclubs Dinamo) angegriffen wurde, weil sie dachten, ich sei Torcidaš (Torcida, Fan von Hajduk, Fußballclub in Split). Mittlerweile bereiste ich, oft per Anhalter, über dreißig Länder, schlief am Straßenrand oder in Häusern von Fremden, fuhr durch gefährliche Länder, wurde in den schmutzigsten Teilen der Welt krank, aß in Restaurants, die nicht einmal die grundlegendste Hygienekontrolle im Westen bestehen würden.

Und hier bin ich, lebendig und gesund. Meistens glücklich, manchmal traurig. Umgeben von netten Menschen, hier und da auch einsam. Aber FREI. Um das zu machen, was ich will, um meinen Träumen zu folgen, egal, ob jemand sie für bedeutungslos hält. Egal, dass manche dachten, ich würde mein Leben wegwerfen, weil ich keinen *normalen* Job habe, weil ich keine Wohnung besitze, die ich die nächsten dreißig Jahre abbezahlen muss, weil es mir völlig egal ist, woher jemand kommt oder wie er aussieht, an welchen Gott er glaubt oder mit wem er sein Bett teilt. Das habe ich auf meinen Reisen gelernt. Vergeblich wären alle Kilometer, Länder, Menschen und Erfahrungen gewesen, wenn ich diese Lektion nicht verstanden hätte.

Das Beste von allem ist, dass es überhaupt nicht ums Reisen geht. Es gibt eine Million Möglichkeiten, um (über sich hinaus) zu wachsen, eine Million Möglichkeiten, um glücklich zu sein, um das zu werden, wovon man schon immer geträumt hat. Das Reisen ist mein Weg. Nicht besser und nicht schlechter als jeder andere.

Nur meiner.

Tag 1000

»Der letzte Grund war meine Ausbildung«, setzte ich meinen Vortrag fort. »Natürlich hatte ich mein Hochschuldiplom, natürlich hatte ich eine Menge theoretisches Wissen, doch im Gespräch mit meinen Gästen erkannte ich, dass ich praktisches Wissen vermisse. Es fehlte mir an Lebenserfahrung. Es fehlte mir der Umgang mit verschiedenen Situationen, an Anpassungsvermögen, an Unabhängigkeit. Es fehlte mir an Freiheit.

Oft fragte ich mich, ob ich jemals das Studium aufgenommen hätte, wenn ich nach der Schule meinen heutigen Wissensstand im Kopf gehabt hätte. Ich habe Volkswirtschaft studiert, was mich eigentlich nicht interessierte. Ich schloss mein Studium mit einer Menge Stress nach vollen acht Jahren ab, aber ehrlich gesagt, wirklich viel gelernt habe ich nicht. Das einzig Wichtige – von einigen wenigen Ausnahmen abgesehen – war es nicht, etwas zu lernen, sondern eine gute Note in jedem Fach zu bekommen.

Wenn ich ehrlich bin, hätte ich aus der heutigen Perspektive höchstwahrscheinlich niemals studiert. Doch im Rückblick möchte ich diese Jahre gegen nichts auf der Welt tauschen. Wer weiß, ob ich all die Dinge erlebt hätte, wenn ich während des Studiums einige Menschen nicht kennengelernt hätte. Menschen, die direkt oder indirekt zu meinem heutigen Leben beitrugen.

Natürlich, sobald ich ernsthaft über Reisen nachzudenken begann, setzten die ersten Schwierigkeiten ein«, gestand ich meinem Publikum. »Das erste Hindernis war die Angst. Ich bin nicht der mutigste Mensch, und egal, wie sehr mich meine reisenden Freunde versuchten zu überzeugen, dass die Welt ein schöner und sicherer Ort sei, war ich immer skeptisch. Es ist nicht einfach, ganz allein das Vertraute hinter sich zu lassen und ins Unbekannte aufzubrechen.

Deshalb versuchte ich, meine Angst auf die nächstliegende Art und Weise zu bekämpfen, und lud Freunde ein, mit mir zu reisen. Es wird sicherer sein, wir werden viel Spaß haben und so weiter. Aber falls Sie schon einmal etwas mit Freunden geplant haben, wissen Sie selbst, wie das endet.«

Ich wartete auf eine bestimmte Reaktion aus dem Publikum, und ich bekam sie. Die meisten Leute lachten, einige richteten böse Blicke auf ihren Sitznachbarn. Es tat gut, zu wissen, dass ich nicht der Einzige war, den seine oder ihre Freunde im Stich gelassen hatten.

»Einige Tage vor der Abreise sagte einer nach dem anderen ab«, erklärte ich. »Einige wegen Geldmangels, wegen Prüfungen in der Schule, wegen Vorbehalte der Eltern oder der Partner. Jeder fand seine eigene Ausrede. Ich erkannte schnell, dass ich mit keinem rechnen konnte. Sehr bald war mir klar, dass ich, würde ich auf den perfekten Moment für meinen Reisestart warten, keinen Schritt aus Zagreb hinauskommen würde.

Wenn es um den Überlebensinstinkt geht, der uns vor einer tödlichen Gefahr, einer schlimmen Verletzung oder einer bedrohliche Begegnung bewahren soll, dann ist Angst äußerst nützlich. Niemand bestreitet das. Aber ich hatte Angst zu reisen, und das hatte ich noch nie erlebt. Wie ist das möglich? Warum mischt sich hier die Angst ohne Grund ein? Ist Angst hier überflüssig, ja sogar schädlich? Ist sie irrational?

Ich dachte über mein Leben nach. Wie oft hatte ich mich gegen etwas Aufregendes entschieden, nur weil ich Angst hatte? Weil ich nicht wusste, wohin das führen würde? Wie oft habe ich es bedauert, dass ich etwas nicht versucht hatte, nur weil ich nicht wusste, worauf ich mich da einlasse?

Zu oft.

Als ich sah, dass es mit meinen Freunden nicht klappen würde, war es an der Zeit, die Taktik zu ändern«, fuhr ich fort. »Der neue Vorsatz war Nicht-Denken. Ich sagte mir, dass ich über all die negativen Dinge, die während der Reise auftreten könnten, einfach nicht nachdenken würde. Ich sagte mir: Geh und erlebe es am eigenen Leib, schau, ob die Furcht begründet ist. Logisch, sobald ich es versuchte, sobald ich zu reisen begann, wurde mir klar, dass das Leben auf der Straße nicht mehr und nicht weniger gefährlich war als das Leben zu Hause.«

Es liegt in der menschlichen Natur, das Unbekannte zu fürchten, egal, wie stark wir von etwas angezogen werden, egal, wie groß unser Interesse an etwas ist. Aber ausgenommen bei einer echten Angststörung, sind meiner Meinung nach gerade das Umfeld und die Medien die größten Übeltäter, die für unsere irrationalen Ängste verantwortlich sind. Kein Wunder, dass wir Angst haben zu reisen, wenn wir täglich mit ausschließlich negativen Nachrichten aus dem Ausland bombardiert werden. Wenn eine negative Erfahrung hundertmal stärker wirkt als hundert positive Erfahrungen.

Seit Beginn der Welt gibt es nur einen Weg, die Wahrheit herauszufinden. Wie? Einfach ausprobieren.

Besteht dabei ein Risiko? Natürlich. Aber dieses Risiko gibt es auch im alltäglichen Leben, egal, ob du in Afrika bist oder die Straße an der Fußgängerampel vor deinem Elternhaus überquerst. Das ganze Leben ist ein großes Risiko, und man sollte dieses Risiko eingehen, das Spiel mit dem Risiko mitspielen und mit dem Risiko bis zum Ende leben.

Vor allem, weil sich in meisten Fällen herausstellt, dass das Risiko nur in unseren Köpfen existiert.

Tag 92

Der Wecker klingelte. 5:32 Uhr. Ich stellte ihn ab.

»Lass uns noch schlafen«, sagte ich verschlafen zu Caro, die im Zelt neben mir aufwachte. Seit unserer Abfahrt war es das erste Mal, dass ich den Wecker gestellt hatte. Für diesen Luxus schleppte ich täglich zwei Kilogramm auf dem Rücken. Es war auch das erste Mal seit der Abfahrt, dass ich durch den akustischen Alarm auf meinem Handy geweckt wurde. Ich hasse diesen Ton mehr als alles andere. Es ist lange her, dass ich meine eigene Definition von Lebensqualität fand: Je seltener mich ein Alarm weckt, desto besser ist mein Leben.

»Komm, steh auf!« Sie war entweder fest entschlossen oder einfach weniger faul und verwöhnt als ich. »Lass uns den Sonnenaufgang sehen. Wer weiß, wann du das nächste Mal die über dem Ozean aufsteigende Sonne sehen wirst.«

Zögernd gehorchte ich, wusch mein verschlafenes Gesicht und folgte ihr zum Strand.

Wir waren auf einem Campingplatz, etwa zwanzig Kilometer von Puri entfernt, bei einem der wenigen aktiven *Couchsurfer* in diesem Teil des Landes. Die Entscheidung hierherzukommen ist eine Geschichte für sich. Während wir noch in Nepal waren, fanden wir eine Karte von Indien, auf der nur eine einzige Ortschaft mit Bleistift eingekreist war: Puri. Wir wussten nicht, wem diese Karte gehörte oder warum derjenige gerade Puri markiert hatte, doch wir sahen es als Zeichen und kauften uns Fahrkarten in den tausend Kilometer entfernten Ort im Osten Indiens.

Diesen Ort mochte ich von Anfang an. Abgelegen, fast unbewohnt und ruhig, nur knapp fünfzehn Minuten zu Fuß von einem endlosen Sandstrand entfernt, an dem nur gelegentlich eine herumirrende Kuh oder eine tote Schildkröte auftauchte – sonst nichts. Wir waren nicht die Einzigen, die sich zu dieser Zeit auf dem Campingplatz aufhielten. Eine bunte Gesellschaft hatte sich dort zusammengefunden, Menschen aus den USA, Italien, Ungarn, Schweden, Spanien und natürlich aus Indien. Sie organisierten ein Surfer-Festival, das für diesen Monat geplant war.

Es passierte nicht viel. Die Tage gingen vorüber, die Zeit verbrachten wir am Lagerfeuer mit Geschichten und Gras, das im staatlichen *Bhang shop* in Puri zu kaufen war. Das Gras war hier legal und unheimlich billig.

Alles in allem – es gab mehr als genug Gründe, um diesen Ort zu lieben.

»Es ist wunderschön, deine aufgehende Sonne zu sehen«, raunte ich Caro spöttisch zu, als wir am Strand ankamen. Denn wegen des dichten Nebels konnten wir keinen einzigen Sonnenstrahl sehen.

Da ich das Morgengrauen am Strand doch noch nutzen wollte, zog ich meine Unterhose aus und stürzte mich ins Meer. Nach nicht einmal zehn Sekunden warf mich eine riesige Welle wieder zurück an den Strand.

»Man sieht, dass du noch nie im offenen Meer geschwommen bist«, rief mir meine Begleiterin lächelnd zu und zog ihren Badeanzug aus.

»Dem Ozean und seinen Wellen sollte man mit großem Respekt begegnen«, begann sie ihren Schwimmunterricht. Wir tauchten nun unter den anrollenden Wellen hindurch, passierten den höchsten Punkt, an der sie sich brachen, und konnten schließlich etwa dreißig Meter von der Küste entfernt sicher schwimmen. »Überall auf der Welt flößt der Ozean den Küstenbewohnern Angst und Schrecken ein. Sie wissen nicht nur, dass sie ihm jedes Mal, wenn sie sich auf ihn einlassen, auf Gedeih und Verderb ausgeliefert sind, sondern auch, dass sie im Falle eines Kampfes niemals als Sieger hervorgehen würden. Der Ozean hat immer das letzte Wort.«

Ich mochte ihre Worte, weil sie sich auf das Leben im Allgemeinen übertragen ließen. Die meisten Menschen haben diese Einstellung ihrem Leben gegenüber. Sie haben wahnsinnige Angst, in ihrem Leben etwas zu riskieren, weil sie überzeugt sind, dass sie im Falle eines Konflikts verlieren würden. Meistens bleibt man in den geregelten Bahnen.

»Und jetzt bringe ich dir *bodysurfing* bei«, sagte mir meine Begleiterin freudig. »Merk dir: Zeigt dir der Ozean jemals seine Zähne, halt die Luft an und entspann dich einfach. Früher oder später spült er dich wieder an die Oberfläche.«

Sie zeigte mir, wie sich Wellen bilden und erklärte mir, wie wichtig es sei, den richtigen Moment zu erwischen, um zum Ufer loszuschwimmen und wann man unter der Welle sein musste. Sie brachte mir bei, wie man gefährliche Wellen zu seinem eigenen Vorteil nutzen kann und wie man mit ihnen zusammenarbeitet.

»Ja, das ist es«, dachte ich. Nur wenige Menschen respektieren und provozieren den Ozean gleichzeitig. Sie spielen mit ihm. Sie tauchen ab, um im richtigen Moment die Welle zu erwischen, sie suchen nach dem Weg, mit ihr zu verschmelzen. Sie haben Spaß am Surfen. Und sie wissen, dass es oft schiefgeht. Manchmal ist die Welle einfach zu groß, das Timing ist schlecht, und man kommt ein wenig zu spät oder zu früh. Die Welle bestraft jeden Fehler – wie ein Sandkorn spuckt sie einen an der Küste wieder aus. Aber jeder wird es immer wieder versuchen, bis es klappt.

Aber selbst wenn es dir gelingt, darfst du nicht vergessen, wer der Boss ist, wer die Spielregeln und das Tempo vorgibt. Das müssen wir alle selbst herausfinden, aber wir dürfen gleichzeitig unser Ziel nicht aus den Augen verlieren. Es liegt bei uns, sich anzupassen und immer wieder neue Wege zu suchen, um zusammenzuarbeiten und mit vereinten Kräften ein gemeinsames Ziel zu erreichen.

So ist das Leben. Das Leben ist ein Meer.

Puri ist übrigens, zusammen mit Varanasi, Mathura und Kanyakumari, einer der vier heiligsten Orte für Hindu-Pilger in Indien. Vor allem wegen des Jagannath-Tempels, den jeder Hindu, der etwas auf sich hält, mindestens einmal im Leben besuchen muss. Da den Nicht-Hindus der Eintritt verboten ist, besuchten Caro und ich das nahe gelegene Konark, den siebenhundertfünfzig Jahre alten Tempel der Sonne.

Wie schon so oft, war auch hier der Weg zum Ziel fast genauso interessant wie das Ziel selbst, wenn nicht sogar interessanter.

»Ist alles in Ordnung?«, fragte uns lächelnd ein Motorradfahrer, der neben uns anhielt. Hinter ihm saß noch ein freundlich dreinblickender Typ, und hinter ihnen hielt ein zweites Motorrad an, ebenfalls mit Fahrer und Beifahrer.

»Ja, alles klar!«, antworteten wir. »Wir warten nur auf unsere Mitfahrgelegenheit nach Konark.«

Wir warteten entweder auf den billigen Bus, der alle halbe Stunde fahren sollte, oder auf einen kleineren und etwas teureren Tuk-Tuk. Wir hatten keine Absicht zu trampen, nicht nur weil wir uns die öffentlichen Verkehrsmittel leisten konnten, sondern, ehrlich gesagt, weil wir nicht damit rechneten, dass jemand wirklich anhalten würde.

»Wenn Sie möchten, können Sie mit uns fahren«, antwortete der lächelnde Fahrer und nickte freundlich mit dem Kopf. Als wir das Angebot annahmen und zurücklächelten, wurde sein Nicken noch schneller. Er schickte seinen Freund auf das andere Motorrad und bot uns an, hinter ihm Platz zu nehmen. Mit Wind im Haar und voller Glücksgefühle freute ich mich, dass ich das erste Mal in meinem Leben per Anhalter mit einem Motorrad mitfuhr!

Der Eintritt zum Tempel kostet für die Einheimischen zehn Rupien, während die anderen zweihundertfünfzig Rupien zahlen müssen. Das ist nichts Ungewöhnliches in Indien, in anderen Teilen der Welt auch nicht. Aber, ehrlich gesagt, ich wusste nicht, was ich davon halten soll. Ist das eine Form von Diskriminierung? Ist es fair, einen viel höheren Preis zu zahlen, nur weil man reicher beziehungsweise weiß ist? Was ist mit den reichen Indern und den armen Ausländern? Welche Regeln gelten für sie?

Da wir wussten, dass der Tempel der Sonne nicht nur eines der sieben Wunder Indiens, sondern auch ein Teil des Weltkulturerbes ist, zückten wir unsere Geldbörsen und bezahlten unsere Eintrittskarten. Auf zu einem neuen kulturellen Erlebnis!

Wir wurden nicht enttäuscht. Wie der Name schon sagt, ist der Tempel dem Sonnengott Surya geweiht. Die Anlage ist komplett aus Steinblöcken gebaut, die mit unzählige Alltagsszenen verziert sind. Doch was die Aufmerksamkeit eines richtigen Kulturbanausen wie mich erregte, waren die erotischen Szenen von Männern, Frauen, Paaren und vielem mehr. Es war überraschend, eine solche direkte und offene Abbildung von Sexualität in diesem konservativen Land zu sehen.

Doch neben dem schönen Tempel und den erotischen Bildern waren wir hier die größte Attraktion. Fast alle zwei Minuten kamen die Einheimischen auf uns zu und wollten ein Foto machen. Ohne genau zu wissen, warum wir so viel Aufmerksamkeit auf uns zogen, waren wir dennoch bereit, der Aufforderung nachzukommen. So posierten wir jedes Mal mit breitem Lächeln.

In solchen Momenten kann man nachfühlen, wie es berühmten Menschen in der westlichen Welt geht. Wenn dich fast jeder auf der Straße beobachtet, wenn alle untereinander über dich sprechen, dich manchmal auch verurteilen, wenn jeder ein Stück deiner Zeit haben will und erwartet, dass du ständig gut gelaunt bist, mit einem Lächeln im Gesicht.

Jeder, der heute in einer voyeuristischen Gesellschaft lebt, in der Persönlichkeiten des öffentlichen Lebens mitsamt ihrem Privatleben im Mittelpunkt der allgemeinen Aufmerksamkeit stehen, sollte in diesen Teil der Welt kommen und erleben, wie sich das anfühlt. Vielleicht würden wir dann unser Interesse für nebensächliche Details verlieren. Vielleicht würden wir uns auf wichtigere Themen besinnen und Zeit sowie Energie auf unser eigenes Leben und das unserer Lieben konzentrieren.

Vielleicht würden wir leben, statt nur zu beobachten, was andere tun.

Tag 1000

»Ein weiteres Hindernis war der Geldmangel«, fuhr ich mit meinem Vortrag fort. »Wie kann ich reisen, wenn ich kein Geld habe? Das fragte ich nicht nur mich selbst, sondern auch die anderen Reisenden. Jeder sagte mir, dass es beim Reisen drei grundlegende Ausgaben gibt: Transport, Unterkunft und Verpflegung, also Essen und Trinken. Wenn man diese drei Kosten auf ein Minimum reduziert, wäre das Leben auf der Straße billiger als das Leben zu Hause.«

Das Publikum sah mich skeptisch an. Das klang zu leicht. Wieso reisen dann nicht alle, wenn es so einfach ist? Der Instinkt sagte ihnen, dass im wirklichen Leben auch plötzlich andere Kosten und unerwartete Probleme auftauchen können.

Damit argumentierte auch ich, aber alle meine Gäste hatten die gleiche Antwort: Ja, es gibt unerwartete Ausgaben und Überraschungen, aber darüber brauchst du dir erst dann den Kopf zuzerbrechen, wenn sie tatsächlich passieren. Es bringt nichts, sich im Voraus darüber Gedanken zu machen. Für manche Dinge sei es besser, unvorbereitet zu sein.

»Was die Beförderung betrifft, reiste ich in der Regel per Anhalter.« Ich wechselte zum nächsten Bild. »Nicht nur, weil es das billigste und schnellste Transportmittel ist, sondern auch, weil ich so auf dem Weg von A nach B noch ein Abenteuer erleben kann, bevor ich überhaupt mein Ziel erreiche. Das Abenteuer beginnt nicht, wenn du ankommst, sondern in dem Moment, in dem du deine Wohnung verlässt beziehungsweise wenn du einen guten Platz suchst, um deinen Daumen herauszustrecken. Wenn man per Anhalter reist, kann man nie wissen, was einen erwartet, wie lange man warten muss, welche Richtung der Weg nimmt, wen man trifft und kennenlernt, was für Gespräche man führen wird, oder letztendlich auch, wo der Weg endet.«

»Jetzt zeige ich Ihnen kurz, wie das Trampen in der Praxis aussieht«, sagte ich und startete ein Video.

Ich trank einen Schluck Wasser und betrachtete meine in den letzten Jahren entstandenen Aufnahmen. Das Trampen kann langweilig sein, oft war ich müde, hatte Hunger und Durst, aber das Lächeln in meinem Gesicht durfte nicht verschwinden. Wer nimmt schon einen mürrisch dreinblickenden Typen mit?

Doch es endete immer phänomenal. Du kannst stundenlang in unerträglicher Hitze warten, und während du wartest, fährt nur ein einziges Auto vorbei. Hält aber jemand an und bietet dir eine Mitfahrgelegenheit in deine Richtung an, vergisst du sofort alles Negative, und ein neues Kapitel deines Abenteuers beginnt.

Wie im normalen Leben auch. Wir sind oft müde, hungrig, durstig oder krank, man weiß einfach nicht weiter. Und dann passiert etwas Gutes, und alle Sorgen sind vergessen. Alles vergangene Negative wird unwichtig, nur der gegenwärtige Augenblick und die Zukunft zählen. Alles findet wieder seinen Platz.

Dieses berühmte Zitat von Oscar Wilde bringt es auf den Punkt: *Am Ende wird alles gut. Wenn es nicht gut wird, ist es noch nicht das Ende.*

Jedes Auto, jeder Kilometer ist ein Erfolg. Man fühlt sich wie beim Abschluss eines kleinen Projekts, und das ein- oder zweimal am Tag. Die Gefühle schwanken von purer Verzweiflung bis zu Euphorie.

»Das Trampen ist nicht der einzige Weg, die Reisekosten zu senken«, fuhr ich mit meinem Vortrag fort, als das Video zu Ende war. »Ihr könnt zu Fuß gehen oder Fahrrad fahren, aber ihr könnt auch arbeiten, um eure Beförderungskosten zu verdienen. So wie ich zum Beispiel meine Fahrt über den Indischen Ozean von Australien nach Afrika ›bezahlt‹ habe. Zahlen musste ich nicht, ich musste jedoch Segel ausbringen und einholen und Nachtwachen halten. Die ersten beiden Tage habe ich sogar gekocht, doch der Kapitän befreite mich bald von dieser Aufgabe. Ich frage mich immer noch, warum.«

Hier ist sie! Die erste Lüge in meinem Vortrag.

Der Kapitän befreite mich nicht vom Kochen. Ich musste, genau wie der Rest der Besatzung, ordnungsgemäß während der gesamten Reise meine kulinarische Pflicht erfüllen. Aber ich weiß, dass dieser Satz die Menschen zum Lachen bringt, und so baue ich ihn in jeden Vortrag ein.

Jedes Mal, wenn ich diese Lüge aussprach, wusste ich, wie einfach es ist, eine unsichtbare Linie zu überqueren und die Geschichte vollständig zu drehen. Es wusste ja keiner, wie es wirklich war. In den meisten Fällen war ich der einzige Zeuge, und wenn nicht – wer könnte die Person, die meine Lüge entlarven würde, irgendwo am Ende der Welt finden?

Es ist ein schmaler Grat, und man muss äußerst vorsichtig sein. In der Tat kann man von diesen Lügen profitieren, sein Ego befriedigen, sich cool fühlen. Aber dieses Gefühl ist von kurzer Dauer. Am Ende des Tages, wenn du mit dir allein bist, wenn niemand mehr da ist, vor dem du prahlen könntest, wird dir dein Betrug bewusst, und dein Gewissen sagt dir, dass du ein Lügner bist.

Und wenn du nach einem Vortrag nur ein einziges Mal dieses Gefühl hast, bist du noch vorsichtiger.

Das bedeutet aber nicht, dass du nicht mit der Wahrheit spielen kannst, wie zum Beispiel mit dem Kochen an Bord. Ab und zu darf man lügen und mit deinem Gesichtsausdruck allen zu verstehen geben, dass es sich um eine kleine, unschuldige Schummelei handelt.

Das Publikum wird das akzeptieren und mitlachen. Und gibt es etwas Schöneres, als zweihundert Menschen zum Lachen zu bringen? Wahrscheinlich nicht.

Vielleicht dreihundert Menschen zum Lachen zu bringen.

»An zweiter Stelle der Reisekosten steht die Unterkunft«, erklärte ich und zeigte das nächste Bild. »Auf meinen Reisen habe ich in der Regel *Couchsurfing* genutzt, nicht nur, weil es kostenlos ist, sondern auch, weil es mir ermöglichte, mich an jedem Ort wie ein Einheimischer zu fühlen und alles aus einer ganz anderen Perspektive zu beobachten. Ich war in keinen Jugendherbergen und Hotelzimmern und war nicht auf organisierte Touren und Vorschläge aus den gedruckten Reiseführern beschränkt. Ich hatte einen lokalen Führer in jeder Stadt: meinen Gastgeber. Mit ihnen erkundete ich die Städte, ging an Orte, an denen sie selbst oft sind, und knüpfte Kontakte mit ihren Freunden und ihrer Familie. Ich hatte das Gefühl, dass ich, wenn auch nur kurz, das Leben der Einheimischen lebte.«

In Wahrheit ging es mir weniger darum, dass die Gastgeber mir die Städte und Orte zeigten, viel wichtiger waren sie selbst als Mensch. Die Geschichten, die sie mit mir teilten. Neue Dinge, die ich lernte, eine ganz andere Einstellung zum Leben, die Inspiration, die ich von ihnen erhielt, der Wunsch, mehr zu erfahren, mehr zu lernen. Genauso wichtig war die Inspiration, die ich ihnen gab. Nachdem ich jahrelang Gäste empfangen und ihren Geschichten gelauscht hatte, war ich jetzt in der Rolle des Erzählers und Motivators. Und ich mochte diese Rolle. Genauso wie ich es mochte, vor einem Publikum zu stehen und über die letzten tausend Tage meines Lebens zu sprechen.

»Auch für *Couchsurfing* gibt es natürlich eine Alternative«, erzählte ich weiter. »Ich hatte ein Zelt dabei, um manchmal auch im Freien übernachten zu können. Ab und zu schlief ich im Stadtpark auf einer Luftmatratze oder im Schlafsack.«

Ich sprach das nur kurz an, weil all das nur die Ausnahme der Ausnahme zum CS waren. Ich konnte alle Plätze an den Fingern einer Hand abzählen, an denen ich in einem Zelt oder im Freien geschlafen hatte. Immer wenn ich die Wahl hatte, und die hatte ich fast immer, entschied ich mich dafür, unter Menschen zu sein, auf einer warmen und bequemen Couch oder in einem Bett zu schlafen.

»Eine weitere Alternative bietet die Arbeit als *Volunteer*, als Freiwilliger – ein paar Stunden am Tag arbeiten, im Austausch für die Unterbringung und in der Regel eine Mahlzeit. Das ist praktisch, wenn du eine längerfristigere Basis benötigst oder etwas mehr über einen bestimmten Ort, die Kultur und die Sprache lernen möchtest. Oder wenn du dich verliebst. In einen Ort natürlich.«

Meine Lieblingsplätze lernte ich meistens als *Volunteer* kennen, da ich mich dort einige Wochen oder länger aufhielt. Ich bin mir nicht sicher, ob ich arbeitete, weil ich einen bestimmten Ort mochte, oder ob ich einen bestimmten Ort mochte, weil ich dort arbeitete und dort viel mehr Zeit verbrachte als an anderen Orten auf der Welt.

Der Sinn einer Reise besteht oft nicht im Verreisen selbst, nicht in der Bewegung, nicht im Ortswechsel, sondern der Sinn liegt ganz im Gegenteil im Verweilen an fremden Orten. Man baut eine besondere Beziehung zu ihnen auf und man hat das Gefühl, ein Zuhause zu haben.

Und der ewige Traum, um die Welt zu reisen, ohne zu reisen …[2]

»Das *Housesitting* ist eine weitere Alternative«, fuhr ich fort. »Manche Leute wollen ihr Zuhause nicht leerstehen lassen, wenn sie für ein paar Tage, Wochen oder Monate weggehen. Die Gründe sind verschieden: Angst vor Einbrechern, Haustiere, die zu Hause bleiben, oder ein Garten, den man bewässern muss. Die Hausbesitzer geben im Internet eine Anzeige auf, dass sie jemanden suchen, der sich um ihr Haus kümmert. Sie suchen einen Housesitter, der so die Möglichkeit hat, sich die Unterbringungskosten zu sparen.

Als letzte Möglichkeit gibt es noch den Wohnungstausch, das sogenannte *Home Exchange*[3]. Wenn man einen Ort besuchen möchte, kann man jemandem, der dort wohnt, sein eigenes Heim für eine gewisse Zeit – ein paar Tage, Wochen oder Monate – zum Austausch anbieten. Es gibt keine Regeln.

Die drittgrößten Kosten sind die Ausgaben für Essen und Trinken«, erklärte ich meinem Publikum. »In den teureren Ländern beschränkte ich mich auf Lebensmittel aus den Supermärkten, weil sie am billigsten waren.

2 Aus dem Lied »Der Heilige Abend« von Đorđe Balašević

3 Die größte und populärste Internetseite für Haus- und Wohnungstausch ist www.homeexchange.com.

Und ich kochte oft zusammen mit meinen Gastgebern. Wenn du bei jemandem schläfst, hat es auch den großen Vorteil, dass du immer eine Küche zur Verfügung hast und keine Kochutensilien mitzuschleppen brauchst. Darüber hinaus hat man eine Waschmaschine, in der man jede oder jede zweite Woche seine Klamotten waschen kann und so weniger mitnehmen muss.«

»Schließlich ist Reisen mit einem kleinen Budget der beste Weg, um überflüssige Pfunde loszuwerden. Jeden Tag auf dem Sprung, kein Geld, um es für unnötige Lebensmittel zu verschleudern. Man kauft nur dann ein, wenn man hungrig ist (und nicht, weil man sich langweilt). Und man hört auch auf, Unmengen an künstlichem Zeug in sich hineinzustopfen, sondern ernährt sich vorwiegend von Obst, Gemüse und anderen frischen Produkten aus der jeweiligen regionalen Küche.

In den ersten sechs Monaten meiner Weltreise nahm ich, völlig ungeplant, fast zwanzig Kilo ab. Noch nie hatte ich mich so wohl gefühlt. Leider nahm ich nach meiner Rückkehr wieder schnell zu – dank der leckeren Gerichte meiner Mama.

Obwohl ich Lebensmittel im Supermarkt kaufte und bei meinen Gastgebern kochte, praktizierte ich manchmal auch *Dumpsterdiving*, sogenanntes Müllcontainertauchen.« Ich wechselte zum nächsten Bild und blickte in die entsetzten Gesichter im Publikum. »Das klingt zwar extrem, aber es werden heutzutage zwischen vierzig und fünfzig Prozent der produzierten Lebensmittel einfach weggeworfen. Alle Supermärkte entsorgen nach Feierabend große Mengen an Nahrungsmitteln, weil sie am nächsten Tag nicht mehr verkauft werden können. Sei es, weil das Haltbarkeitsdatum bald abläuft, das Obst oder Gemüse eine kleine Delle hat oder Ähnliches. Deswegen gibt es Menschen überall auf der Welt, die diese Lebensmittel direkt aus dem Supermarkt oder aus den entsprechenden Containern mitnehmen. Die meisten dieser Lebensmittel sind immer noch verpackt und essbar.«

Ich wusste, egal, auf welche Weise ich versuchen würde, *Dumpsterdiving* dem Publikum schmackhaft zu machen: Keiner der Anwesenden würde es verstehen, geschweige denn etwas Ähnliches selbst ausprobieren. Es ist merkwürdig, dass dieses Verhalten in unserer Kultur solchen Ekel verursacht, während das Wegwerfen von wertvollen Lebensmitteln in der Gesellschaft als normal gilt.

»Was die Kosten fürs Ausgehen und Feiern angeht, halten Sie sich fern von Bars und Restaurants, und feiern lieber privat bei jemandem, in Parks oder draußen auf Bänken. So sparen Sie zusätzlich noch etwas Geld.« Das war der letzte Rat, den ich meinem Publikum mitgab, der letzte Tipp, wie man die Welt praktisch ohne Geld bereisen kann. Alle meine Ratschläge lassen sich in drei Begriffen zusammenfassen: gesunder Menschenverstand und Logik mit ein wenig Einfallsreichtum.

Manchmal kam ich mir albern vor, solche banalen Tipps zu geben. Andererseits sehnte ich mich vor wenigen Jahren selbst nach solchen Informationen, bevor ich die Sache in die Hand nahm und alles selbst ausprobierte.

»Man kann nicht nur sehr billig reisen, man kann unterwegs sogar etwas dazuverdienen.« Ich zeigte ein Foto, auf dem ich im Zentrum von Eskişehir in der Türkei Gitarre spielte. »Wenn man Talent hat oder zumindest glaubt, dass man es hat, kann man auch auf der Straße zu Geld kommen. Gitarre spielen, Armbänder machen, jonglieren – all das kann eine Einnahmenquelle sein. Ich bin kein Musiker und kann nur wenige Songs spielen. Ich merkte aber, dass das überhaupt nicht wichtig ist. Wichtig ist es, eine Geschichte zu haben, um von anderen Menschen wahrgenommen zu werden. Deshalb hatte ich immer ein Stück Pappe dabei, auf dem in wenigen Sätzen zu lesen war, wer ich bin, woher ich komme, was ich tue und wofür ich Geld brauche. Die Menschen waren neugierig, lasen fast immer meinen Text und konnten sich in mich hineinversetzen. Sie gaben mir ein paar Cent, ein Sandwich gegen den Hunger, ein Getränk gegen den Durst, oder sie boten mir bei Bedarf an, mich in die nächste Stadt mitzunehmen. Man wird nicht reich auf der Straße, doch in ein paar Stunden kann man genug Geld für einen Tag verdienen.«

Für einen Moment verlor ich mich in Gedanken und stellte fest, dass mir noch nie in den Sinn gekommen war, in Kroatien, in meiner Geburtsstadt Zagreb, meine Gitarre zu nehmen und zu spielen. Vielleicht gibt es eine geheime Verbindung zwischen Reisen und der Überwindung von Angst und Unbehagen – es ist viel einfacher, neue Dinge in einer fremden Umgebung auszuprobieren.

»Wenn Sie sich aber in einem weiterentwickelten Land befinden, können Sie einen richtigen Job finden«, fuhr ich fort und zeigte ein Foto, auf dem ich mit einer Warnweste bekleidet auf einer Straße in Brisbane stehe. »Als ich durch Australien reiste, arbeitete ich zum Beispiel als professioneller Verkehrsumleiter.«

Tag 286

»Steig ein, mein Freund!«, rief mir ein über und über tätowierter Kerl aus seinem mit Werkzeug vollbeladenen Pick-up zu. »Ich kann dich aber nur bis zur Stadtgrenze fahren.«

»Genau da will ich hin!«, erwiderte ich lächelnd und stieg ein. Aus einer großen Stadt erst einmal hinauszukommen ist ja immer das größte Problem.

»Wo geht's denn hin?«, mit dieser üblichen Frage begann er das Gespräch.

»Richtung Norden«, antwortete ich ihm vage.

»Was gibt's denn im Norden?«, fragte er fröhlich weiter.

»Ehrlich gesagt, keine Ahnung«, antwortete ich genauso fröhlich. »Es ist jedenfalls wärmer als im Süden, und ich dachte, ich könnte mal eine Zeit lang durch das ganze Land trampen.«

»Sei vorsichtig«, sagte er, diesmal weniger fröhlich. »Sicher hast du schon von Ivan Milat gehört.«

Der Name, den die Menschen »Ajvän Milet« aussprachen, verfolgte mich seit meiner Ankunft in Australien, und mit diesem Serienmörder, der ausgerechnet aus Kroatien stammte, endeten fast alle Gespräche, die ich zum Thema Trampen führte.

Dieser Typ ermordete Anfang der Neunzigerjahre mindestens sieben Backpacker – einige mit einem Kopfschuss, andere hatte er erstochen oder sogar enthauptet. All seine Opfer verscharrte er im Wald zwischen Sydney und Canberra. Man vermutet, dass er noch weitere Menschen getötet hat, da aber deren Leichen nie gefunden wurden, wurde er dafür nicht angeklagt. Das war aber für sein Gerichtsurteil sowieso nicht entscheidend. Er wurde zu sieben lebenslangen Freiheitsstrafen verurteilt, ohne Möglichkeit auf Begnadigung.

Es wurde sogar ein Horrorfilm über ihn gedreht, *Wolf Creek*, der teilweise auf dieser schrecklichen Geschichte basiert.

»Ja, ich habe davon gehört«, antwortete ich und seufzte tief, wobei ich verschwieg, dass der Serienmörder und ich Landsleute waren. »Ich habe allerlei Geschichten gehört, als ich durch den Irak, den Iran und durch Pakistan trampte. Ich lasse mich nicht so leicht durch eine Story über einen Serienmörder einschüchtern.«

»Sag bloß!«, rief mein Fahrer so laut, dass ich erschrak. »Du bist durch all diese Länder getrampt?«

»Ja, bin ich«, erwiderte ich. »Es ist nicht so schlimm, wie man denkt.«

»Wovon lebst du eigentlich, wenn ich fragen darf?«, fragte er mich neugierig.

»Vom Reisen«, antwortete ich. »Erstens, ich reise sehr billig, gebe nur ein paar Dollar pro Tag aus, sodass ich nicht viel Geld brauche. Zweitens, ich schreibe und veröffentliche meine Geschichten, dafür habe ich auch einige Sponsoren. Und ich verdiene auch etwas, indem ich während meiner Reisen verschiedene Jobs mache.«

»Das hört sich total cool an!«, meinte mein gesprächiger Fahrer begeistert.

»Es ist aber nicht immer so lustig. Vor ein paar Tagen habe ich mich von meiner Freundin getrennt, und ich versuche schon seit meiner Ankunft hier in Australien, einen Job zu finden – bisher ohne Erfolg.«

»Einen Job?« Er schaute mich interessiert an. »Was für einen Job genau?«

Mein Herz begann heftig zu klopfen. Jeden, den ich in Australien kennenlernte, wies ich dezent darauf hin, dass ich einen Job suchte, in der Hoffnung, daraus könnte sich vielleicht etwas ergeben. Bisher ohne Erfolg, und mit meinem Gejammer, nichts zu finden, war das Thema meistens beendet. Meine Gesprächspartner sagten mir meistens, dass es heutzutage schwer sei, in diesem Land eine Arbeit zu finden, oder sie wechselten das Thema.

Diesmal hatte ich aber das Gefühl, dass das Gespräch weitergehen würde. Vielleicht könnte es mir auch etwas bringen.

»Irgendeinen Job, egal, welchen«, antwortete ich und versuchte, cool zu bleiben und meine neu geweckte Hoffnung auf Hilfe bei meiner Jobsuche zu verbergen. »Ich habe einen Master in Wirtschaftswissenschaften, bin aber nicht sicher, ob mir das hier helfen kann. Auf meinen Reisen habe ich verschiedene Jobs gemacht, von der Arbeit in einem Restaurant in der Türkei bis hin zur Feldarbeit in Bangladesch. Ich kann gut anpacken, ich lerne schnell, aber das nutzt mir wenig, weil ich keine Arbeitserlaubnis in Australien habe.«

Ich schwieg einen Augenblick und warf einen verstohlenen Blick auf ihn. Er schwieg auch. Er konzentrierte sich auf die Fahrt und dachte nach.

»Hast du Höhenangst?«, fragte er nach einiger Zeit.

»Vor ein paar Tagen bin ich aus einem Flugzeug gesprungen«, antwortete ich und vermied es so schlauerweise, die Frage direkt zu beantworten. »Warum fragst du?«

»Du fährst nicht Richtung Norden, mein Freund!«, lachte er. »Ab morgen arbeitest du für mich!«

»Sag bloß!«, rief ich diesmal laut. »Und was machen wir dagegen, dass ich keine Arbeitserlaubnis habe?«

»Ich sag es keinem, wenn du es auch keinem sagst«, meinte er augenzwinkernd, stellte das Radio lauter und bog an der Ampel links ab.

Ich schwieg und schaute durch das Fenster, mit einem Lächeln im Gesicht.

Wir holten seinen Sohn von der Schule ab, gingen zum Supermarkt, und er bezahlte für den vollbeladenen Einkaufswagen mit den Worten: »Unterkunft und Verpflegung sind gesichert.« Dann fuhr er mit mir zu seinem Haus im Vorort von Brisbane. In seinem Hof hüpften Wallabys herum, kleine Verwandte von Kängurus. Er half mir, meine Sachen ins Zimmer zu tragen, gab mir saubere Bettwäsche, machte ein üppiges Abendessen für alle und sagte einfach: »Stell den Wecker auf sechs Uhr früh.«

Ich war überglücklich. Ich hatte keine Ahnung, was er beruflich machte. Ich hatte keine Ahnung, welche Rolle ich spielen sollte, was für eine Arbeit ich soeben bekommen hatte und was meine vermeintliche Höhenangst damit zu tun haben sollte. Es war mir aber auch nicht wichtig. Ich wagte nicht, zu fragen, ich wollte es mir nicht verscherzen. Durch ein dummes, überflüssiges Wort könnte ich alles wieder infrage stellen.

Tag 1000

»Ich war sehr stolz auf diese Arbeit, für die ich mir selbst einen Namen ausdachte«, wandte ich mich wieder an mein Publikum. »Ich war Verkehrsumleitungsbeauftragter. Ein VUB also. Es hört sich wie eine dieser sinnlosen Arbeitsbeschaffungsmaßnahmen an.

Im Großen und Ganzen bestand mein Job darin, die Leuten anzuweisen, statt links rechts zu fahren. Falls sie blind sind und die großen Schilder nicht sehen können.«

Bei dieser Arbeit war ich nicht nur für die Umleitung des Verkehrs zuständig, sondern ich machte alles, was so anfiel. Mein Arbeitgeber Dune war Maler. Er arbeitete gerade an der Fassade eines großen Hotels inmitten von Brisbane. Ich hielt seine Leiter, half ihm, die Wände zu streichen, ab und zu musste ich das Baugerüst hinaufklettern und in einigen Meter Höhe etwas erledigen. Ich spürte, dass meine Höhenangst immer noch da war, schaffte es aber, sie einfach zu ignorieren.

»In diesem Job habe ich zwanzig Dollar pro Stunde verdient«, überraschte ich mein Publikum. »Unterkunft und Verpflegung waren bereits bezahlt.«

Ein Gemurmel machte sich breit, wie immer, wenn ich in meinem Vortrag diesen Stundenlohn nannte. Verständlich in einem Land, in dem die meisten Menschen volle acht Stunden arbeiten müssen, um miese zwanzig Dollar pro Tag zu verdienen. Dabei können sie noch froh sein, wenn sie ihr Gehalt rechtzeitig ausbezahlt bekommen. In Australien ist diese Summe der Mindestlohn.

»Ich brauchte nur dreizehn Tage zu arbeiten, um die acht Monate meiner Reise abzubezahlen. Ich war also acht Monate unterwegs, kam nach Australien, arbeitete dreizehn Tage, und meine Bilanz war auf null.«

Wäre mein Vortrag in diesem Moment zu Ende gewesen, hätte ich meine Aufgabe erfüllt. Ich erzählte den Menschen etwas über meine Person, ich zeigte ihnen, dass ich einer von ihnen war und dass eine Reise nicht teuer sein musste. Ich bewies, dass man auf Reisen nicht nur unterwegs war, sondern auch arbeiten, irgendwo spontan bleiben und das Leben Tag für Tag neu genießen konnte.

»Sie können auf der Straße Musik spielen, sich eine Arbeit suchen und auch darüber schreiben«, führte ich weiter aus. »Heutzutage hat jeder einen Laptop und Zugang zum Internet, man muss nur einen Weg finden, wie man seine eigene Geschichte erzählen will – in einem Blog, durch Fotos oder Videos. Ich bin durch Zufall Reiseschriftsteller geworden, alles hat mit einem Facebook-Profil begonnen. Nachdem meine Freunde Fotos von meinen ersten Reisen gesehen hatten, rieten sie mir, etwas daraus zu machen. Weil es ihnen gefiel und weil es sich für sie so anfühlte, als wären sie mitgereist. Und so ist daraus eine Facebook-Seite entstanden, ein Blog, ein Youtube-Kanal, eine Website und seit Kurzem auch mein erstes Buch. Ihr könnt mit Schreiben Geld verdienen oder Sponsoren finden, wenn euer Blog populär wird, oder etwas Ähnliches.«

Ich wechselte den Bildschirm. Die Einleitung war nun abgeschlossen, und es war an der Zeit, über die eigentliche Reise um die Welt zu erzählen. Zeit für den praktischen Teil.

»Und so sah die Weltreise aus, von der ich gerade zurückgekehrt bin.« Ich zeigte eine Weltkarte, in der die Reiseroute eingezeichnet war. »Ich nenne sie *1000 Tage Sommer*, weil ich ursprünglich die Idee hatte, drei Jahre durch die Welt zu reisen und dem Sommer zu folgen. Ich durchquerte fünf Kontinente, etwa dreißig Länder und einen Ozean. Alles fing an der Mautstelle im Osten von Zagreb an. Ich hatte nur zwei Dinge vorbereitet: die Richtung der Reise, nämlich Osten, und Einreisevisa für den Iran, für Pakistan und Indien. Alles andere war Improvisation. Ich hob meinen Daumen und startete Richtung Belgrad.«

Tag 1

Ich wachte vor dem Alarm auf, vier Minuten nach sechs.

Ich fühlte mich nicht gut. Ich hatte einen Kater von den Bieren am Abend zuvor, die rechte Faust tat mir weh, und in meinem Herzen fühlte ich einen unbeschreiblichen Schmerz. Obwohl an jenem Tag meine zutiefst herbeigesehnte Reise begann, hatte ich das Gefühl, die Menschen, die mich am meisten liebten, zu verraten. Ich hatte das Gefühl, dass meine Suche nach Freiheit allen außer mir Schmerz zufügen würde.

Die Grenze zwischen Egoismus und der Entscheidung, seinen Träumen zu folgen, ist fließend, manchmal sogar unsichtbar. Wenn du dich zwischen zwei Dingen entscheiden musst und weißt, dass deine Entscheidung bei den anderen genau das Gegenteil bewirken wird wie bei dir selbst – welchen Weg soll man dann wählen? Den eigenen Wunsch erfüllen und die anderen einfach zum Teufel schicken? Oder auf die Wünsche der anderen eingehen und selbst auf der Strecke bleiben?

Mit dieser Reise wollte ich meine eigenen Wünsche erfüllen. Nicht weil mir die anderen Menschen nicht wichtig waren, sondern weil ich meiner Meinung nach keine andere Wahl hatte. Ich hätte auch bleiben können, aber es wäre ein bitterer Beigeschmack geblieben. Ich hätte mich immer gefragt, was passiert wäre, wenn ich gegangen wäre. Ich hätte mir selbst Vorwürfe gemacht, wenn ich geblieben wäre. Ich hätte meinen Eltern Vorwürfe gemacht, wenn sie mich zum Bleiben überredet hätten. Ich hätte meinem Umfeld Vorwürfe gemacht, wenn es mich an meinem Vorhaben gehindert hätte.

Da ich aber bewusst eine egoistische Entscheidung getroffen habe, besteht die Hoffnung, dass sich eines Tages alles wieder in geregelte Bahnen fügt. Es besteht die Hoffnung, dass ich mir meine Wünsche erfüllen kann, dass ich finde, was ich suche, dass ich schaffe, was ich schaffen will, und dass ich, wenn ich zurückkehre oder meine Lebensweise sich stabilisiert, auch die Wünsche anderer, vor allem meiner Eltern, erfüllen kann.

Wenn mein Kind eines Tages verkündet, dass es um die Welt trampen will – wie würde ich mich fühlen? Ich wäre traurig, besorgt, voller Angst und wütend. Ich würde mich hilflos fühlen. Würde ich aber zulassen, dass jemand wegen meiner Gefühle auf seinen sehnlichsten Wunsch, auf die Herausforderung und die Freiheit verzichtet?

Nein. Das könnte ich mir nicht verzeihen. Egal, wie viele Sorgen ich mir machen würde, weil mein eigenes Kind weggegangen ist.

Deswegen habe ich mich entschlossen zu gehen. Weil ich die Theorie hatte, dass – langfristig gesehen – alles gut gehen wird. Sowohl für mich als auch für meine Eltern. Weil ich positiv dachte. Komme, was wolle.

Ich klappte meinen Laptop auf. Eine neue Mail. Von Tanja.

Tick-Tack, Liebling.
Es ist Zeit, dass du losgehst und die Welt veränderst.
Während du Here I go again on my own *singst, denk daran, dass du nicht allein bist.*
Augen und Herz weit öffnen, alles andere wird sich finden.
Liebe Grüße T.

Ich las noch eine andere Mail, die ich am Abend zuvor erhalten hatte.

Ich klappte den Laptop zu und ging zurück ins Bett. Ich schloss die Augen und versuchte, meine Gedanken und Gefühle in Ordnung zu bringen. Ohne Erfolg.

Ich nahm meinen Rucksack und schnallte ihn auf meinen Rücken. Ich war nervös. Er war zu schwer. Ich leerte alles wieder aus und überlegte, worauf ich verzichten könnte. Ich legte einige T-Shirts, Unterhosen und Socken beiseite. Es blieb nur ein einziges Sweatshirt mit langen Ärmeln – ich wollte ja schließlich dem Sommer folgen. Mehr brauchte ich also nicht.

Filip und Gabi wachten auf, wir frühstückten schweigend und stiegen ins Auto. Wir fuhren Richtung Osten, der aufgehenden Sonne entgegen, und ich betrachtete für lange Zeit zum letzten Mal die Straßen von Zagreb. Den Berggipfel Sljeme. Wie soll ich mich bloß in der Welt orientieren, wenn Sljeme mir nicht zeigt, wo Norden ist? Werde ich alles hier vermissen? Werde ich das finden, was ich suche? Wird diese Reise überhaupt Sinn machen?

Wir erreichten die Mautstelle von Ivanja Reka, umarmten uns und nahmen Abschied. Ich schnappte meinen Rucksack und ging genau zu der Stelle, von der aus ich vor zwei Jahren zum ersten Mal nach Sofia getrampt bin. Vieles hat sich seitdem geändert, vieles blieb aber auch, wie es war. Ich stand am Straßenrand, hielt den rechten Daumen hoch, bemühte mich zu lächeln und wartete darauf, dass jemand anhielt. Das war bisher jedes Mal der Fall.

Nach etwa zehn Minuten hielt ein älterer Mann an, er fuhr bis nach Slavonski Brod. Ich stieg ins Auto, schnallte mich an, sog die Zagreber Luft tief ein und drehte mich nicht mehr um.

Jetzt gab es kein Zurück mehr.

Tag 1000

»Das erste Land, das ich besucht habe, war Serbien«, berichtete ich meinem Publikum.

Ich warf einen Blick in den Saal und versuchte, in den Gesichtern der Menschen zu lesen. Obwohl seit dem Krieg schon über zwanzig Jahre vergangen waren, hatten viele noch ein unangenehmes Gefühl im Bauch, wenn Serbien erwähnt wurde.

Ich konnte den Krieg nie ganz verstehen, was irgendwie auch verständlich war. Für mich war der Krieg wie in Nebel gehüllt, damals wurde ich gerade erst eingeschult und lebte in Zagreb, das von den Grausamkeiten des Kriegs nicht so stark betroffen war. Meine erste Erinnerung an den Krieg ist auch heute noch der Schutzkeller, in den wir immer freudig hineinrannten, weil wir an diesem Tag dann nicht zur Schule mussten.

Natürlich, meine Jugend war von pompösen, patriotischen Liedern geprägt, ich identifizierte mich mit ihnen aber nur deswegen, weil ich von meinem Umfeld dazu ermutigt wurde. Ich hatte keine eigene Meinung, sondern übernahm die Meinungen der Erwachsenen, die versuchten, mir, dem kleinen Knirps, zu erklären, wer in diesem Krieg die Guten und wer die Bösen waren. Tuđman gut, Milošević schlecht. Thompson gut, Balašević schlecht.[4] Die Kroaten gut, die Serben schlecht.

Erst viele Jahre später, als ich selbstständig denken konnte, begriff ich, dass nicht alles so schwarz-weiß war. Dass auch Tuđman Schwächen hatte. Dass ich mich mit den Liedern von Đole leichter identifizieren konnte als mit denen von Thompson. Dass es neben den guten Kroaten und schlechten Serben auch schlechte Kroaten und gute Serben gibt.

Andererseits, wer weiß, was ich vom Krieg gedacht hätte, wenn ich ein bisschen älter gewesen wäre. Wenn ich an der Front gekämpft hätte. Wenn eine geliebte Person im Krieg umgekommen wäre. Wenn ich hätte mitansehen müssen, wie meine Liebsten getötet wurden.

Nun bin ich aber so aufgewachsen, dass ich zwar mit gutem Gefühl sagen kann, dass ich aus Kroatien komme, diese Tatsache aber gleichzeitig nicht als besondere Ehre ansehe oder stolz darauf bin oder das als Errungenschaft sehe, einfach weil es nicht mein Verdienst ist. Was bedeutet es

---

4 Marko Perković Thompson, ein kroatischer Sänger, Đorđe Balašević, auch Đole genannt, ein exjugoslawischer beziehungsweise serbischer Sänger

überhaupt, auf etwas stolz zu sein, woran du nicht mitgewirkt hast und worum du dich nicht selbst bemüht hast? Ich bin nicht stolz darauf, dass ich ein Mann bin oder dass ich Rechtshänder oder heterosexuell bin, warum soll ich dann darauf stolz sein, dass ich Kroate bin?

»Obwohl ich auf meinem Weg nach Serbien viele Warnungen gehört habe«, erzählte ich weiter, »habe ich dort nur gute Erfahrungen gemacht. Menschen, denen ich begegnete, luden mich zu sich nach Hause ein, nahmen mich in ihren Autos mit oder sprachen mit mir sogar über den Krieg – all das prägte den gelungen Start meiner Reise.«

Ich hätte über meinen Belgrader Gastgeber Miroslav sprechen können, der mir stundenlang über die Neunzigerjahre erzählte, über die seiner Ansicht nach verlorenen Jahre, weil er gemeinsam mit vielen Gleichgesinnten für die Gerechtigkeit und gegen das Regime von Milošević kämpfte. Er erzählte mir von den Sanktionen und Bombardierungen, und dass auch jenseits der Grenze die Unschuldigen am meisten litten.

Ich hätte über den Lkw-Fahrer sprechen können, der mich bis Novi Sad fuhr, damit ich die zweihundertsechs Schritte zählen konnte, und der zu viele kroatische Freunde wegen verantwortungsloser Politiker und deren Interessen verloren hatte.

Ich hätte darüber erzählen können, tat es aber nicht – weil ich keine Zeit hatte. Es blieb mir nur eine Stunde Zeit, und ich hatte noch zu viele Bilder, Fotos und Geschichten, die ich zeigen wollte.

»Das zweite Land, das ich besucht habe, war Bulgarien.« Ich ging zum nächsten Bild über. »Und das hier ist das einzige Foto aus diesem Land.«

Auf dem Foto war eine Frau mit Rucksack und einem Hündchen in den Armen abgebildet. Ich hätte auch das Foto mit den Freunden in Sofia zeigen können, das Foto aus der ersten Nacht in der bezahlten Unterkunft in Veliko Trnovo. Das Foto, auf dem ich auf der Straße Gitarre spielte, um nach einigen ungeplanten Ausgaben wieder Geld zu bekommen, oder ich hätte ihnen auch erzählen können, wie ich in Burgas mit meinen neuen polnischen Freunden Bier trank und einem Jungen zu beweisen versuchte, dass die rote Kugel über dem Schwarzen Meer nicht der Mars, sondern der Mond war.

»Schau mal, wie riesengroß der Mond ist«, sagte ich zu Alexandra, meiner *Couchsurfing*-Gastgeberin und ihrem polnischen Freund, dessen Name ich vergessen habe. Der Mond war gerade aufgegangen und schwebte über dem Schwarzen Meer – riesengroß und knallrot. Ich bin nicht sicher, ob ich jemals einen so wunderschönen Mond gesehen habe.

»Das ist kein Mond«, meinte der Freund. »Das ist der Mars.«
Alexandra schwieg, und ich schaute ihn verblüfft an. Ich dachte, er hätte es nicht ernst gemeint. Als ich ein paar Sekunden lang nach irgendeinem Anzeichen von Ironie, Sarkasmus oder Humor auf seinem Gesicht suchte, fragte ich ihn, ob er uns veralbern wollte.

Er blieb aber ernst. Darauf brach ich in Gelächter aus und sagte, ich wäre mir ziemlich sicher, dass das der Mond sei, weil man den Mars zwar ab und zu mit bloßem Auge sehen könnte, jedoch nur als winziges Pünktchen am Sternenhimmel.

Der Freund beharrte auf seiner Theorie mit dem Argument, dass der Mond weiß oder gelb und nur der Mars rot sei.
»Okay«, sagte ich sanft, als ich begriff, dass ich ihm nicht das Gegenteil beweisen konnte. »Ich sage Mond, du sagst Mars. Offensichtlich besteht nicht die Möglichkeit, dass ich dich vom Gegenteil überzeuge. Da ich aber zu 99,9 Prozent sicher bin, dass es sich hier um den Mond handelt (ich habe den Prozentsatz sicherheitshalber um 0,1 verringert, man weiß ja nie), schlage ich vor, dass wir uns darauf einigen, dass wir verschiedener Meinung sind.«
Natürlich stand der Mond nach einer halben Stunde noch höher und wurde gelb, woraufhin mein neuer polnischer Freund zugab, sich geirrt zu haben. Wir lachten und tranken weiter unser Bier. Wir haben die Lektion gelernt – man muss nicht um jeden Preis auf sein Recht bestehen und das allen anderen beweisen wollen.

Diese Geschichte hätte ich dem Publikum erzählen können, entschied mich aber für eine andere, wichtigere.

»Das ist Tanja«, sagte ich und zeigte ein Foto von ihr. »Tanja reist auch bereits seit Jahren, trampt, macht *Couchsurfing,* und all das mit ihrer Hündin Nina im Schlepptau.«

»Warum denke ich, dass Tanjas Geschichte wichtig ist?«, fragte ich in den Saal. »Die meisten Leute denken, wenn sie meine Geschichte hören: Der hat leicht reden, er ist ja ein Mann. Oder: Du hast leicht reden, du bist jung, oder Ähnliches. Tanja ist ein hervorragendes Beispiel dafür, dass man keine perfekten Bedingungen braucht, um seinen Träumen zu folgen. Tanja ist eine Frau, sie ist über vierzig und ließ sich durch nichts von ihrer Reise abbringen. Sie hat sogar ihre Hündin mitgenommen.«

Alle Anwesenden dachten eine Weile nach. Mir schien es, dass sie alle, mindestens für einen Augenblick, reisen wollten. Und dass fast alle einen Grund, eine Ausrede gefunden hatten, es nicht zu tun. Was werden die Leute sagen, was ist, wenn mir etwas passiert, was mache ich, wenn ich wieder zurück bin – alles Gedanken, die den Menschen durch den Kopf gehen, wenn sie über etwas Großes nachdenken, über etwas, das ihr Leben vollkommen verändern könnte.

»Genauso wie in Serbien, hielt ich mich in Bulgarien auch nur einige Tage auf und kam dann in der Türkei an«, setzte ich meine Geschichte fort. »Nach ein paar Tagen im Chaos von Istanbul machte ich mich auf den Weg Richtung Süden.«

Tag 22

»Wo bin ich denn?«, war mein erster Gedanke, nachdem ich noch vor dem Morgengrauen von lautem Hahnengeschrei geweckt worden war. Eine ganz normale Frage, wenn du fast jede Nacht an einem anderen Ort aufwachst.

Ich befinde mich in einem kleinen Bungalow, in dem zwei Betten mit einem Moskitonetz darüber stehen. Ganz schnell spule ich den Film in meinem Kopf zurück und versuche mich zu erinnern, wie ich hier gelandet bin.

Nach Istanbul und einigen Partys mit alten Bekannten trampte ich nach Eskişehir, wo ich zum zweiten Mal während dieser Reise auf der Straße Gitarre spielte und so ein paar türkische Lira verdiente. Danach kam ich nach Denizli, von wo aus ich einen Abstecher nach Pamukkale machte, dem bekannten Touristenort. Anschließend verschlug es mich hierher – ins Kabak-Tal.

Nach dem einstündigen Bergmarsch brauchte ich Abkühlung und stürzte mich ins warme Meer, beobachtete einen der schönsten Sonnenuntergänge und freundete mich mit einigen Hippies am Strand an. Von denen erfuhr ich, dass der Inhaber des örtlichen Restaurants nach einer Aushilfe suchte – und landete so in diesem Bungalow. In ein paar Stunden würde mein erster Arbeitstag beginnen. Wir haben vereinbart, dass ich sieben bis acht Stunden pro Tag arbeiten und dafür eine kostenlose Unterkunft, drei Mahlzeiten und ein Freibier pro Tag bekommen würde. Ein 0,33-l-Bier! Ich musste mindestens zehn Tage bleiben, das Bier aufsparen und mich dann am letzten Tag ordentlich besaufen!

Dazu kommt noch, dass mich heute meine Cousine Ivana besuchen wollte. Wir schreiben uns schon seit einiger Zeit, und sie entschloss sich, für ein paar Tage zu kommen.

Da es für die Arbeit noch zu früh war, ich aber nicht mehr schlafen konnte, ging ich zum Strand. Dort wollte ich auf den Sonnenaufgang warten. Alle Dorfbewohner schliefen noch fest, mit Ausnahme der Hähne.

Es sind schon drei Wochen vergangen, seitdem ich mich auf meine tausendtägige Weltreise begeben hatte.

Es ist klasse. Ich reise, lerne neue Menschen kennen, erkunde die Welt und besuche neue Orte. Ich frage mich zwar ab und zu, warum ich überhaupt hier bin und was ich genau mache. Sollte diese Reise einen anderen Zweck haben, als nur zu reisen um des Reisens willen? Wollte ich nicht nach einer Antwort auf alle meine Fragen suchen, auf die Frage, was ich mit meinem Leben anfangen soll?

Oder soll ich mich einfach treiben lassen und abwarten, dass die Antworten den Weg zu mir finden?

Nach dem einstündigen Planschen im seichten Meer kehrte ich in den Bungalow zurück, zog meine Arbeitskleidung an und half in der Küche. Es waren nur wenige Gäste da. Ich räumte das Geschirr ab, servierte Getränke und dergleichen.

»Heute kommt meine Cousine zu Besuch, ist es in Ordnung, wenn sie in meinem Bungalow übernachtet?«, fragte ich den Chef in der Pause.

»Kein Problem«, erwiderte er lächelnd.

Er war ein cooler, lässiger, geduldiger Mensch. Er zeigte mir, wie der Ablauf im Restaurant funktionierte, wo was stand und wie man Gäste bediente. Er erzählte mir, wie er als junger Mann in dieses Örtchen gekommen war, sich in es verliebte und beschloss, ein Restaurant zu eröffnen.

Somewhere over the rainbow – am Ende meiner Schicht hörte ich diese bekannte Melodie. Ich kenne dieses Lied! Ich kenne diese Stimme!

Ich hob den Blick und bemerkte einen grauhaarigen alten Mann am Eingang des Restaurants. Er hatte langes Haar und ein sanftes Lächeln, das eine wunderbare Energie ausstrahlte. Er trug eine Gitarre auf dem Rücken, die Melodie hatte aber nicht er gesungen.

Einen Bruchteil einer Sekunde später kam ein Mädchen mit einem kleinen Instrument in der Hand, mit glänzenden Augen und einem mir wohlbekannten Lächeln herein. Ich stellte das Tablett ab, rannte zur Tür und drückte ihr einen saftigen Kuss auf den Mund.

»Wieso, was, wo?«, stammelte ich ungläubig.

Aus den Augenwinkeln bemerkte ich den fragenden Blick meines Chefs.

»Keine Sorge, das ist nicht meine Cousine«, rief ich ihm zu.

Es war meine Tanja, mit der ich ein halbes Jahr vor dieser Reise zusammen war. Mit ihr bereiste ich Portugal, kaufte ein kleines Cavaquinho (eine Art kleine Gitarre) und spielte auf den Straßen von Sintra. Mit ihr lebte ich zwei Monate in London zusammen, und jetzt sah ich sie zum ersten Mal nach unserem traurigen Abschied wieder. Damals fehlte nur wenig, und sie wäre auf diese Reise mitgekommen.

»Du hast mir gefehlt«, sagte sie mit ihrem charakteristischen Lächeln.

»Wie hast du mich gefunden?«, staunte ich immer noch.

»Ivana hat an meiner kleinen Geheimoperation mitgewirkt«, klärte sie mich auf, immer noch lächelnd. »Das größte Problem war, die Leute in der iranischen Botschaft in London zu überzeugen, mir schnell ein Visum auszustellen.«

»In der iranischen Botschaft?«, wiederholte ich überrascht.

»Ja, Iran«, bestätigte sie fröhlich. »Ich fliege erst in drei Wochen zurück. Hoffentlich ist das genug Zeit, um mit dir durch die Türkei und den Iran zu reisen, bevor ich nach London zurückkehren muss.«

»Wer ist denn dein Freund?«, fragte ich sie, nachdem ich sie noch einmal fest umarmt hatte. Nach der ersten Überraschung fiel mir der grauhaarige alte Mann wieder ein, den ich ein paar Minuten zuvor gesehen hatte. Er stand die ganze Zeit ruhig neben uns und lächelte geheimnisvoll.
»Ištvan, sehr angenehm«, stellte er sich vor.

»Ich habe ihn im Bus vom Flughafen getroffen. Er hatte nichts vor und kam dann einfach mit«, fügte Tanja hinzu. »Er reist seit dreißig Jahren, fünfzehn davon hat er in Indien verbracht. Das Interessanteste ist, er hat nur die Gitarre, den Reisepass und die Zahnbürste dabei, keine Ersatzkleidung, nichts. Er sagt, er braucht nur das Notwendigste.«

Ich schaute ihn an. Es war etwas Wunderschönes in seiner ruhigen Ausstrahlung, seinen himmelblauen Augen und dem einnehmenden Lächeln. Dieser Mann reiste schon seit dreißig Jahren, und das sah man ihm auch an. Die bunte Lebenserfahrung zeichnete sich in seinem Gesicht ab, er sah selbstbewusst und gelassen aus. Sturköpfig wirkte er zwar auch, gleichzeitig aber auch bescheiden und rücksichtsvoll, genauso wie ich in diesem Alter aussehen will.

Am Ende meiner Schicht kündigte ich meinen Job, damit Tanja und ich in drei Wochen den Iran erreichen konnten. Ich führte die beiden durch Kabak, wir beobachteten gemeinsam den wunderbaren Sonnenuntergang und hörten Ištvan zu, wie er sang und spielte, ein bisschen auf Englisch, ein bissen auf Hindu und dann auch auf Tibetisch.

Die Nacht verbrachten wir auf einer zurückgelassenen Matratze am Rand der Bucht, unter zahllosen Sternen.

Tanja und ich allein, ohne Ištvan.

Tag 25

Wir schlichen uns leise aus dem kleinen Zimmer, um unseren Gastgeber nicht zu wecken. Draußen bot sich ein spektakuläres Schauspiel: etwa zwanzig große Heißluftballons, die über der wunderschönen Landschaft schwebten.

Nachdem wir Kabak verlassen hatten, hatten wir keinen Plan, wollten aber den angeblich schönsten Teil der Türkei, Kappadokien, nicht verpassen. Wir ließen Lkw und andere langsame Fahrzeuge an uns vorbeifahren und konzentrierten uns beim Trampen auf Pkw. Das geht nur in einem Land wie der Türkei, weil man dort unglaublich einfach trampen kann. Man kann dort fünfhundert bis sechshundert Kilometer pro Tag schaffen, manchmal sogar mehr. Und das ist auf den manchmal holprigen türkischen Straßen eine tolle Leistung.

Nach zwei Tagen Trampen landeten wir in Göreme, im Herzen Kappadokiens. Sobald wir aus dem Auto gestiegen waren, sprach uns ein Einheimischer in schlechtem Englisch an und lud uns in sein steinernes Häuschen ein. Wir sagten ihm, wir hätten nicht so viel Geld, es schien ihn aber nicht zu stören. Er würde uns ein kleines Zimmer geben, und dafür sollten wir ihm Gesellschaft leisten und mit ihm Englisch üben.

Schön und gut.

Erst später, nach der Rückkehr von unserem Abendspaziergang, begriffen wir, dass es doch einen Haken gab. Unser Gastgeber betrat ohne zu fragen unser kleines Zimmer, bot uns allerlei Speisen und Getränke an und wurde zunehmend merkwürdiger und übertrieben freundlich. Das Gespräch kam auf das Thema Sex, und er behauptete, grundsätzlich für alles offen zu sein. Er erzählte uns, was für ein wilder Kerl er in seiner Jugend gewesen wäre und wie er mit anderen Paaren herumexperimentiert hätte.

Für uns war das mehr als genug. Wir dachten uns eine Ausrede aus und gingen vorzeitig schlafen.

Tanja und ich allein, ohne ihn.

Mit dem Blick auf die großen Heißluftballons, die uns eingeholt hatten, gingen wir am nächsten sonnigen Morgen los, um den kleinen Ort zu erkunden. Eine Ballonfahrt hätte unser Budget spürbar überzogen, und so mussten wir den Ort aus der gewöhnlichen Perspektive erforschen.

Wir kletterten in verlassenen Grotten herum und verirrten uns in einem Tal, in dem Vulkanausbrüche über Jahrmillionen wunderschöne, minarettähnliche Formationen und sogenannte Feenkamine bildeten. Das Geheimnis der Entstehung dieser ungewöhnlichen Formen liegt darin, dass das harte Gestein an der Spitze nicht erodiert, während die Seiten Wind und Wetter ausgesetzt sind und mit der Zeit immer schmaler werden. In diesen Felsformationen bauten die Menschen über Jahrtausende Siedlungen, auch in der Zeit der frühen Christen, die damals als Ungläubige betrachtet wurden. Heute sind diese Bauwerke ein Touristenmagnet. Einige Anlagen wurden in kleine Fünfsternehotels umgewandelt, in denen eine Nacht bis zu mehrere Tausend Euro kosten kann.

Ganz Kappadokien ist zudem von unterirdischen Städten durchzogen, in denen einst Tausende Menschen lebten und Schutz vor den arabischen Invasoren suchten.

Da es sehr heiß war und wir deshalb nicht weiter zu Fuß laufen wollten, beschlossen wir, die umliegenden Dörfer per Anhalter zu erkunden. Eine kluge Entscheidung, die uns auch zum aufregendsten Transportmittel meiner Tramperkarriere führte – ein Pferdewagen nahm uns nämlich mit.

Das anfangs öde Trampen verwandelte sich durch den freundlichen Wagenlenker schnell in eine dreistündige Besichtigung und eine private Tour durch die umliegenden Täler. Wir probierten frisches Obst, besichtigten verlassene Tempel und Kirchen, feilschten mit den Souvenirverkäufern, ruhten uns aus und fotografierten die Berggipfel mit ihren herrlichen Ausblicken.

»Tanja, möchtest du selbst reiten?«, fragte Hassan, unser Chauffeur am Ende der Tour.

»Tja, ich weiß nicht«, antwortete sie unentschlossen und sah mich an. »Wir können nicht zu dritt auf einem Pferd reiten, nicht wahr?«

»Ich kann hier auf euch warten«, erwiderte ich.

Wir hielten das Pferd an und schnallten das Gespann ab. Dann ritten Tanja und Hassan langsam in den Sonnenuntergang.

Bereits nach zehn Sekunden verspürte ich ein komisches Gefühl im Bauch und fragte mich, was zum Teufel ich gerade getan hatte. Ich ließ meine Freundin mit einem unbekannten Türken hinausreiten, weit weg von jeglicher Zivilisation und außerhalb der Sichtweite anderer Menschen. Was, wenn ...

Kaum hatte ich diesen Gedanken, rannte ich ihnen, so schnell ich konnte, hinterher. Wie ein Indianer im Comic verfolgte ich die Pferdespuren, blickte in die Ferne und versuchte, den Staub hinter dem galoppierenden Pferd zu erspähen.

Ich war schon am Ende meiner Kräfte, als ich sie in der Ferne erblickte. Sie hielten an, stiegen vom Pferd ab und sprachen miteinander. Ich näherte mich, so schnell ich konnte, wollte ihnen aber nicht zeigen, wie besorgt und außer Atem ich war. Ich zog den Fotoapparat heraus, begann zu fotografieren und kam langsam näher. Ich wollte bei Hassan nicht den Verdacht erwecken, dass ich ihm nicht traute und ihnen deswegen folgte.

Als sie mich bemerkten, war mir sofort klar, dass ich das Richtige getan hatte. Der jeweilige Gesichtsausdruck der beiden war komplett spiegelverkehrt. Tanja erstrahlte vor Glück, als sie mich erblickte, während Hassan sehr nervös und wütend wirkte.

»Alles in Ordnung?«, fragte ich sie lächelnd und versuchte, die Bedeutung meiner Frage zu verbergen. Er verstand ja unsere Sprache nicht und würde den Gegenstand unseres Gesprächs nur anhand unserer Körpersprache erahnen können.

»Na ja«, antwortete sie ebenfalls lächelnd. Augenblicklich begriff sie, worauf ich hinauswollte. »Er begann über das gemeinsame Beobachten des Sonnenuntergangs zu sprechen und machte Witze darüber, was wäre, wenn wir nicht zurückkehren und dich nicht abholen würden.«

»Ha, ha«, spielte ich das Spiel weiter. »Gehen wir also so bald wie möglich von hier weg, weit weg von ihm. Wir sind ja immer noch mitten im Nirgendwo.«

Die ganze Zeit hielt ich meinen Fotoapparat in der Hand und knipste wie ein ahnungsloser Tourist wild herum. Ich fotografierte Hassan mit seinem verdammten Pferd und gab vor, die Schönheit des Tieres zu bewundern. Trotzdem wirkte Hassan selbst weiterhin völlig anders als der Mensch, den wir in den letzten Stunden kennengelernt hatten. Er war schweigsam und schlecht gelaunt. Er fütterte sein Pferd mit einem Apfel, den er mit seinem Messer halbierte.

»Möchtest du probieren?«, fragte er mich plötzlich, als er bemerkte, dass ich ihn beobachtete. Er hob seine Hand bis auf zwanzig Zentimeter vor mein Gesicht und hielt mir das auf der Messerklinge aufgespießte Obststück hin.

»Nein, danke!«, erwiderte ich mit einem erzwungenen Lächeln und trat spontan einen Schritt zurück. In diesem Moment verging mir der Appetit, ich hatte einen riesigen Kloß im Hals. »Wir müssen gehen, unsere Freunde warten auf uns«, murmelte ich.

Tanja und ich gingen langsam zum Pferdewagen. Hassan setzte sich auf sein Pferd und bot Tanja noch einmal an mitzureiten. Diesmal zog er aber mit seinem Angebot den Kürzeren.

»Ach, Tomo!« Sie warf sich in meine Arme, als er uns gerade nicht sehen konnte. »Wie hast du es bloß geschafft, uns so schnell hinterherzukommen?«

»Ich hatte das Bild deiner Mutter vor Augen und die Vorstellung, ihr erklären zu müssen, dass ich dich zum letzten Mal mit einem Türken gesehen habe, mit dem du mit meinem Segen in den Sonnenuntergang geritten bist«, erwiderte ich. »Mich ergriff Panik und bin euch sofort hinterhergelaufen.«

Wir verabschiedeten uns von Hassan und trampten zu unserem steinernen Häuschen zurück.

Mit Gitarrenspiel und Tanjas Gesang bezahlten wir unserem Gastgeber das kleine Zimmer, standen früh auf und brachen Richtung Osten auf.

Tag 1000

»Die Türkei ist schön und riesig«, wandte ich mich wieder an mein Publikum und sprang zu den nächsten Bildern von Istanbul, Pamukkale und Kappadokien. »Trotz all der landschaftlichen Schönheit ist das hier bis heute mein Lieblingsfoto aus der Türkei, wenn nicht eines meiner Lieblingsbilder überhaupt.«

Ich wechselte das Foto wieder, und man sah Tanja und mich mit einer türkischen Familie. Sie nahm uns mit, als wir von Kappadokien Richtung Osten trampten. In meinem Gesicht war der Ausdruck reinen Glücks, vor mir auf dem Tisch verschiedene türkische Spezialitäten.

»Diese Familie hat uns mit zu sich nach Hause genommen, als wir trampten«, fuhr ich fort. »Obwohl keiner von ihnen ein Wort Englisch konnte, gelang es uns, durch Körpersprache zu kommunizieren. Wir nahmen ihre eindringliche Einladung zum Tee an. Daraus wurde eine Einladung zum Abendessen. Nach dem Abendessen spielte ich in ihrem Wohnzimmer auf einmal Gitarre und Tanja Cavaquinho, sie übernahm die Rolle der Leadsängerin. Das Privatkonzert mündete in ein Übernachtungsangebot. Am nächsten Tag brachten sie uns etwa zehn Kilometer weiter und halfen uns so, eine günstige Mitfahrgelegenheit zu finden. Das war's. Es war egal, dass wir nichts voneinander wussten, und uns allen war klar, die Chance, sich jemals wiederzutreffen, war gleich null. Doch sie behandelten uns, als wären wir ihre besten Freunde und als würden sie uns schon ihr ganzes Leben lang kennen.«

»Das ist der wichtigste Teil des Reisens. Die Menschen. Es ist zwar schön, ein fremdes Land zu sehen, die dortigen Naturwunder sowie Bauwerke zu besichtigen und etwas über die Geschichte und Kultur eines Volkes zu lernen. Aber die schönsten Momente sind die, die man im Gespräch mit anderen Menschen verbringt. Wenn du dich auf die Gastfreundschaft von Fremden einlässt, wenn du siehst, dass die Güte der Menschen ein universelles Konzept ist. Dass wir alle in Wirklichkeit gleich sind, egal, wie hartnäckig wir versuchen, die Unterschiede zwischen Nationen und Kulturen zu betonen.«

Manchmal fragte man mich, ob ich während meiner Reisen nicht ein schlechtes Gewissen hätte, wenn ich immer etwas von anderen Leuten annehme. Weil ich ständig frage, ob ich mitfahren oder auf dem Sofa schlafen kann, oder wenn ich bei ihnen mitesse, hätte ich da nicht das Gefühl, als würde ich diese Leute ausnutzen?

Meine Antwort war immer kurz und entschlossen: Nein.

Jahrelang ließ ich selbst verschiedene Leute auf meiner Couch übernachten, fuhr sie durch die Stadt, nahm sie sonntags zum Mittagessen zu meinen Eltern mit, lud sie ein, gemeinsam mit meinen Freunden auszugehen, gab ihnen zu essen und trinken und versuchte, ein guter Gastgeber zu sein. Und wenn ich selber reise, versuche ich, ein guter Gast zu sein. Ich versuche, die Güte der Menschen nicht zu sehr zu strapazieren und im Gegenzug etwas zurückzugeben. Egal, ob eine interessante Geschichte, ein offenes Ohr, ein Armband, das Kochen eines kroatischen Gerichts oder Gitarrespielen. Irgendetwas. Hauptsache, etwas im Austausch gegen etwas anderes, ein Geben und Nehmen also. Das Schöne dieses Austausches ist, dass es nicht unbedingt um Geld geht. Güte hat keinen Preis, und aus diesem Grund darf sie nicht allein mit Geld aufgewogen werden.

Natürlich sollte man bezahlen, wenn etwas dafür verlangt wird, und auf keinen Fall darf man einem Hungrigen den letzten Bissen wegnehmen, doch manchmal dürfen wir ohne Angst und Scham die Großzügigkeit des Lebens und die Gastfreundschaft anderer Menschen genießen.

Nach der Türkei reisten wir weiter in den Irak.

Tag 29

»Junge, seid ihr verrückt?«, kam eine SMS von meiner Mutter, während wir an der Grenze zwischen der Türkei und dem Irak warteten. »Was macht ihr im Irak?«

Jeden Tag schickte ich meiner Mutter eine SMS oder eine E-Mail, um sie über meinen Aufenthaltsort zu informieren und ihr zu sagen, dass ich heil und gesund war. Das war unsere Vereinbarung und laut ihr die einzige Möglichkeit, dass sie meine Weltenbummelei überleben würde. Es spielte keine Rolle, was ich schrieb, ein Wort pro Tag genügte, um sie zu beruhigen. Zumindest für diesen Tag.

Allerdings wäre es vielleicht taktisch klug, gewisse Dinge einfach zu verschweigen, wie zum Beispiel diese Kurzreise in den Irak. Genauso wie ich anfangs (als Mütter weltweit noch kein Facebook kannten) nur die halbe Wahrheit sagte und ihr versicherte, dass ich mit Zügen und Bussen reisen würde statt per Anhalter.

»Mach dir keine Sorgen, Mama«, antworte ich und versuchte, sie zu beruhigen, was eine fast unmögliche Aufgabe war. »Wir haben gehört, dass es hier sicher ist.«

An die Grenze zum Irak kamen wir durch mehrere Zufälle: Von Diyarbakir fuhren wir per Anhalter Richtung Osten und fügten uns in das Schicksal und der Fahrtrichtung der Fahrer, die uns mitnehmen würden – entweder Richtung Südosten in den Irak oder Richtung Osten in den Iran. Zunächst mussten wir unzählige Taxifahrer, die alle paar Sekunden anhielten und unsere angehobenen Daumen falsch verstanden, mit dem einfachen türkischen Ausdruck *para yok*[5] abwimmeln. Schließlich hielt ein Wagen an, der auf dem Weg zur irakischen Grenze war. Im Wagen fuhr ein Pärchen, ein Mädchen aus Armenien und ein Junge aus dem Irak. Sie lebten bereits seit zwölf Jahren in Deutschland und fuhren nach Dohuk, einer Stadt, die so unser nächstes Ziel sein würde.

An der Grenze mussten wir stundenlang warten. Die freundlichen Zollbeamten boten uns immer wieder einen viel zu süßen Tee an und fragten uns aus, was für ein merkwürdiges Land Kroatien, unser Herkunftsland, eigentlich sei. Schließlich erhielten wir ein Visum für zehn Tage, mehr als

5 Kein Geld

genug für unseren Aufenthalt im Norden Iraks, in der Autonomen Region Kurdistan.

Die Fahrt nach Dohuk ging über katastrophal schlechte und staubige Straßen. Bald erkannten wir, dass dieser Landstrich nur auf dem Papier zum Irak gehörte. Die überwiegende Mehrheit der Bewohner dieses Teils des Landes sind Kurden, die ihre eigene Verwaltung, eigenes Militär, eigene Regierung, eine rot-weiß-grüne Flagge und eine eigene traditionelle Tracht haben.

Normalerweise leben Kurden im östlichen Teil der Türkei, im Norden des Iraks und Syriens und im nordwestlichen Teil des Irans. Es gibt insgesamt etwa dreißig Millionen Kurden. Ihre Stellung in diesen Ländern ist jedoch nicht gerade günstig, sodass die Auseinandersetzungen zwischen der PKK (die Arbeiterpartei Kurdistans) und der Polizei sowie des Militärs in allen Staaten, in denen Kurden leben, weiter zunehmen. Der Irak war damals eine Ausnahme, dort leben die Kurden seit 1970 in ihrem eigenen Land.

In einem billigen Hotel nahmen wir ein Zimmer und entschieden uns, gleich einen Spaziergang ins Stadtzentrum zu unternehmen. Wir wurden von allen neugierig beobachtet, hier und da blieb jemand in unserer Nähe stehen, und ganz Mutige riefen uns mit einem freundlichen Lächeln ein paar englische Wörter zu. Wir kamen aus der vergleichsweise touristischen Türkei in den touristisch nicht erschlossenen Irak und standen natürlich sofort im Mittelpunkt.

»Was ist das?«, fragte ich Tanja, während wir die Hauptstraße entlangliefen. Ein Mann stand dort mit einem Glaskasten, in dem sich Geld – Euro, US-Dollar und Landeswährung – befand.

»What is this?«, fragte ich den Schnurrbärtigen auf Englisch, weil Tanja keine Antwort wusste.

»Wechselstube!«, antwortete er. »Möchtet ihr Geld wechseln?«

»Nun, eigentlich nicht«, antwortete ich verwirrt und sah verstohlen zu meiner Begleiterin rüber. »Hat er denn keine Angst, so mitten auf der Straße mit einem Haufen Geld herumzustehen? Das ist ja eine Einladung an Diebe! Sogar bei uns zu Hause wäre es gefährlich, und erst recht hier im Irak!«

»Sei nicht albern!«, sagte der Mann lächelnd. »Wir sind hier in Kurdistan, dem sichersten Land der Welt!«

Ich war zunächst verwirrt, doch meine ungläubige Skepsis wurde von Nachdenklichkeit abgelöst: Was, wenn dieser Mann recht hatte? Was wusste ich eigentlich über den Irak? Genau das, was ich in Zeitungen oder im Internet gelesen hatte. Genau das, was mir im Fernsehen von anderen unbekannten Menschen präsentiert wurde. Ich wusste, dass es zum damaligen Zeitpunkt relativ sicher war, in den Irak zu reisen. Ich hatte mich in der

Türkei bei Menschen, die aus dieser Region kamen, aus erster Hand nach der Sicherheitslage im Irak erkundigt und mich rechtzeitig über dieses Nachbarland informiert. Offensichtlich genügte das jedoch nicht, um meine Vorurteile vollständig beiseitezuschieben.

Diese Situation, diese Erfahrung hätte meine Meinung nun völlig ändern können.

Wir gingen durch die Gassen und fühlten uns, vor allem nach der Geschichte mit der Wechselstube, ganz sicher. Schließlich kamen wir in einen Vergnügungspark, von dem wir gehört hatten, dass er die Hauptattraktion des Ortes war. Und das stimmte auch – die Frauen trugen ihre schönsten Kleider, Schmuck und Schals, die jungen Männer mit Gel im Haar waren tipptopp gekleidet, alle hatten Spaß.

Es war nämlich Freitagabend, *rush hour*.

Am nächsten Morgen besuchten wir den Basar und fuhren anschließend weiter Richtung Osten. Tanjas Rückflug rückte immer näher, und so war doch etwas Eile geboten.

Das erste Auto ließ uns an einer der zahlreichen militärischen Absperrungen aussteigen. Zwar wurde uns in der Nähe von Armee und Polizei immer etwas mulmig, schnell stellte sich jedoch heraus, dass alle Soldaten und Polizisten freundlich, höflich und hilfsbereit waren. Wir hatten den Eindruck, dass sie nur deshalb immer wieder nach unseren Pässen verlangten, weil sie bei der Gelegenheit mit uns ein Schwätzchen halten und stolz ihre paar Brocken Englisch präsentieren wollten.

Da wir die Einzigen an den Absperrungen ohne eigenes Fortbewegungsmittel waren, sprangen alle auf, um uns zu helfen. Die Beamten fragten die Fahrer jedes Fahrzeugs, das sie kontrollierten, nach der Fahrtrichtung. Und so baten sie den ersten Wagen, der in unsere gewünschte Richtung fuhr und Platz für zwei Mitreisende hatte, uns mitzunehmen.

Der Fahrer war ein älterer Mann, der traditionelle kurdische Kleidung trug und kein Wort Englisch sprach. So erreichten wir schweigend eine Gaststätte, auf der wohl alle Durchreisenden auf dieser Strecke einkehrten. Der Tisch vor uns war im Nu mit zweiundzwanzig Tellern mit verschiedensten Spezialitäten des Hauses gedeckt.

»Das Frühstück hätten wir uns sparen können«, sagte Tanja, als sie die Essensberge betrachtete.

»Da hast du recht!«, stimmte ich zu. »Aber gut, zumindest haben wir wieder etwas gelernt.«

»Und was?«, fragte sie.

»Wenn du in diesem Teil der Welt trampen gehst, tu es auf nüchternen Magen!«

Nachdem wir fast platzten, lehnte unser Fahrer mit entsetztem Gesichtsausdruck unser Angebot ab, für das Mittagessen und die weitere Fahrt nach Erbil zu zahlen. Stattdessen zeigte er uns Bilder seiner ersten Frau, dann seiner zweiten Frau und seiner elf Kinder und lud uns ein, in seinem Haus zu übernachten. Wir bedankten uns höflich, lehnten jedoch ab, denn wenn wir jede Einladung annehmen würden, würde Tanja ihren Flug sicherlich verpassen, und es wäre Winter.

Wir wechselten mehrere Fahrzeuge, bevor es langsam dunkel wurde und wir etwa siebzig Kilometer vor der Grenze zum Iran ankamen.

»Dürfen wir hier zelten?«, fragten wir den Besitzer eines nahe gelegenen Restaurants. Mitten in der Natur, weit weg von anderen Menschen, sollte man meinen, dass wir doch keinen um Erlaubnis bitten müssten, sondern uns nur vor wilden Tieren in Acht nehmen sollten. Aber an einem fremden Ort erschien es uns besser, zu fragen, einfach um sicherzugehen. Nicht dass meine Mama morgen kein Lebenszeichen von mir bekäme.

»Zelt zehn Dollar, Zimmer vierzig Dollar!«, antwortete der Chef barsch.

Die Entscheidung fiel natürlich auf das Zelt. Doch zuerst nahmen wir eine Tasse Tee zu uns, was sich letztendlich als kluger Schritt erwies. Der Chef warf uns alle fünf Sekunden einen verstohlenen Blick zu. Er schaute nicht uns an, sondern schielte auf die Gitarre und ihren kleinen Bruder, das Cavaquinho. Wir blickten uns im Restaurant um, und mithilfe unserer Hände und Füße fragten wir ihn, ob wir für ihn spielen sollten. Der Glanz in seinen Augen und das breite Lächeln in seinem Gesicht verrieten uns, dass seine Antwort »Ja, bitte!« lautete.

Die Band war wieder dieselbe: ich auf der Gitarre, Tanja auf dem Cavaquinho und mit einem imaginären Mikrofon in der Hand. Spielen konnten wir nur eine Handvoll Lieder, einige kroatische und ein paar englische. Aber den Anwesenden war es offenbar egal, da sie sich langsam erhoben und zu unseren Liedern zu tanzen begannen.

Es ist ein interessantes Phänomen. In einigen Städten braucht man eine Erlaubnis und jede Menge Können, um auf der Straße spielen zu können und die Aufmerksamkeit von Passanten zu erregen. Anderswo aber ist man mit einem überschaubaren Repertoire und dilettantischen Fähigkeiten ein Star.

Am Ende unser Performance nahm uns der Chef an der Hand und führte uns in einen kleinen Raum. Er zeigte mit einem Finger auf Decken, die wir als Bettzeug nehmen konnten. Er gab uns zu verstehen, dass wir die Nacht hier verbringen könnten anstatt draußen, wo es sehr kalt war. Unsere Frage nach dem Preis wies er mit einer Handbewegung zurück.

Wir umarmten ihn und gingen wieder hinunter, um unser Konzert zu Ende zu bringen, weil sich das Publikum schon wieder versammelt hatte. Soldaten. Mein Instinkt riet mir, vorsichtig zu sein. Junge Soldaten auf Urlaub, ein hübsches Mädchen mit hellem Teint und ein leicht zu überwindender Typ ... Am Ende stellten sie sich jedoch als perfektes Publikum heraus, und die einzige Unannehmlichkeit war, dass wir mindestens dreißig Mal für Fotos posieren mussten. Mit jedem Einzelnen von ihnen. Das irakische Facebook, wenn es überhaupt existiert, müsste voll von unseren Bildern und Clips sein.

Als unsere Finger und Stimmbänder schließlich müde wurden, zogen wir uns auf unseren ruhigen Schlafplatz zurück.

Na ja, die Kalaschnikow auf dem Stuhl im Vorzimmer erschreckte uns schon ein wenig, aber wir trösteten uns mit den Beteuerungen, dass uns doch niemand was antun wolle. Wir verschlossen die Tür, verbarrikadierten sie sicherheitshalber mit einem Schreibtisch und schliefen dann den Schlaf der Gerechten.

Tag 1000

»Im Irak blieben wir nur zwei Nächte«, setzte ich meinen Vortrag fort. »Doch das war mehr als genug für die endgültige Bestätigung, dass man Länder mit einem vermeintlich schlechten Ruf nicht zu fürchten braucht. Es stimmt, man sollte immer vorsichtig sein, aber die wichtigste Informationsquelle über die Gefahren in bestimmten Ländern sollten stets deren Bewohner selbst sein. Nur sie können alle Vorteile und Nachteile des Lebens dort aus erster Hand erzählen. Genauso wie wir manchmal über Leute lachen, die nicht nach Kroatien kommen wollen, weil sie glauben, dass bei uns immer noch Krieg sei. Wir selbst sollten uns vor einer Reise lieber direkt über die Situation in anderen Ländern informieren.«

Dumme Amerikaner wissen nicht einmal, wo Kroatien ist. Ha, ha, sie denken immer noch, dass es zu Jugoslawien gehört. Sie kennen den Namen der kroatischen Hauptstadt nicht. Liebe Güte, was lernen die denn in der Schule …

Diese Sätze habe ich hundert Mal gehört, zuerst von anderen Menschen und in den Medien, aber im Laufe der Zeit begann ich selbst so zu sprechen und zu denken.

Wie kann es sein, dass die alle nicht wissen, dass der Krieg in Kroatien vorbei ist? Dass Jugoslawien bereits vor einem Vierteljahrhundert zerfiel, und welch ein Blödmann denkt, Dubrovnik sei die Hauptstadt unseres Landes?

Jahre später befand ich mich selber in der Situation, dass ich keine Ahnung hatte, wo Gambia, Swasiland oder der Bundesstaat Maine liegen. Von deren Hauptstädten ganz zu schweigen. Sollten die Bürger dieser Länder beleidigt sein und sich über mich lustig machen, weil ich nicht weiß, wo genau ihr Land liegt, welche Geschichte es hat oder wie die Hauptstadt heißt?

Wenn man die Frage so stellt, werden die meisten Menschen nachdenklich. Es ist einfach, alles über seine unmittelbare Umgebung zu wissen. Man lacht diejenigen, die keine Ahnung haben, aus und ignoriert gleichzeitig die eigene Unwissenheit. Dieser Widerspruch entsteht aus einem Mangel an Bildung und Erfahrung, gepaart mit jeder Menge Vorurteilen und Überheblichkeit.

»Dazu haben wir«, setzte ich meinen Vortrag fort, »neue Erkenntnisse übers Trampen gewonnen. Nachdem wir diese eine Nacht auf Decken in einer verbarrikadierten Kammer verbracht hatten, ging es weiter Richtung iranische Grenze. Der Hotelchef, der uns offensichtlich in sein Herz geschlossen hatte, brachte uns zunächst in eine etwa dreißig Kilometer entfernte Stadt. Dort versuchten wir, zahlreichen Taxifahrern, die noch nie etwas vom Trampen gehört hatten, zu erklären, was das ist, und glaubten, endlich erfolgreich zu sein. Erst als wir in einen Wagen eingestiegen waren, sahen wir, wie einer der Einheimischen dem Fahrer ein paar Geldscheine gab, damit er uns bis zur Grenze fährt. Das machte uns traurig, weil das nicht der Sinn von Trampen ist, dass jemand die Fahrt für uns bezahlt, sondern dass man einfach mit irgendwem irgendwohin mitfährt.

Eine ähnliche Geschichte erwartete uns, als wir die Grenze zum Iran überquerten. Tanja hatte den hiesigen Regeln entsprechend ihre Haare mit einem Schal bedeckt und ein Hemd mit langen Ärmeln angezogen. Die Grenzschützer erzählten uns freudig, dass sie Ćiro (Miroslav Ćiro Blažević, beliebter kroatischer Fußballtrainer) und Šuker (Davor Šuker, kroatischer Fußballspieler) kannten. Dann stellten wir uns an einen Kreisverkehr, wo wir auf eine Mitfahrgelegenheit nach Teheran warten wollten. Das Erste, was Ihnen jeder Tramper sagen würde, wenn Sie im Iran unterwegs sind, ist, dass man auf keinen Fall mit einem Daumen nach oben trampen sollte. Das ist dort das Gleiche wie bei uns ein ausgestreckter Mittelfinger.«

»Mit ein wenig Aufwand fanden wir einen jungen Mann, der perfekt Englisch sprach und uns hilfsbereit auf ein Stück Pappe das iranische Wort für Teheran schrieb beziehungsweise zeichnete. Nachdem wir etwa fünf Minuten am Kreisverkehr gestanden hatten, bildete sich vor uns eine große Menschenmenge. Die Hälfte von ihnen zeigte lächelnd auf die nahe liegende Bushaltestelle, die andere Hälfte auf unzählige Taxis. Jemand sagte uns sogar, dass es keinen Sinn mache, ein auf einem Stück Pappe geschriebenes Zeichen für Teheran in den Händen zu halten, da es dort an den Straßen Wegweiser gebe und jeder genau wisse, in welcher Richtung Teheran liegt. »Vielleicht gibt es in Ihrem Land keine Straßenschilder, aber der Iran ist ein entwickeltes Land.«

Wir erinnerten uns an die Situation vor wenigen Stunden, als unbekannte Leute für unsere Fahrt bezahlten, nur um uns zu helfen. Wir entschieden deshalb, lieber in Richtung Busbahnhof zu gehen. Dort wurde uns gleich klar, warum hier niemand den Sinn des Trampens verstand. Treibstoff und Fahrkarten sind spottbillig, und es gibt überhaupt keine Notwendigkeit zu trampen. Die neunhundert Kilometer lange Busfahrt nach Teheran kostete ungefähr zehn Euro pro Kopf.«

Es war das erste Mal während dieser Reise, dass ich für die Beförderung bezahlte – gelegentliche Stadtbusfahrten ausgenommen. Aber auch Reisende mit einem begrenzten Budget können sich ab und zu mal ein Verkehrsmittel leisten.

Tag 31

»Taxi! Taxi! Taxi!« Unsere Rucksäcke waren noch im Kofferraum des Busses, als sich am Teheraner Bahnhof kurz vor Sonnenaufgang etwa fünfzehn Taxifahrer um uns scharten und beharrlich ihre Dienste anboten. Nach dreizehn Stunden Fahrt waren wir noch im Halbschlaf, und das war das Letzte, was wir hören und sehen wollten. Schließlich gelang es uns, nach ungefähr zwanzig höflichen Absagen und mit viel Geduld, sie loszuwerden.

Vielleicht nur weil unsere Ankunft so stressig war, oder höchstwahrscheinlich weil Teheran eine riesige Stadt ist und wir keine Lust hatten, planlos nach einer Unterkunft zu suchen, stiegen wir einfach in einen anderen Bus und fuhren nach Isfahan weiter. Die Stadt liegt fünf Stunden von Teheran entfernt, und wir hatten viel Schönes über sie gelesen. Die Taxifahrer vor Ort standen anscheinend mit ihren Kollegen in Teheran in Verbindung und ließen uns überraschenderweise in Ruhe.

Wir erwischten den Bus in die Innenstadt und stellten uns anständig vor der vorderen Bustür an, um einzusteigen. Zuerst ich, wie ein echter Gentleman, dann Tanja. Als ich die Fahrkarten kaufen wollte, versuchten uns der Busfahrer sowie alle uns neugierig musternden Insassen etwas zu erklären.

»*Vimen, bek!*«, gelang es dem Fahrer, die richtigen englischen Wörter zu finden.

Ein genauerer Blick ins Innere des Busses brachte Klarheit. Männer vorne, Frauen hinten. Wie in der ersten Hälfte des zwanzigsten Jahrhunderts in Amerika, im Land der Freiheit, waren gerade die Busse der Schauplatz der größten Segregation!

»Wenn dein Namen Rosa[6] wäre, könnten wir vielleicht noch was ändern«, sagte ich zu Tanja. Die lächelte nur, zupfte ihren Hidschab zurecht, ging zurück und stieg zusammen mit den anderen Frauen bei der hinteren Tür ein. In der Mitte des Busses war eine Absperrung, damit sich die Fahrgäste im Gedränge nicht untereinander vermischten oder gar berührten. Heimlich schaute ich zum Abteil für die Bürger(innen) zweiter Klasse hinüber und sah, dass alle Augen der verschleierten und in schwarze Gewänder gekleideten Frauen auf Tanjas bunte Farben gerichtet waren. Sie sprach mit einer jungen Iranerin und lachte. Ich sah schnell weg, um nicht durch meine Blicke ungewollt gegen irgendeine Regel oder ein Verbot zu verstoßen.

---

6 Rosa Parks, die afroamerikanische Menschenrechtsaktivistin

Wir würden wohl einige Zeit brauchen, um uns an den Iran und seine Gesetze und Gebräuche zu gewöhnen.

Als wir im Zentrum der Stadt angekommen waren, suchten wir zuerst ein Internetcafé – wie immer, wenn wir in einer Stadt ankommen waren und keinen Platz zum Schlafen hatten. Wir schickten zwei, drei CS-Anfragen ab, in der Hoffnung, dass unsere humorvollen E-Mails mehr Erfolg brächten als eine langweilige Massenanfrage an ganz Isfahan. Zur selben Zeit überprüften wir das gute alte Facebook, doch wir machten große Augen – Facebook war gesperrt.

Ich würde ja noch verstehen, dass Websites mit einem Inhalt nur für Erwachsene blockiert sind, wie es in der Türkei der Fall ist (ich hörte von Bekannten davon). Aber meine Güte, wer kommt auf die Idee, mein Facebook zu blockieren? Dort ist mein Leben, meine Arbeit, sind meine Freunde und sogar meine Eltern. In jedem Internetcafé gab es glücklicherweise immer einen versteckten Hacker, dem es gelang, mit einigen Mausklicks alle staatlichen Blockaden gegen die sozialen Netzwerke zu umgehen und die Verbindung mit der westlichen Welt herzustellen. Dies ermöglichte uns dann doch den Zugang zum Wunder namens Internet. Es überrascht nicht, dass ausgerechnet im Iran als Reaktion auf Websitesperren, Medienzensur und Angriffe auf die Kommunikationsfreiheit die berüchtigtsten Hackergruppen entstanden sind.

Per E-Mail gaben wir zu Hause Bescheid, dass wir heil und gesund im Herzen des Irans angekommen waren und vorhatten, die drittgrößte iranische Stadt, Isfahan, zu erkunden.

Wir wanderten mit unseren Rucksäcken durch die Straßen, es war brütend heiß. Ich mochte es mir nicht einmal vorstellen, wie Tanja sich unter all diesen Schals und Tüchern fühlen musste. Wir beobachteten neugierig Passanten, obwohl eigentlich wir diejenigen waren, die genau beobachtet wurden. Mit einem höflichen Lächeln im Gesicht wurden wir direkt angesprochen: »Woher kommt ihr? Gefällt euch der Iran? Wollt ihr eine Tasse Tee?« Genauer gesagt, sie wandten sich nur an mich, mit Tanja wurde jedes Gespräch spürbar vermieden. Tja, sie war eben nur eine Frau.

Alle wichtigen Straßen in Isfahan führen zum beeindruckenden Naghsh-e Jahan, dem Hauptplatz der Stadt, der angeblich der zweitgrößte Markt der Welt sei, gleich nach dem Tian'anmen-Platz in Peking. Der gesamte Marktplatz ist UNESCO-Weltkulturerbe und von der Königsmoschee, der Scheich-Loftollah-Moschee, dem Ali-Qapu-Palast sowie dem Großen Basar umgeben. Zugleich ist es der zweitgrößte Versammlungsplatz der Stadtbewohner, vor allem in den frühen Abendstunden bei Sonnenuntergang. Dann erstrahlt der gesamte Platz durch das Lichtspiel auf den bunten Fassaden in leuchtenden Farben.

Wir legten unsere Rucksäcke und Instrumente auf der Rasenfläche auf dem Markt ab. Ich nahm meine Zahnbürste und ging zu einer öffentlichen Toilette, während Tanja auf unsere Sachen aufpasste.

Als ich zurückkam, bot sich mir folgende Szene: Tanja war von mehreren Frauen umringt, die neugierige Fragen stellten und von ihr verlangten, etwas auf der Gitarre zu spielen. Wir fragten, ob dies überhaupt erlaubt sei. Wir wurden ja gewarnt, dass das Spielen auf der Straße illegal wäre (es sei denn, du spielst Akkordeon, das Nationalinstrument). Doch sie winkten nur ab und sagten, dass wir als Ausländer uns nicht darum kümmern bräuchten.

Uns gefiel ihre Auslegung des Gesetzes, und so spielten wir zwei Songs, dazu noch amerikanische. Wir wurden mit einem Riesenapplaus, einem Zuwachs der Zuschauerzahl um gute zweihundert Prozent und mit einigen Geldscheinen belohnt – ungeachtet dessen, dass wir *We don't need your money, money, money* sangen. Ein Mädchen ging sogar zu einem nahe gelegenen Laden und kaufte uns hausgemachte Süßigkeiten, die wir probierten und höflich für später aufhoben.

»Möchten Sie zu uns zum Essen kommen und bei uns übernachten?«, fragte uns ein junges Paar, als wir erzählten, dass wir keinen Platz zum Schlafen hatten.

»Natürlich!« Wir nahmen dankbar an, denn wir warteten immer noch auf Antworten auf unsere CS-Anfragen. Ihre Einladung kam wie gerufen.

»Super!«, antworteten sie zaghaft und sahen sich an. Sie gaben uns ihre Handynummer und sagten, dass wir uns später hören würden.

Beim Abschiednehmen fiel uns ein weiterer kultureller Unterschied auf. Im Iran – wie in den meisten islamischen Ländern – geben Männer nur den Männern und Frauen nur den Frauen die Hand. Sogar die Blicke der Männer richteten sich beim Gespräch hauptsächlich auf mich, vielleicht hie und da wurde ein vorsichtiger, eher verstohlener Blick auf Tanja geworfen. Frauen redeten mit Frauen und Männer mit Männern.

Wir entfernten uns keine hundert Meter von dem Rasenstück, da lud uns ein junger Mann aus einer Werkstatt um die Ecke zum Tee ein. Er zeigte uns sein Handwerk und sprach ausführlich über Themen, die ihn sehr beschäftigten und die in erster Linie politischer Natur waren. Es überraschte uns, dass die Menschen so offen ihre Kritik an der aktuellen politischen Situation äußerten. Wir ließen sogar die Rechte von Homosexuellen im Iran nicht aus, die es in diesem Land selbstverständlich nicht gibt, denn ein solches Vergehen wird dort mit dem Tod bestraft. Genau wie Drogenhandel, Mord oder Vergewaltigung.

»Aus unserem Abendessen wird doch nichts«, sagte ich Tanja während des Gesprächs mit dem Mann in der Werkstatt. »Das Paar, das wir vorhin getroffen haben, hat gerade Bescheid gegeben, dass sie uns heute Nacht doch nicht unterbringen können.«

»Ach, wie schade!«, sagte sie traurig.

»Wo liegt das Problem?«, fragte uns unser neuer Freund, als er die Enttäuschung in unseren Gesichtern sah. Ich wiederholte für ihn, was ich zuvor Tanja mitgeteilt hatte, nun auf Englisch.

»Ich sehe schon, Sie haben noch nie was von *Tarof* gehört!«, antwortete er und lächelte.

»Tarof?« Wir sahen ihn fragend an.

»Es geht um eine Eigenheit von uns Iranern«, begann er zu erklären. »In unserer Kultur ist es Pflicht, nett und gastfreundlich zu sein, aber als ob das nicht genug wäre, müssen wir das auf die Spitze treiben. Die ungeschriebene Regel ist nämlich, dass Person A unter bestimmten Umständen aus Höflichkeit Person B etwas anbietet, gleichzeitig aber erwartet, dass Person B das Angebot höflich ablehnt und so beide Seiten ihr Gesicht wahren können.«

»Aha, so läuft das also!«, unterbrach ihn Tanja. »Erinnerst du dich daran, als wir im Kiosk eine Flasche Wasser gekauft haben und die Verkäuferin dafür kein Geld nehmen wollte?«

»Ja klar, natürlich erinnere ich mich«, antwortete ich. Das war während unserer Fahrt nach Teheran, als wir völlig unbewusst das *Tarof*-Spiel mitspielten. Als wir uns am Kiosk eine Flasche Wasser nahmen und fragten, wie viel es kostet, meinte die Verkäuferin nur, es sei schon in Ordnung. Am Ende zahlten wir dann doch, dachten aber, dass es sich einfach nur um ein sprachliches Missverständnis handelte.

Vielleicht stammen die Kroaten aus dem Iran, denn bei uns zu Hause kann das auch so ausarten. Ich erinnere mich an einen Witz, der mit Sicherheit auf einer wahren Begebenheit beruht. Zwei kroatische Familien – oder waren es zwei Familien aus Herzegowina? – saßen beim Abendessen, alle haben gut gegessen und eine schöne Zeit zusammen verbracht. Als aber die Rechnung kam, begann ein lauter Streit darüber, wer bezahlen sollte. Man brachte verschiedene Argumente vor: Du hast schon letztes Mal gezahlt, diesmal will ich euch einladen, du zahlst beim nächsten Mal, und so weiter und so fort. Nach gut fünf Minuten setzte sich einer der Männer am Tisch durch und nahm voller Stolz seinen Geldbeutel aus der Hosentasche und bezahlte das Abendessen. Die gute Laune hielt so lange an, bis sich ihre Wege schließlich trennten.

»Ich kann's nicht glauben, er ließ mich tatsächlich bezahlen«, sagte der Zahlende wütend seiner Frau auf dem Weg nach Hause.

»Es erfordert großes Geschick, um nach den Regeln des *Tarof* zu handeln«, erklärte unser Freund weiter. »Es gibt zum Beispiel kuriose Situationen wie diese: Man ist beim Abendessen, der Gastgeber bietet dem Gast noch Essen an, nachdem dieser seine Portion bereits aufgegessen hat. Der Gast lehnt jedoch ab, weil er satt ist. Der Gastgeber aber besteht weiterhin darauf, weil er glaubt, dass sein Gast ihn wahrscheinlich nur täuschen will, also sozusagen *tarofiert*. Deshalb serviert er ihm einen Nachschlag, der Gast isst aus Höflichkeit auf, um den Gastgeber nicht zu beleidigen. Das Ende vom Lied ist, dass der Gastgeber hungrig bleibt, während der vollgestopfte Gast zu platzen droht.«

Ich brach in Gelächter aus, weil ich schon viele Male in dieser Situation war. Nämlich jeden Sommer, wenn wir die Verwandten meines Vaters in Herzegowina besuchten. Wer hätte es gedacht, dass zwei so weit voneinader entfernte und kulturell unterschiedliche Länder so viel gemeinsam haben?

»Islam, Islam!«, rissen mich drei vorbeigehende Polizisten aus meinen Gedanken. Sie zeigten auf Tanjas Knöchel, der etwa zwei Zentimeter unbedeckt war, und ließen uns wissen, dass dies so nicht erlaubt sei. Die Knöchel müssen völlig bedeckt sein, so lautet das Gesetz.

Oh, Allah!

Tanja zog ihr Kleid etwas weiter nach unten, und wir gingen weiter, um die Stadt zu erkunden. Nach wie vor warteten wir auf eine gute Seele, die auf unsere CS-Anfrage reagieren würde. Eine der bedeutendsten Sehenswürdigkeiten der Stadt ist die Jame-Moschee. Wir betraten ihren imposanten Hof, waren aber nicht bereit, den Eintritt für den Touristenrundgang zu bezahlen. Wir wandten uns Richtung Mekka und genossen in Stille den Blick auf die Kuppel. Kaum setzten wir uns hin, bekamen wir von einem einheimischen Moscheebesucher einen Granatapfel geschenkt. Wir verschlangen ihn mit Begeisterung, die historischen und künstlerischen Werke um uns herum waren vergessen.

Ich fragte mich, ob es auch dafür eine Strafe gab.

Piep-piep. Piep-piep. Der Frieden und unsere Meditation wurden durch den vertrauten SMS-Ton meines Nokia-Handys unterbrochen. »Wir haben einen Platz zum Übernachten!«, teilte ich Tanja mit.

Faryad, unser neuer Gastgeber, holte uns am Azadi-Platz ab und erzählte uns sofort, dass er vor einigen Monaten verhaftet wurde, nachdem nicht der Touristenführer, sondern er selbst zwei Fremde in der Stadt herumführte. Was für eine Ironie, denn Azadi-Platz bedeutet übersetzt Platz der Freiheit. Faryad erklärte, dass *Couchsurfing* im Iran halb illegal sei, deshalb müssten sich sowohl die Gastgeber als auch die Gäste vor der Polizei in Acht nehmen und dieselben Antworten parat haben, falls man sie befragen sollte.

Auf dem Weg in den südlichen Teil der Stadt nahm er einen kleinen Umweg, um uns die herrlichen Brücken von Isfahan zu zeigen. Der Fluss Zayandeh trocknete vor etwa vier Jahren aus, und nun verbinden die Brücken beide Ufer des Flussbetts, in dem kein Fluss mehr fließt. Wo einst das Wasser strömte, ist nun der wichtigste Treffpunkt für junge Menschen entstanden, die über ein besseres Leben diskutieren, in dem man im Freien Musik hören und sich offen mit allen Leuten unterhalten darf, ohne Angst zu haben, hinter Gittern zu landen, oder Schlimmeres.

»Und, welchen Eindruck habt ihr vom Iran?«, fragte uns Faryad nach einem reichhaltigen Abendessen, das er für uns müde Reisende zubereitet hatte.

»Ich habe noch nie so fröhliche, höfliche und gastfreundliche Menschen getroffen«, antwortete Tanja. »Unabhängig von dem berühmten *Tarof*, sieht man in den Gesichtern Neugier und echte Freundlichkeit.«

»Dem kann ich nur zustimmen«, mischte ich mich ein. »Es gibt jedoch zu viele Regeln, es fehlt an persönlicher Freiheit, die Gesetze sind zu konservativ, immer muss man aufpassen, was man sagt oder tut, dass bestimmte Teile des Körpers bedeckt sind und so weiter.«

»Ja, das kenne ich nur zu gut«, sagte Faryad, der es sich in einem Sessel bequem machte. »Liberal zu sein ist im Iran ein Albtraum. Wie meine Freunde auch verbrachte ich meine ganze Jugend in Angst. Auf Studentenpartys haben wir zum Beispiel immer etwas getrunken, die Strafe für Alkoholkonsum waren jedoch achtzig Peitschenhiebe auf den Rücken. Oder zehn Hiebe mit einer Peitsche mit acht Enden.«

Tanja und ich sahen uns an. Wie viel Glück hatten wir eigentlich, dass wir zu einer bestimmten Zeit und gerade in unserem Heimatland aufgewachsen sind – trotz der Grausamkeiten, die dort während des Krieges stattfanden. Wir setzen uns auf den Boden im Wohnzimmer und sahen zu unserem Gastgeber auf, um noch mehr iranische Geschichte aus erster Hand zu erfahren. Ich erinnerte mich an die Geschichten meiner CS-Gäste, die jahrelang durch mein Wohnzimmer schwirrten, mir ihre Abenteuer erzählten und wie mich das beeinflusst hat. Ich erinnerte mich, welch ein Riesenunterschied es ist, etwas aus den Medien oder aus Geschichtsbüchern zu erfahren oder darüber zu lesen oder aber es von jemandem aus erster Hand, aus seiner eigenen Erfahrung geschildert zu bekommen. Wenn es dir jemand erzählt, führt er dich sozusagen an die Orte des Geschehens und überträgt seine Energie auf dich, egal, ob etwas positiv oder negativ war.

Die iranischen Geschichten neigten leider dazu, negativ zu sein.

»Wenn man in der westlichen Welt den Iran erwähnt, geht es immer um das Gleiche«, fuhr er fort. »Es dreht sich immer um unsere Politiker, die strengen Gesetze, die religiösen Führer. Kaum jemand aber spricht über die Menschen, die diese Politiker, die religiösen Führer und ihre Gesetze nicht billigen. Uns fragt niemand. Es ist zum Beispiel so, dass die meisten Frauen die Gesetze zum Kopftuch und der Körperverhüllungspflicht nicht gutheißen, dennoch müssen sie sie befolgen. Und zwar ab einem Alter von neun Jahren: Die Ärmel haben bis zu den Handgelenken zu reichen, der Kopf soll immer bedeckt sein, die Körperrundungen müssen verborgen sein und dergleichen. Neun Jahre sind zugleich die gesetzliche Altersgrenze für eine Eheschließung.«

Faryad machte eine kurze Pause, dann erzählte er weiter: »Die Menschen begannen zwar, gegen die Regierung zu protestieren, gaben jedoch bald wieder auf, als sich Soldaten während eines Protestaufmarschs auf den umliegenden Gebäuden in Stellung brachten. Heckenschützen töteten Demonstranten ohne Vorwarnung, obwohl deren einzige Waffe ein mit einem Pflaster zugeklebter Mund war. Damit wollten sie auf die fehlende Redefreiheit hinweisen. Am Ende ist es dir vollkommen egal, ob du deine eigenen Wünsche und Ideale aufgibst, du willst nur dein eigenes Leben und das Leben deiner Familie retten.«

Auch wenn ich mich mit den Schauergeschichten, die uns Faryad erzählte, nicht so einfach identifizieren konnte, verstand ich das Bedürfnis, Menschenleben zu schützen, sehr gut. Immerhin ist dies das Wichtigste, was wir haben. Wenn ein Leben ausgelöscht wird, ist nichts mehr so, wie es war. Danach folgen Unsicherheit, Ungewissheit und Angst. Auf der anderen Seite der Welt verändert sich andauernd etwas zum Besseren, vor allem dank jener Menschen, für die die eigene Überzeugung und Meinung wichtiger sind als ihr Leben, die aufbegehren und für ihre Ideale alles auf eine Karte setzen.

Das Problem ist, dass auf jeden Einzelnen, der sein Vorhaben unter Lebensgefahr erfolgreich dursetzen konnte, viele Tausend Menschen kommen, die es versuchten und völlig unbemerkt daran zugrunde gingen. Keiner fragt noch nach ihnen, nichts hat sich dadurch verändert.

War es das Risiko wert? Aufzubegehren, um schließlich doch aufzugeben?

Tag 39

»Sei nicht traurig, Tanja!«, sagte ich ihr beim Abschied am frühen Morgen. »Bald sehen wir uns in Indien wieder!«

»Ich will aber traurig sein!«, lachte sie mit Tränen in den Augen, küsste mich und stieg ins Taxi zum Flughafen.

Ich wusste, dass sie traurig sein würde. In den letzten drei Wochen klagte sie immer wieder, dass sie sich London in ihren Träumen anders vorgestellt hätte. In dem neuen Job sei sie mit ihren Gedanken nicht bei der Sache, sondern reise durch Asien – mit mir zusammen. In London regne es einfach zu viel, egal, wie normal das dort auch sein mag. Alles sei grau und düster, und sie wisse einfach nicht, was sie tun solle.

»Am liebsten würde ich alles stehen und liegen lassen und mit dir reisen«, sagte sie mir einmal. »Gleichzeitig denke ich aber: Ich darf noch nicht aufgeben und mich einfach davonstehlen. Ich sollte nicht den einfachsten Weg wählen.«

Ich war auch traurig. Es war wunderbar, auf meiner Reise in ihr lachendes Gesicht blicken zu können, alle Abenteuer und Missgeschicke mit einer Frau zu teilen, mit der ich mich so gut verstand und mit der ich mich so gut ergänzte. Ich werde sie abends vermissen, wenn ich mich in irgendein Bett lege und morgens allein darin aufwache. Ich war aber auch traurig, weil ich wusste, dass ein Teil von mir sie nicht vermissen würde. Der Teil, der gerne allein war, gerne allein reiste und neue Menschen und Sitten kennenlernte, der gern allein aufwachte, der seines eigenen Glückes Schmied sein wollte und seine Wünsche frei ausleben wollte. Es war der Teil von mir, der von Zeit zu Zeit immer noch an eine andere Geschichte dachte, die vor ein paar Jahren passierte und nie beendet worden war.

In traurige Gedanken versunken, kehrte ich über die staubigen Straßen von Yazd zu meinem Gastgeber zurück. Erst gestern waren wir von Shiraz hierhergekommen. Davor hatten wir ganz nebenbei Persepolis beziehungsweise die Überreste der wichtigsten Residenzstadt des Persischen Reiches besucht. Ihre Gründung ist im fünften Jahrhundert vor Christus datiert.

Unterwegs erlebten wir einige interessante Fahrten: Zuerst schenkte uns ein sympathischer Lkw-Fahrer getrocknete Datteln (die beliebteste Süßigkeit im Iran), Wasser, Tee und Weintrauben und machte unterwegs einen Halt, um unser Gepäck umzuverteilen. Er holte eine Matratze, Decke und Kissen heraus und zauberte so einen Schlafplatz. Alles nur, damit ich bequem reisen konnte. Oder damit ich einschlafen und er Tanja in Ruhe anbaggern konnte.

Als er dann aber eine Perücke aufsetzte und begann, sich wie eine Frau zu kämmen, wurde uns klar, dass seine Annäherungsversuche eher in meine Richtung gehen würden.

Die zweite Mitfahrgelegenheit brachte uns mit einer vierköpfigen Familie zusammen, die es doch irgendwie schaffte, auch noch unsere Rucksäcke in den Kofferraum zu stopfen und uns während der Fahrt beibrachte, wie man Tee auf typisch iranische Art und Weise trinkt. Man muss einen Zuckerwürfel zwischen den Vorderzähnen halten. Während man trinkt, schmilzt der Zucker und versüßt gleichzeitig das warme Getränk. Umständlich, aber interessant. Wir besichtigten auch einen viertausend Jahre alten Baum, der als zweitältester Baum der Welt gilt.

Einigen Quellen zufolge gehört Yazd zu den ältesten Städten der Welt, angeblich siedelten die ersten Bewohner dort bereits vor fünftausend Jahren. Yazd ist das Zentrum des Zoroastrismus. Diese Religion gründet auf dem Kampf zwischen Gut und Böse, und die Menschen sollen zwischen diesen beiden Seiten wählen. Ähnliche Geschichten gibt es auch in anderen, später entstandenen Religionen. Die Anhänger des Zoroastrismus zeigen sich aber optimistisch – sie sind überzeugt, dass das Gute am Ende das Böse besiegt, dass die Hölle nicht unendlich dauert, aber der Kampf noch anhält.

Alle Bauten in der Stadt wurden aus feuchter Erde, Ton, Wasser und Stroh gebaut – typisch für Orte, an denen die Temperaturen extrem hoch sind.

Wir besichtigten auch die berühmten Türme des Schweigens, die heiligen Stätten des Zoroastrismus, wo man die Verstorbenen üblicherweise den Geiern überließ. Dafür gab es nicht nur religiöse, sondern auch ökologische Gründe. Die Zoroastrier wollten ihre Toten nicht begraben, um die Erde nicht zu verunreinigen, verbrennen aber auch nicht, um auch die Luft nicht zu verschmutzen. Und auf diese Weise fütterten sie noch hungrige Tiere.

Ich war müde. In etwas mehr als einem Monat war ich fünftausend Kilometer gereist. Ich hatte so viele Länder durchquert, so viele Orte besucht, in so vielen Betten geschlafen. Ich lernte sehr viele Menschen kennen und sog eine Unmenge an Informationen ein. Ich brauchte eine Pause. Als ich in die Wohnung meines neuen Gastgebers kam, fiel die Entscheidung: Ich werde so bald wie möglich nach Indien aufbrechen. Zwei Bekannte arbeiteten als Volunteers irgendwo am Fuße des Himalajas. Das hörte sich nach einem perfekten Ort an, um eine Pause zu machen und meine Batterien aufzuladen. Obwohl ich mir ziemlich sicher war, dass es auf dieser Farm keinen Strom geben würde.

Eine Stadt zu verlassen ist ziemlich einfach, besonders wenn du allein bist und über alles selbst entscheidest. Ich packe zuerst meinen Rucksack, verabschiede mich dann immer persönlich von meinem Gastgeber oder hinterlasse auf dem Küchentisch eine Nachricht für ihn, falls er nicht da ist – das war's dann auch. Ohne Komplikationen, ohne viel nachdenken zu müssen. Man muss nur eine Entscheidung treffen: die Richtung, wohin die Reise gehen soll.

An jenem Tag war es der Osten, Richtung pakistanische Grenze. Ich übernachtete in Kerman, schaffte es aber nicht, bei Ćiro vorbeizuschauen, der dort in einem Klub als Trainer arbeitete. Ich ging weiter, und der Weg führte mich durch die Provinz Belutschistan, dessen Einwohner nicht gerade den besten Ruf genießen. Als ein fürchterliches Erdbeben 2003 den Iran heimsuchte, wurden beim Roten Kreuz in Bam etwa neunzigtausend für die Verunglückten bestimmte Zelte gestohlen. Die Stadt Bam lag in Trümmern, das Erdbeben kostete über vierzigtausend Menschen das Leben.

Nach einer langen Nacht und vielen, vielen Stunden ruckeliger Fahrt auf holprigen Straßen und in schäbigen Bussen erreichte ich am frühen Morgen einen Grenzübergang. Den einzigen, der Iran mit Pakistan verbindet. Hunderte Einheimische warteten drängelnd darauf, dass der Übergang geöffnet wurde. Als es fast so weit war, kam ein alter Mann, der ein bisschen Englisch sprach, auf mich zu und forderte mich auf, ihm zu folgen. Er führte mich durch eine Nebentür in ein Häuschen. Dort sollte ich meinen Reisepass vorzeigen, dann würde ich als Erster drankommen und könnte so die Grenze überqueren, ohne stundenlang mit den anderen Normalsterblichen warten zu müssen.

Dafür verlangte der Mann eine kleine Aufmerksamkeit – in meinem Fall war es ein Kugelschreiber.

Ich überquerte die Grenze, verließ den Iran und schickte unmittelbar vor Betreten pakistanischen Bodens eine Nachricht an meine Mutter ab. Die Grenze hätte ich schmerzlos überquert und wäre nun in den Bus nach Quetta gestiegen, die erste Station in Pakistan.

»Problem!«, sagte ein Beamter auf der pakistanischen Seite der Grenze, nachdem ich mein Handy in die Tasche gesteckt hatte. »Visum. Nicht gut.« In gebrochenem Englisch versuchte er mir zu erklären, dass der Konsul bei der Ausstellung des Visums den Stempel mit seinem Vor- und Nachnamen nicht daraufgesetzt hätte. Eine Supernachricht. Ich wartete eine halbe Stunde. Dann eine ganze Stunde. Von wegen, ich könnte als Erster über die Grenze, von wegen, ich stieg gerade in den Bus nach Quetta. Zwei weitere weiße Männer wurden ebenfalls hereingeschickt. Wir tauschten kurz unsere Geschichten aus, ich konnte aber kurz darauf beobachten, wie sie problemlos einen ordentlichen Stempel in ihre Reisepässe bekamen und die Grenze überqueren konnten.

Ich wartete immer noch.

»Sie müssen zurück in den Iran!«, entschied der Zollbeamte nach zwei Stunden.

Kurz gesagt, die Prozedur sah wie folgt aus: Ich sollte in die Stadt Zahedan zurück, etwa siebzig Kilometer von der Grenze entfernt, und mich dort bei der pakistanischen Botschaft melden. Die würde dann die Botschaft in Sarajevo, wo mein Visum ausgestellt worden war, kontaktieren, die dann wiederum ein offizielles Schreiben mit einer Bescheinigung der Gültigkeit meines Visums zurückschicken müsse. Daraufhin könnte ich dann zurückkehren und die Grenze überqueren. Die Sache hatte aber noch einen Haken: Die pakistanische Botschaft in Zahedan war noch weitere zwei Tage geschlossen (am Donnerstag und Freitag, ich stand aber schon am Donnerstag an der Grenze), und dann müsste ich noch weitere zwei Tage warten, bis die Botschaft in Sarajevo öffnete (nach Donnerstag und Freitag folgen bekanntlich Samstag und Sonntag, die im Rest der Welt keine Arbeitstage sind). Erst dann hätte ich wieder hierher zurückkommen können.

Keiner machte sich Gedanken, was ich die nächsten vier Tage tun und wo ich bleiben sollte.

Ich musste auf die iranische Seite der Grenze zurück, wo man mir einen Einreisestempel in meinen Pass drückte und mich warten ließ. Mit Tanja, die soeben in London angekommen war, tauschte ich SMS aus und bat sie, den pakistanischen Konsul in Sarajevo zu erreichen und zu fragen, was ich tun soll. Bald darauf bekam ich die Rückmeldung. Ich solle den Konsul von der pakistanischen Grenze aus anrufen, der sich dann um alles kümmern würde.

Nun musste ich dem iranischen Zollbeamten erklären, dass ich zu den pakistanischen Kollegen zurückgehen und den Konsul anrufen wollte. Kaum jemand sprach Englisch, sodass man mich alle zehn Minuten hin und her schickte. Mein Reisepass war offensichtlich der interessanteste Gegenstand an diesem Tag an der iranisch-pakistanischen Grenze. Alle starrten ihn an und wussten nicht, was sie damit tun sollten. Schließlich sagte man mir, ich sollte nun doch nach Zahedan zurück.

Es machte sich auch keiner Gedanken, wo ich die nächsten paar Tage in der wohl gefährlichsten Stadt im Iran verbringen sollte.

In diesem Augenblick beschloss ich, die *Pul-nadaram*-Taktik einzusetzen, die ich beim Trampen im Iran schon öfter ausprobiert habe. *Pul nadaram* bedeutet: »Ich habe kein Geld.« Ich hatte also weder das Geld für ein Taxi zurück nach Zahedan noch für ein Hotel, in dem ich für ein paar Nächte absteigen könnte.

Ich fragte mich, ob das wohl meine erste Nacht in einer Polizeistation oder in einer Gefängniszelle sein würde. Könnte ich dann diesen Abschnitt meines Reiseberichts mit den Worten beginnen: »Ach, als ich damals im Gefängnis saß …«?

Ich setzte mich auf den Boden, nahm meine Gitarre in die Hand und begann einen Hungerstreik – bis man mich zurück zur pakistanischen Seite der Grenze gehen lassen würde. Die Beamten kamen zu mir und sagten, ich sollte zurück nach Zahedan, und ich antwortete nur *»Pul nadaram«* und spielte depressiv auf meiner Gitarre weiter.

Ich war so verzweifelt, dass ich dort mein erstes Lied, *The Border*, schrieb.

Irani-Paki border,
came here early morning, feels like I'm getting older,
it's fucking 4 pm.
Never liked borders,
they're just giving orders, putting in folders,
for them you're just a number.
Should go back to Zahedan,
but no fucking way, I just came from Bam,
pul nadaram.

Irgendwann hatte ich keine Inspiration mehr. Nach weiteren Stunden des Wartens und vergeblichen Erklärungsversuchen, dass ich nur auf die pakistanische Seite wollte, um einen Anruf zu tätigen, bugsierte man mich samt Rucksack und Gitarre in ein Auto, das mich direkt nach Zahedan brachte. So dachte ich wenigstens.

Schließlich stellte es sich aber heraus, dass ich weitere drei Stunden von einem Kontrollpunkt zum anderen gefahren wurde. Ich spielte Gitarre und versuchte, die Beamten lächelnd zu überreden, mich zurück zur Grenze zu bringen. Ohne Erfolg.

Ich wurde an der Polizeistation in Zahedan abgeliefert, wo ich wieder warten musste. Ein paar Telefonate. Zwei neue Polizisten. Ein neues Auto. Eine weitere Fahrt. Ein Typ, der in einem kleinen Park einen Joint rauchte und sich dabei von den Bullen erwischen ließ, saß jetzt neben mir auf dem Rücksitz eines Polizeiautos. Weinend bettelte er darum, dass man ihn wieder freilassen möge. Die Polizisten ignorierten ihn aber.

Dann kam eine neue Polizeistation, diesmal am Busbahnhof.

»Du. Bus. Teheran!«, sagte einer der beiden Polizisten, die mir Gesellschaft leisteten.

Vor Verzweiflung war ich schon dermaßen abgestumpft, dass mich die Tatsache, dass man mich in einen Bus stecken und in die 1600 Kilometer entfernte Hauptstadt schicken wollte, keineswegs überraschte.

»Aber natürlich!«, schoss mir der erste optimistische Gedanke an diesem Tag durch den Kopf: Vor einigen Tagen hatte ich an Ahmad, einen *Couchsurfer* aus Zahedan, geschrieben. Ich hatte seine Telefonnummer, vielleicht könnte er mir helfen. Ich rief ihn an und erklärte ihm die Situation.

»Kein Problem!«, sagte die Stimme am anderen Ende der Telefonleitung. »Ich hole dich ab. Lass mich mit dem Polizisten am Telefon sprechen.«

Ich gab mein Handy dem Beamten und hoffte, es würde sich nun klären, dass Ahmad mich abholen würde. Mein Albtraum würde bald vorbei sein. Die Polizisten brachten mich wieder ins Auto, wir fuhren durch die Stadt und erreichten die wahrscheinlich einzige Polizeistation in Zahedan, an der ich bisher noch nicht war. Meine Begleiter überließen mich ihren Kollegen, und ich erklärte den neugierigen Polizisten, mein Freund würde jeden Augenblick hierherkommen und mich abholen.

»Du bleiben hier!«, lautete die strenge Antwort. »Nicht gehen mit Freund.«

Beim Blick auf seinen Polizeigürtel kamen mir allerlei Gedanken in den Sinn. Ich stellte mir die Titelseiten kroatischer Zeitungen vor: Ein durchgedrehter kroatischer Tramper nahm im Iran einen Polizisten als Geisel und forderte seine Freilassung, um nach Pakistan reisen zu können!

Ich setzte mich in die Ecke und wartete auf Ahmad. Soldaten und Polizisten traten an mich heran, um sich meinen Reisepass anzusehen. Die Jüngeren forderten mich auf, etwas auf der Gitarre zu spielen, gaben aber schnell auf, als sie meinen Gesichtsausdruck sahen. Drei mit Handschellen aneinandergefesselte Typen setzten sich neben mich. Sie musterten mich neugierig und fragten sich bestimmt, welches Verbrechen ich wohl begangen haben mochte. Ein tolles Gefühl.

Endlich kam Ahmad. Ich fühlte mich so mies, dass ich ihm nur die Hand reichen konnte, zu einem Lächeln konnte ich mich nicht mehr zwingen.

»Alles geht klar!«, lächelte er. »Es ist nicht das erste Mal, dass ich so etwas tue.«

Er lief durch die Station und füllte seelenruhig meine Freilassungspapiere aus. Er brauchte mehr als eine halbe Stunde, um allerlei Erklärungen und Formulare auszufüllen und zu unterschreiben, dann musste er Reisepass und Handynummer abgeben. Schließlich konnte er die Beamten überzeugen, dass er mich morgen wieder zur Polizeistation zurückbringen würde.

»Willkommen in der Stadt der Schmuggler, der Waffen und des Opiums!«, sagte er mir stolz, während wir durch die schon völlig dunklen Straßen von Zahedan fuhren. Ich erzählte ihm, was mir alles passiert war, und bedankte mich bei ihm, dass er mich abgeholt hatte. Er lächelte nur und sagte: »Kein Problem!«

Er brachte mich zu seinem Labor, in dem er Zahnprothesen anfertigte und seine Gäste unterbrachte, weit weg von seiner Frau und seinem Kind zu Hause.

Mir fiel gerade auf, dass diese Szene auch aus einem Horrorfilm stammen könnte: ein verzweifelter Fremder, ein übertrieben freundlicher Gastgeber, ein Zahnlabor, eine grausame und düstere Stadt. Dann fragte mich Ahmad: »Möchtest du vielleicht Opium probieren?«

In diesem Land, in dem Alkohol verboten ist und streng kontrolliert wird, ist Opium das meist verbreitete Rauschmittel. Kein Wunder, wir waren nur etwa fünfzig Kilometer von der Grenze zu Afghanistan entfernt, dem größten Mohnproduzenten der Welt und damit auch dem größten Opiumproduzenten. Opium wird aus dem getrockneten Milchsaft unreifer Mohnsamenkapseln gewonnen. Ein paar Gramm kosten nur einen Dollar, und so ist es klar, dass der Iran neben Afghanistan den höchsten Prozentsatz an Drogensüchtigen hat.

Zahedan ist die Hauptstation auf dem Weg des Opiums von Ost nach West. Die Stadt führt diese traurige Statistik an, zu deren Opfer an diesem Abend, nach diesem sehr anstrengenden Tag, nun auch ich zählte. Ich fiel in den tiefsten Schlaf meines Lebens.

Am nächsten Morgen fuhr mich Ahmad wie vereinbart zur Polizeistation, von der aus mich die Beamten bis zur Grenze fahren sollten. Dort würde ich dann rübergehen und versuchen, den Konsul in Sarajevo noch vor dem Wochenende anzurufen. Ich dankte Ahmad für alles, was er für mich getan hatte. Er lachte nur und sagte, ich könnte ihn ruhig wieder anrufen, falls ich irgendwo wieder steckenbliebe.

Ich saß in der Polizeistation, Soldaten und Polizisten kamen wie immer an mich heran. Ich erzählte ihnen, dass ich abgeholt und zur Grenze gefahren werden sollte, sie hörten mir zu und nickten. Nach 42 Minuten platzte ein Mann mit Schnurrbart in den Vorraum herein.

»Die Grenze ist geschlossen«, erklärte er entschieden. »Feiertag!«

»Was für ein verdammter Feiertag?«, erwiderte ich, sichtbar aufgeregt. »Wollen Sie etwa sagen, dass das niemand gewusst hat, als man mir gestern versprochen hat, man würde mich heute zur Grenze bringen? Und auch heute niemand, nachdem ich schon seit einer Stunde darauf warte, dass mich jemand abholt?«

Der Mann mit Schnurrbart schaute mich an, hörte mir verständnislos zu und ging dann weg.

Ich atmete tief durch.

Ich beschloss, Ahmed anzurufen und noch einen Tag bei ihm zu verbringen, weit weg von diesen inkompetenten uniformierten Menschen hier. Ich wandte mich an einen jungen Soldaten, der ein bisschen Englisch sprach, und fragte ihn höflich, ob er mir sein Handy leihen oder ein Telefon zeigen würde, damit ich meinen Freund anrufen könnte.

»Nein!«, lautete die karge Antwort.

»Warum nicht?«, fragte ich und traute meinen Ohren nicht.

»Hier gibt es kein Telefon«, erwiderte er und schaute mich ausdruckslos an, während im Hintergrund das Klingeln eines Telefons zu hören war.

Ich machte die Tür des ersten Büros auf und sah darin Beamten, die telefonierten und gleichzeitig SMS-Nachrichten schrieben. Ich wandte mich dem bartlosen Soldaten zu und sagte einige Worte auf Kroatisch zu ihm. Ich bin überzeugt, er konnte sich nach meiner Vorstellung die Bedeutung der Worte zusammenreimen.

Sie brauchten gute fünfzehn Minuten, um mir ein Handy zu geben, damit ich Ahmad anrufen konnte. Auch dann sagten mir einige von ihnen, dass ich nicht mit ihm gehen dürfe, obwohl wir das Ganze gestern schon geklärt und dasselbe Gespräch geführt hatten.

Ich atmete tief durch.

Nach einer Stunde, die sich ewig hinzog, kam Ahmad, füllte wieder die Erklärungsformulare aus und unterzeichnete sie, hinterließ wieder seinen Pass, setzte mich wieder in sein Auto und brachte mich in sein Labor, woraufhin er zu seiner Frau und seinem Kind nach Hause zum Mittagessen zurückfuhr.

Noch ein Tag in Zahedan, in der Stadt, die ich nicht vorhatte zu besuchen. Ich schickte eine Nachricht an meine Mutter, dass ich in Quetta, der ersten Stadt in Pakistan, gut angekommen und gerade in einen anderen Bus eingestiegen sei und dass wir morgen miteinander sprechen würden. Daran musste ich nämlich auch noch denken, da ich mich auf das Überqueren der Grenze zu früh gefreut hatte.

Ich trat in Kontakt mit dem pakistanischen Konsul in Sarajevo, erzählte ihm die ganze Geschichte und bat ihn, mir eine offizielle Mitteilung zuzumailen. Damit würde ich dann morgen zur Grenze oder zur pakistanischen Botschaft gehen. Er versicherte mir aber, dass das nicht nötig sei. Er gab mir seine Privatnummer, damit ich ihn morgen im Notfall anrufen konnte, obwohl ich ihn aufgrund des Zeitunterschieds wahrscheinlich um sechs Uhr früh wecken würde. Sei's drum.

Der dritte Morgen in Zahedan, der zweite Morgen auf der Polizeistation. Nach dem obligatorischen Warten fuhren mich die Bullen zur pakistanischen Botschaft, wo ich von einem lachenden bärtigen Typ in perfektem Englisch begrüßt wurde. Nachdem ich zwei Tage mit verpeilten Polizisten und Soldaten zugebracht hatte, erschien er mir sehr kompetent und wirkte entspannend auf mich. Er erklärte mir, dass er ein offizielles Schreiben aus Sarajevo über die Ausstellung meines Visums bräuchte und dass es dann keine Probleme am Grenzübergang geben würde. Er rief seinen Kollegen, den Konsul, an und erklärte ihm alles genau so, wie ich es am Tag zuvor getan hatte. Da es ein Samstag war, zwang er ihn, seinen Hintern aus dem Bett zu heben, ins Büro zu gehen und das Schreiben zu schicken, obwohl es ein Feiertag und im fernen Bosnien erst sieben Uhr morgens war.

Der Typ war unterhaltsam, er bot mir Speisen und Getränke an und erzählte mir wunderschöne Geschichten über sein Land.

»Du musst unbedingt den Norden des Landes besuchen«, sagte er und beschrieb mir begeistert die Schönheit dieser Gegend. »Sei aber vorsichtig, die Taliban sind dort am aktivsten.«

Sehr gut, Alter, danke für den Rat.

»Die Grenze schließt um zwei Uhr nachmittags«, äußerte er sich besorgt, als er auf seine Uhr sah. Das Schreiben war noch nicht da.

Es war schon Mittag, und die Fahrt bis zur Grenze dauerte fast eine Stunde. Würde ich es schaffen?

Endlich kam das ersehnte Schreiben, wir machten mehrere Kopien für den Fall der Fälle, ich verabschiedete mich vom Konsul, sprintete aus der Botschaft heraus und wollte ein Taxi nehmen, das mich schnellstmöglich, zu welchen Bedingungen auch immer, zur Grenze fahren sollte. Für neue Stolpersteine auf meinem Weg sorgte aber – wer sonst – die iranische Armee. Beim Verlassen des Territoriums der pakistanischen Botschaft nahmen sie meinen Pass ab und sagten, ich müsste auf polizeiliche Begleitung warten, die mich bis zur Grenze bringen würde. Die Begleitung traf zwar bald ein, brachte mich aber nur bis zum ersten Kontrollpunkt Richtung Grenze und überließ mich dort einem Grünschnabel, der mit einer Kalaschnikow über der Schulter seinen Dienst schob.

Ich versuchte, dem jungen Mann zu erklären, dass ich keine Zeit mehr hätte und ein Taxi nehmen müsste, da die Grenze bald schloss. Er kapierte aber gar nichts und wiederholte nur: »Escort, Escort!« In meiner Verzweiflung und Panik sah ich nur, dass ich es wieder nicht schaffte, wenn man mich nicht bald abholte. Ich riss dem Zwerg meinen Reisepass aus der Hand und versuchte, ein Taxi anzuhalten. Er ging mir nach, brüllte mich auf Iranisch an, woraufhin auch sein Vorgesetzter erschien. Die beiden nahmen meinen Pass wieder an sich und meinten, dass ich mich beruhigen solle, die Begleitung würde bald da sein. Und die Grenze würde nicht um zwei schließen, wenigstens nicht für Touristen.

Mir wurde klar, dass all meine Bemühungen vergeblich waren. Ich setzte mich an den Straßenrand und vergrub mein Gesicht in meinen Händen. Nach fünfunddreißig Minuten rief man mich wieder und teilte mir einen bartlosen, unbewaffneten Begleiter zu, der mich mit einem Lächeln im Gesicht fragte, aus welchem Land ich denn kommen würde. Wir hielten ein Taxi an, ich steckte meine Sachen in den Kofferraum und stieg mit gesenktem Kopf ein. Der Fahrer forderte Geld. *Pul nadaram*. Der Fahrer brüllte herum. Mit gesenktem Kopf stieg ich wieder aus und holte meinen Rucksack und meine Gitarre aus dem Kofferraum. Wenn ich schon eine Begleitung haben musste, dann sollte die auch für die Fahrt bezahlen. Zum Schluss nahm uns der Fahrer doch mit und fuhr uns an die Grenze.

Zwei Uhr nachmittags. Ich betete, der Konsul möge sich geirrt haben und die Grenze wäre noch mindestens einige Stunden passierbar, damit mein Leidensweg bald ein Ende hätte. Zu meiner abermaligen Enttäuschung schmiss uns das Taxi auf halbem Weg raus, wir landeten an einem Checkpoint, an dem ich schon vor zwei Tagen einige Stündchen verbracht hatte, als ich auf der Fahrt in die andere Richtung, nach Zahedan, warten musste. Mein Reisepass wurde abermals wie eine Attraktion herumgereicht, man forderte mich auf, etwas auf der Gitarre zu spielen, und teilte mir mit, ich müsste auf einen neuen Begleiter warten. Ich atmete tief durch.

Eine neue unbewaffnete, bartlose Begleitung und ein neues Auto brachten mich etwa um drei Uhr nachmittags in die Nähe der Grenze. An dem hoffentlich letzten Kontrollpunkt vor der Grenze mussten meine Begleitung und ich wieder aussteigen. Eine Gruppe von Soldaten schaute mich, den niedergeschlagenen Reisenden, belustigt an. Sie provozierten mich, lachten mir ins Gesicht und bestätigten meine Ängste – die Grenze war geschlossen.

»*Go tu hotel, wejt tumorov!*«, rieten sie mir in schlechtem Englisch.

Ich kann mich nicht erinnern, wann ich mich zum letzten Mal so miserabel, gedemütigt und hilflos gefühlt habe. Die Tränen in meinem linken Auge versuchten, sich ihren Weg in den Sand der iranischen Wüste zu bahnen, ich hinderte sie aber daran, indem ich in den Himmel schaute. Ich wollte weg von hier, ich wollte zur Grenze, ich wollte illegal nach Pakistan einreisen, egal, wie und wieso. Mit letzter Kraft überredete ich einen Soldaten, mich an die Grenze gehen zu lassen. Ich redete auf ihn ein, die Grenze sei offen, man würde nur auf mich warten. In meiner Verzweiflung gelang es mir, ihn zu überzeugen. Er hielt einen pakistanischen Lastwagen an und begleitete mich – bis zur geschlossenen Grenze.

Nun stand ich da, vor einem geschlossenen Grenzübergang. Dreieinhalb Stunden nach meiner Abfahrt aus Zahedan, von wo aus man normalerweise weniger als eine Stunde bis hierher braucht. Es war schon der dritte Tag, an dem ich die Grenze nicht überqueren konnte. Ich schrie mit meiner ganzen Kraft: »Haaaaaallooooooo!« und hoffte, dass jemand aus dem kleinen Häuschen kommen, mich wiedererkennen, an der Hand nehmen und rüberbringen würde. Es passierte aber gar nichts.

Wir kehrten zu den schadenfrohen Soldaten zurück, ich setzte mich auf einen Stein und wartete, keine Ahnung, worauf. Eine Weile später kam ein kleines Auto mit britischem Kennzeichen an. Darin ein älterer Mann, der auch den geöffneten Grenzübergang verpasst hatte, auch wenn er nicht halb so verzweifelt wirkte wie ich. Ein Pakistaner, der in London lebte und auf dem Landweg seine Familie besuchen wollte. Und ich dachte, ich sei verrückt.

Ich erzählte ihm meine traurige Geschichte. Er zeigte jedoch kein großes Mitgefühl, bot mir aber trotzdem Wasser und Snacks an, mehr als ich von der iranischen Polizei und Armee in den letzten drei Tagen bekommen hatte. Nun reisten der Alte und ich im Doppelpack. Langsam wurde es dunkel, man brachte uns zu einem Hotel und erklärte uns, wir müssten hier übernachten. Anderswo sei es zu gefährlich.

Also, schon wieder: *pul nadaram*. Das Hotelpersonal – außer uns waren übrigens keine anderen Gäste im Hotel – schaute mich verwundert an und versuchte, mir doch etwas Geld abzuknöpfen. Ich hätte zwar genug Geld für das Zimmer gehabt, hatte aber meine Prinzipien. Und einen Sturkopf. Der Alte überließ mir die Überreste seines Abendessens, die ich mit Genuss verspeiste. Das Hotelpersonal erbarmte sich meiner schließlich auch irgendwann und erlaubte mir, in der Gartenlaube vor dem Hotel auf einer Luftmatratze im Schlafsack zu übernachten.

Am Tag danach brauchte ich für die zehn Kilometer bis zur Grenze gute zwei Stunden, wobei ich in den Genuss von drei verschiedenen polizeilichen Begleitungen kam. Wie in einem Déjà-vu kam ich wieder zum Schalter, an dem ich zum letzten Mal vor drei langen Tagen gewesen war– diesmal traurig, nervös und innerlich leer. Ich legte – ohne zu grüßen – meinen

Reisepass zur Kontrolle vor. Sie studierten ihn ein bisschen und rätselten, warum ich darin zwei Einreise- und einen Ausreisestempel hatte.

Gerade als ich dachte, die Sache könnte wieder kompliziert werden, drückte man mir einen iranischen Ausreisestempel in meinen Pass und ließ mich durch die Tür hinaus.

Tag 1000

»Der Iran ist ein wunderschönes Land«, schloss ich dieses Kapitel in meinem Vortrag und zeigte meine Bilder aus Isfahan, Shiraz, Yazd und Persepolis. »Ein Land mit einer reichen Geschichte und Kultur, aber vor allem ein Land mit ganz besonderen Menschen.«

Dieser Lobgesang auf die Menschen langweilte mich ja schon beinahe selbst und dann die Freundlichkeit und stets dieselben Geschichten aus jedem Land, das ich besucht hatte. Ich konnte aber nicht anders, weil es einfach die Wahrheit ist.

Ich legte keinen großen Wert auf Kultur, Geschichte und andere Sehenswürdigkeiten. Jedes Mal, wenn ich versuchte, gedruckte Reiseführer oder die Geschichte eines bestimmten Ortes zu lesen, packte mich Langeweile. Ich hatte vor allem das Gefühl, dass ich dadurch etwas verpassen könnte. Ich hatte das Gefühl, ich könnte ein interessantes Gespräch, eine interessante Anekdote über die Kultur, die Geschichte oder eine Sehenswürdigkeit verpassen, die mir eine Person von Angesicht zu Angesicht erzählen würde. Genau das war meine Art, Orte zu erkunden, meine Art zu lernen.

Es gibt aber noch einen Grund, warum ich die Freundlichkeit und die Herzlichkeit der einheimischen Bevölkerung ständig hervorhob, insbesondere in gefährlichen Ländern wie dem Irak oder dem Iran. Das Image dieser Länder im Westen wurde durch das Verhalten von Politikern, Religionsführern und religiösen Fanatikern negativ beeinflusst. Die Verbreitung positiver Geschichten über einfache Menschen ist ein perfektes Mittel, um gegen die im Westen vorherrschenden Vorurteile zu kämpfen. Für mich war es ein hervorragender Weg, meinen Beitrag zur Verbesserung des Images dieser Länder zu leisten. Das ist ja auch gewissermaßen eine Pflicht für Reisende – positive Geschichten zu erzählen und auf diese Weise den Menschen für ihre Gastfreundschaft zu danken.

Viele Reisende wollen sich nicht in der Öffentlichkeit präsentieren, sondern behalten ihre Geschichten und Erfahrungen für sich. Das ist auch in Ordnung, weil die Erfahrungen jedes Mal, wenn sie erzählt (oder geschrieben) werden, an Besonderheit verlieren. Viele wollen deswegen die Intimität für sich bewahren. Ich verfolge jedoch einen anderen Weg. Ich verzichte auf einen Teil meiner inneren Gefühlswelt. Die Möglichkeit zu haben, Standpunkte und Meinungen anderer Menschen zu beeinflussen, erscheint mir als ein fairer Austausch.

Meine Gastgeber und die Menschen, denen ich auf meinen Reisen begegnete, würden diesen Weg wahrscheinlich befürworten, wenn sie die Gelegenheit dazu hätten – all die unzähligen Menschen, die mich so oft gefragt haben, ob mir ihr Land gefiele, und deren Augen glänzten, wenn ich ihnen sagte, das ihr Land wunderschön und die Einwohner sehr nett und gastfreundlich seien.

Hätten sie selbst die Möglichkeit zu reisen, würden sie selbst schöne Geschichten über ihr Land in der Welt verbreiten und Leute einladen, ihr Land zu besuchen. Da nun aber ich diese Möglichkeit habe, weshalb sollte ich es dann nicht tun?

Nach der dreitägigen Zwangsunterbrechung an der Grenze zwischen dem Iran und Pakistan fuhr ich weiter und betrat das sechste Land meiner Reise.

Tag 44

Die Prozedur glich dem Vorgehen auf der iranischen Seite. Wortlos zeigte ich meinen Reisepass mitsamt dem Schreiben aus Sarajevo und sah den Beamten mit einem Blick an, der ihn wohl dazu veranlasste, sofort meinen Pass abzustempeln und mir einen schönen Aufenthalt in Pakistan zu wünschen.

Danke schön!

Ich füllte diverse Vordrucke aus, die ein klarer Hinweis darauf waren, dass diese Grenze auf dem Landweg durchschnittlich vielleicht von einem Touristen pro Woche überquert wurde. Ich erfuhr dann auch, dass die einzige Möglichkeit, nach Quetta zu kommen, ein in vier Stunden abfahrender Bus war. Man führte mich in den Vorraum eines Gefängnisses, in dem illegale Immigranten untergebracht waren, damit ich in guter Gesellschaft auf meinen Bus warten konnte. Man forderte von mir Geld für eine bewaffnete Begleitung, die mich durch Belutschistan eskortieren sollte, eine pakistanische Provinz, die wie die gleichnamige Provinz im Iran keinen guten Ruf hatte. Vor einigen Monaten wurden dort zwei Schweizer von Terroristen entführt und nach wie vor als Geiseln festgehalten. Die Terroristen forderten im Austausch gegen die Schweizer Geiseln die Freilassung von Freunden aus dem Gefängnis. Normalerweise hätte ich für eine solche Begleitung bezahlt, denn ich wusste, dass sie notwendig war. Da ich aber immer noch unter dem Eindruck der Ereignisse der letzten drei Tage stand, erklärte ich den Polizisten, dass ich nicht bezahlen würde, weil ihre Botschaft dafür verantwortlich wäre, dass ich mehr als drei Tage im Iran verbringen musste. Am Ende gaben sie auf und teilten mir einen 76-jährigen Greis mit einem alten Gewehr als Begleiter zu. Sollten wir in eine Gefahr geraten, würde wahrscheinlich ich ihn retten müssen und nicht umgekehrt.

Man steckte uns in den Bus nach Quetta. Ich war erschöpft, müde und ausgebrannt. Ich wollte nicht an die bevorstehende vierzehn-stündige Fahrt denken, nach der ich noch in einen anderen Bus umsteigen und in eine andere Stadt fahren sollte. Welche Stadt, das wusste ich immer noch nicht.

Die Menschen im Bus waren sehr freundlich, ich war aber total fertig. Insbesondere nachdem ich den Busfahrer und den Zustand der Straße gesehen hatte.

Am frühen Morgen kamen wir in Quetta an. Ich wusste immer noch nicht, was ich tun sollte. Die Stadt galt als eine der gefährlichsten Städte Pakistans, sodass ich beschloss, diesen Ort schnellstmöglich zu verlassen.

Der erste Bus nach Osten fuhr nach Islamabad, und ich entschied sofort, dorthin zu fahren. Nun musste ich nur eine kleine Runde durch die Stadt machen und einen Geldautomaten oder eine Wechselstube suchen, weil ich Sturkopf es an der Grenze abgelehnt hatte, die paar Dollar, die ich dabeihatte, zu wechseln.

Die Stadt war eine Kopie jener Städte, die ich ein Jahr zuvor in Bangladesch gesehen hatte: Chaos, Schmutz, Menschengedränge, ähnliche Essensgerüche, staubige Luft, lautes Hupen auf der Straße. Nichts Neues. Die Menschen auf der Straße waren freundlich und zeigten mir den Weg zu dem, was ich suchte. Sie warnten mich gleichzeitig auch, ich sollte mich vor auf Touristen lauernden Schwindlern hüten.

Sie konnten nicht wissen, dass ich kein normaler Tourist, sondern bereits ein erfahrener Reisender war. Ich ließ mich nicht so schnell übers Ohr hauen.

Schließlich fand ich eine Wechselstube und ging hinein. Der Besitzer empfing mich mit einer unglaublichen Freundlichkeit: Er begrüßte mich, küsste mir die Hände und bot mir Tee an. Hinter ihm sah ich zwei Knirpse, beide zusammen vielleicht vierzehn Jahre alt. Der richtige Augenblick, um misstrauisch zu werden. Der Wechselkurs war ausgezeichnet, mein Misstrauen wurde trotzdem immer größer. Ich tauschte ein paar Dollar um, rechnete mit meinem Handy den Betrag in pakistanischen Rupien um, prüfte, ob die Geldscheine in Ordnung waren, bat ihn, mir die größten Geldscheine in kleinere zu wechseln – er tat alles ohne Protest und alles schien in Ordnung zu sein. Ich verließ die Wechselstube, überprüfte noch einmal, alles passte.

Stolz darauf, dass niemand versucht hatte, mich zu betrügen, kehrte ich in die Wechselstube zurück, um noch etwas Geld zu wechseln. Diesmal waren nur die zwei Knirpse da. Der Kleinere bot mir einen etwas schlechteren Wechselkurs an, weil der Geldschein, den ich tauschen wollte, ein bisschen älter war als der erste. Ich lachte, sagte ihm, dass er ein guter Geschäftsmann sei, und akzeptierte seinen schlechteren Wechselkurs. Er wechselte das Geld und gab es mir, ich zählte es noch einmal durch, um mich zu überzeugen, dass alles in Ordnung war, und steckte es in meine Tasche.

»Nein, mein Herr!«, rief der Kleine und nahm mir die Banknoten aus der Hand. »Kleine Geldscheine trägt man auf der Außenseite, dann sieht es so aus, als hätten Sie nicht viel Geld dabei.«

Ich beobachtete den Kleinen, hörte ihm aufmerksam zu, lobte seine Klugheit und Intelligenz, nahm mein Geld zurück und ging zum Busbahnhof.

Ich kaufte mir eine Fahrkarte, setzte mich in den Bus und zählte das Geld, während ich auf die Abfahrt wartete. Etwas stimmte nicht. Ich rechnete um, zählte ab, suchte in meinen Taschen herum – es fehlten 1500 Rupien. Ich rekapitulierte alles noch mal und begriff, dass die Wechselstube der einzige Ort war, an dem ich das Geld hätte verloren haben können. Ich erinnerte mich an den kleinen Jungen, der mir mit meinen Geldscheinen in der Hand vorgeführt hatte, wie die kleinen Geldscheine auf der Außenseite getragen werden sollten. Offensichtlich war das ein Ablenkungsmanöver, um mir das Geld zu klauen. Nachdem ich einige Augenblicke mein eigenes großes Ego beweint hatte, lachte ich und dachte: Respekt, Kleiner – ich hatte überhaupt nichts bemerkt, obwohl ich ihn die ganze Zeit aufmerksam beobachtet hatte.

Geschieht mir auch recht. Ich dachte, ich wäre etwas Besonderes. Ein erfahrener Reisender, kein Tourist. Von wegen.

Der Bus fuhr halsbrecherisch über die holprigen pakistanischen Straßen, aus den Lautsprechern kam eine furhtbare Melodie, und ich konnte nicht schlafen. Pakistan mochte ich nicht. Da ich nun bereits einige Male gedankenlose Dinge getan hatte, zog ich mein schwarzes Heft heraus und schrieb darin sachlich zehn Gründe auf, warum Pakistan und ich keine Freunde sein könnten:

1. Das Visum für Pakistan war das teuerste aller Visa, die ich jemals beantragt hatte. Ich musste nach Sarajevo, um es zu holen, und dabei eine Erklärung schreiben und unterzeichnen, dass ich für alle möglichen Probleme selbst die Verantwortung tragen würde.
2. Wegen des Fehlers des pakistanischen Konsuls und der Unfähigkeit des Grenzpersonals habe ich 78 Stunden gebraucht, um die Landesgrenze zu passieren. Das gehört definitv zu meinen frustrierendsten Reiseerlebnissen.
3. Das Trampen ist nicht erlaubt. Zumindest nicht die ersten sechshundert Kilometer. Zudem bekommt man sofort nach dem Grenzübertritt eine bewaffnete Begleitung zur Seite gestellt.
4. Zum ersten Mal wurde ich beklaut – und zwar von einem fröhlichen Knirps, der mir Geld in einer Wechselstube wechselte.
5. Die Straßen sind schrecklich und die Fahrer noch verrückter als in Bangladesch.
6. Pakistan erinnert mich an Bangladesch, meine erste außereuropäische Liebe. Und wir alle wissen ja, dass nur eine Liebe die erste sein kann.
7. Meine Freunde warteten auf mich in Indien, auf einer Farm am Fuße des Himalaja-Gebirges, und ich bin nicht sicher, wie lange sie sich dort noch aufhalten würden – ich musste mich also beeilen.

8. Ich bin müde. Eineinhalb Monate unterwegs ohne eine Pause, die länger als drei Tage gedauert hätte.
9. Meine Nase läuft schon seit dem Irak. Der Hauptverdächtige dafür ist wohl die schlechte Luftqualität, die sich auf der indischen Farm am Fuße des Himalajas verbessern sollte.
10. Außer einem *Couchsurfer* in Lahore habe ich keine Kontakte in Pakistan.

Ich dachte ernsthaft darüber nach, Pakistan einfach nicht zu bereisen. Sollte das Land doch erkunden wer wollte. Warum hatte ich schon seit fünf Tagen ein dermaßen schlechtes Karma?

Das Grübeln über mein eigenes Schicksal unterbrach ich für einen Augenblick, verscheuchte meine negativen Gedanken und versuchte, den gegenwärtigen Moment zu leben. Ich fing an, mit den Mitreisenden zu sprechen und Witze mit dem Fahrer auszutauschen. Ich wechselte meinen Platz mit dem des Mannes, der aus dem fahrenden Bus das Fahrtziel hinausrief, um neue Fahrgäste anzulocken. Ich teilte mein Mittagessen mit den Einheimischen, die sich auf den Nebenstationen aufhielten.

Man verpasst wunderschöne Momente, wenn man zu viel über Vergangenes und Unveränderbares oder über Zukünftiges und Unbeeinflussbares nachgrübelt.

Tag 51

»Oh Gott!«, war der erste Gedanke, der durch meinen Kopf schoss, als ich mir mit letzter Kraft einen Weg durch das Gedränge bahnte. Endlich war ich im Zug Richtung Osten.

Ich hatte schon einiges in der Welt gesehen und sogar Reisen durch Entwicklungsländer überstanden – aber das war nichts gegen das Chaos, das mich in diesem Zug erwartete. Egal, für wie viele Menschen dieser Wagen zugelassen war, es waren mindestens dreimal so viele darin gestapelt. Auf Sitzbänken für drei saßen fünf Leute, mehrere schliefen auf den Gepäckträgern. Überall waren kleine Kinder, überhaupt gab es viel mehr Kinder als Erwachsene in diesem Zug. Die meisten Passagiere standen auf ihren Beinen oder kauerten auf dem Boden – zusammengedrängt wie Sardinen in einer Blechbüchse.

Am erstaunlichsten war, dass das für alle scheinbar ganz normal war. Verschiedene Verkäufer gingen ein und aus, trugen Boxen mit Speisen oder Getränken und schienen um all die Körper herumzuschweben. Sie boten Tee, Snacks und Flaschen mit Wasser und Mangosaft an. Wie sie es schafften, mit vollen Händen das Gleichgewicht zu halten, blieb mir ein Rätsel.

Ich betrachtete die Armut um mich herum und wusste nicht, was ich davon halten sollte. Sollte ich die Menschen bedauern? Sollte ich einfach von meinem Geld jedem etwas zu essen und trinken kaufen?

Der Lärm hörte für keinen einzigen Augenblick auf. Manche Kinder schliefen, manche weinten oder kletterten kreuz und quer übereinander. Ein Mädchen, das gerade mal in der Pubertät war, stillte ein Baby. Ein fünfjähriges Kind wiegte sein nur wenige Monate altes Geschwisterchen in den Schlaf.

Endlich setzte sich der Zug in Bewegung.

In den Wagen kam eine bunt gekleidete Frau. Sie ging von einem zum anderen, klatschte in die Hände, reichte dann jedem die Hand und bat um Geld. Sie weckte die Schlafenden auf, doch keiner sprach mit ihr. Einige schüttelten nur den Kopf, andere gaben ihr fünf oder zehn Rupien. Als sie näher kam, sah ich, dass sie eigentlich ein Mann war. Verwirrt beobachtete ich ihn und bemerkte, wie einfach er Geld von den Leuten bekam. Vielleicht könnte ich das auch versuchen?

»Was passiert hier eigentlich?«, fragte ich einen jungen Mann neben mir. Er war der Einzige, der kurz zuvor mit mir ein paar Wörter auf Englisch gesprochen hatte.

»Das ist eine *Hijra*«, sagte er. »Kein Mann und keine Frau. Du wirst eine Menge von ihnen in Indien sehen, und ihre Geschichte ist ziemlich traurig und hässlich. Sie wurden von der Familie und der Gemeinschaft verstoßen, eine Ausbildung oder eine Arbeit sind für sie unerreichbar. So sind sie gezwungen, sich zu prostituieren oder zu betteln, so wie die, die du gerade gesehen hast. Gleichzeitig aber glaubt man, sie besitzen übernatürliche Kräfte. Deshalb segnen sie dich, wenn du ihnen eine Rupie gibst und wenn nicht, dann können sie dich verfluchen.«

Die Nacht brach herein.

Der Lärm und die Hektik im Wagen legten sich ein wenig. Der Zug hielt immer seltener an. Diejenigen, die nicht stehen mussten, schliefen. Ich war tief in Gedanken über meine letzten fünfzig Tage und die Zeit vor mir versunken. In Indien würde ich eine Pause machen und mein Reisetempo etwas drosseln. Ich hatte sowieso kein anderes Visum mehr und genug Zeit, mich für mein nächstes Ziel zu entscheiden – es waren fast vier Monate, bis mein indisches Visum ablaufen würde.

In der Stille der Nacht, so gegen 3:14 Uhr, fühlte ich, wie etwas an meinem linken Bein herunterrann. Es überraschte mich. Ich versuchte, mein Bein zu bewegen, aber in dem immensen Gedränge ging das nicht. Das Kleine, das das blutjunge Mädchen gestillt hatte, pinkelte mich an. Der erste Filter war sein Pyjama, der zweite das Kleid seiner Mutter und der dritte – mein Bein.

Binnen weniger Sekunden spulte sich in meinem Kopf ein Film mit zwei möglichen Szenarien ab. Das erste war impulsiv: Angewidert wollte ich mein Bein um jeden Preis wegziehen, es an der ersten Person neben mir abwischen und der Mutter wenigstens einen bösen Blick zuwerfen. Im schlimmsten Fall würde ich einfach das Baby schnappen und es ans andere Ende des Wagens schleudern.

Das zweite Szenario war: Beruhige dich, atme tief durch, und nimm die Situation so an, wie sie ist. Du befindest dich in Indien, du bist Gast in einem fremden Land. Einem Land, in dem offenbar andere Regeln gelten. Ein friedliches Baby schläft und pinkelt. Das hast du in diesem Alter auch gemacht. Nur hatten deine Eltern genug Geld, um dir Windeln zu kaufen. Seine Teenagermutter schläft, erschöpft vom Leben und den überfüllten indischen Zügen sowie von der Tatsache, dass sie als Jugendliche schon ein Kind zu versorgen hat. Und sie selbst ist auch völlig durchnässt.

Ich entschied mich für das zweite Szenario. Es ging schließlich nur um etwas Pipi von einem süßen Baby. fünfundneunzig Prozent Wasser. Was wäre denn das Schlimmste, das mir passieren könnte? Absolut nichts.

»Welkom tu India!«, sagte ich zu mir. »In einem Land, in dem mein linkes Bein halb rein, nicht halb nass ist.«

Ich stieg an der Haltestelle aus, wo ich in den Zug nach Kathgodam, meinem endgültigen Ziel, umsteigen musste. Da wir aber mit einigen Stunden Verspätung ankamen, tat ich das Gleiche, was ein Großteil der Einheimischen tat: auf dem Boden des Bahnhofs schlafen. Dabei lernte ich einen Typ kennen, der denselben Zug wie ich nehmen wollte. So konnte ich damit rechnen, rechtzeitig geweckt zu werden. Dann träumte ich meinen ersten Traum in Indien. Bevor ich einschlief, band ich noch meinen Rucksack um die Beine und hängte die Gitarre über meine Schulter. Sicherheitshalber!

Wenige Stunden später wechselte ich den Fußboden des Bahnhofs gegen ein Schlafabteil im Zug. Am letzten Bahnhof wachte ich auf, fuhr mit einem Lastwagen weitere fünfzehn Kilometer nach Bhimtal, von wo aus der Aufstieg zu der Farm begann.

Das Erste, was mir bei meiner Ankunft an meinem Zielort auffiel, waren die vielen Affen. Sie turnten in dem umliegenden Waldstück herum und kamen bis zu den Essensständen, die die Straße säumten, herunter. Die Einheimischen mochten die Affen nicht, fast jeder hielt eine Schleuder in der Hand und versuchte, die Plagegeister zu erschrecken und in den Wald zurückzudrängen. Wendig und schnell wie sie waren, gelang es den Affen dennoch, alle paar Minuten einen Bissen zu stehlen und kreischend über die Baumwipfel schnell, wieder in den Wald zu verschwinden.

Den Einheimischen fiel ich sofort auf und ohne viel zu fragen, zeigten sie mir den Weg zur Farm. Mit einem viel zu schweren Rucksack auf dem Rücken brach ich auf. Einige Markierungen zeigten mir, dass ich auf dem richtigen Weg war. An einer Stelle teilte sich der Pfad – in einen steilen und schnelleren und einen flacheren und langsameren. Ich Weichei wählte den zweiten Weg. Mein erster Fehler!

Ich überquerte eine steinerne Brücke, und mir fiel auf, dass ich schon länger keine Markierung mehr gesehen hatte. Doch ich dachte mir nichts weiter dabei und setzte meinen Weg fort. Mein zweiter Fehler! Allmählich fiel mir das Laufen immer leichter. Ich war mir nicht sicher, ob es an der frischen Bergluft lag oder an der Tatsache, dass der Weg leicht bergab führte. Der dritte Fehler! Ich vermute, zu den Grundlagen des Bergsteigens zählt auch folgender Grundsatz: Wenn man Richtung Gipfel aufsteigen will, sollte man nicht nach unten gehen. Oder ist das einfach nur Logik?

Nach einer Stunde kam ich erschöpft in den Hof eines Hauses. Zwei Damen beobachteten mich neugierig und boten mir schließlich Tee an. Eine von ihnen, mit einem Bauch bis zum Kinn, sprach ein bisschen Englisch.

Sie erklärte mir, dass bald die Kinder von der örtlichen Schule nach Hause gehen würden. Da sie in der Nähe der Farm lebten, könnte ich mit ihnen weitergehen. Wir tranken Tee, und ich versuchte zu erklären, was ich in ihrem Dorf tat. Wir lachten viel. Ich denke, am Ende der Reise hätte ich einen Doktortitel in Körpersprache verdient. Es war einfach die Sprache, in der ich mich in jedem Land verständigen konnte.

Als der Schulunterricht vorbei war, übernahmen die Kinder die Rolle meiner Bergführer. Wir boten einen recht komischen Anblick: fünf Kinder, kaum eines älter als zehn, die flink den Pfad entlangkletterten, und ein Weißer, der ihnen keuchend und wortlos folgte. Die Kinder ruhten sich ab und zu immer wieder aus. Aber ich war mir nicht sicher, ob sie das wegen des jüngsten, kaum fünf Jahre alten Kindes oder meinetwegen taten. Nach einer halben Stunde erreichten wir schließlich ein Haus, an dem ein junger Mann auf mich wartete, um mich auf dem restlichen Weg bis zur Farm zu begleiten. Er war schon über zwanzig, so konnte ich ihm ohne schlechtes Gewissen wenigstens meine Gitarre geben. Bevor wir losgingen, drehte ich mich zu den Kindern um, denn ich wollte mich für ihre Unterstützung bedanken. Da ich keine Süßigkeiten hatte, holte ich die Buntstifte aus dem Rucksack, mit denen ich normalerweise die Pappschilder zum Trampen beschriftete, und gab sie ihnen als kleines Dankeschön. Die Kinder sollen lieber zeichnen, Süßigkeiten sind nur schlecht für die Zähne.

Wir näherten uns dem Berggipfel, als ich plötzlich feststellte, dass der Straßenlärm vollständig verstummt war. Um uns herum nur Wald, Pflanzen, Wildnis pur. Zwei Arbeiter, die mit einem großen Hammer einen Steinbrocken aus dem Boden lösten, begrüßten mich mit einem breiten Lächeln. Namaste. Die nächste Begegnung auf unserem Weg war ein Sadhu, ein hinduistischer heiliger Mann, der in einem kleinen steinernen Tempel lebte. Ich grüßte ihn mit vor der Brust gefalteten Händen und ging weiter.

Kurz bevor ich zusammenbrach, sah ich endlich ein Haus, das mein Ziel sein musste. Im Hof zwei bekannte Gesichter – Keveen, ein fabelhafter Mensch, den ich damals jedoch zum ersten Mal persönlich sah, und Gina, ein Mädchen, das ich vor ein paar Jahren in Keveens Wohnwagen inmitten eines Waldes in Südfrankreich kennengelernt hatte.

Ich war zu Hause angekommen.

Tag 52 bis 66

Mit der Ankunft auf der Farm am Fuße des Himalajas begann ein neues Kapitel meiner Reise. Müde von der zweimonatigen Wanderschaft von Stadt zu Stadt, war ich auf der Suche nach einem Ort, den ich mein Zuhause nennen und wo ich Ruhe finden könnte, um weg von allem Trubel einen Teil der restlichen neunhundertundirgendwas Tage zu verbringen. Das Himalaja-Farmprojekt schien der perfekte Ort dafür zu sein. Die Permakulturfarm wurde erst vor Kurzem gegründet. Im Austausch für die Übernachtung sollte ich ein paar Stunden am Tag als Freiwilliger arbeiten und brauchte für Verpflegung nur zweihundert Rupien pro Tag zu zahlen. Das war ein fairer Preis. Das wichtigste aber war, dass Keveen und Gina dort waren.

Im Herbst 2009 reiste ich durch Europa und stieß auf Keveens CS-Profil. Ein bärtiger Mann, der mitten im Wald im Süden Frankreichs in einem Wohnwagen lebte. Ich schickte ihm eine E-Mail, die er von Mexiko aus beantwortete, wo er eine alternative Schule für arme einheimische Kinder leitete. Ich stöberte ein bisschen auf seiner Website[7] und stellte fest, dass er an einigen sinnvollen Projekten arbeitete. So beschloss ich, mit ihm in Kontakt zu bleiben. Ganz zufällig stolperte ich ein paar Wochen später über Ginas CS-Profil. Sie war gerade in Keveens Wohnwagen, und so beschloss ich, sie zu besuchen. Nach einigen Tagen im Wald entschied ich mich, etwas mehr für die Sache zu tun, und spendete Geld für die Schule in Mexiko und ein Jahr darauf für eine andere Schule in Guatemala. In diesen zwei Jahren blieben Keveen und ich stets in Kontakt, unsere Wege führten aber immer aneinander vorbei. Bis zu dem Moment, als ich im Iran war und feststellte, dass die beiden gerade nur einige Tausend Kilometer weiter östlich waren. Und so lief ich etwas schneller und umarmte sie schließlich.

Das Leben auf der Farm in den folgenden zwei Wochen verlief ziemlich langsam und ruhig, aber nicht langweilig. Diese Stille, diese Pause von der ganzen Action in letzter Zeit war wirklich notwendig für mich. Genauso wie die körperliche Arbeit, der ich mein ganzes Leben lang geschickt ausgewichen war – egal, ob im elterlichen Garten am Stadtrand von Zagreb oder in Ričice oder in Dobrkovići, jenen Dörfern, wo ich jeden Sommer meine Ferien bei unseren Verwandten verbrachte. Ich konnte mir nicht erklären,

7 www.korakor.org

warum ich auf all meinen Reisen nie so faul war wie zu Hause, aber ich war zu faul, um darüber nachzudenken.

Es gefiel mir dort, obwohl es keinen Strom, kein heißes Wasser und keine Toilette gab. Das Fehlen von Elektrizität und somit Licht lösten wir durch frühes Aufstehen und Schlafengehen mit der Sonne. Das Wasser zum Duschen wurde auf der Feuerstelle erhitzt, dann ging man hinter einen Busch und begoss sich damit. Der Darm wurde auf gute alte indische Art und Weise entleert: Man gräbt ein Loch in den Boden, und statt Klopapier benutzt man seine linke Hand. Es braucht Zeit, um sich zurechtzufinden. Um das Mobiltelefon aufzuladen oder ins Internet zu kommen, mussten wir einen Spaziergang in ein etwas weiter entferntes Dorf auf uns nehmen, aber auch dieser Umstand konnte meine tägliche Berichterstattung an die Eltern nicht verhindern – der Akku in einem *primitiven* Handy hält übrigens viel länger als in einem Smartphone.

»Sag mal, du meldest dich jeden Tag bei deinen Eltern?«, fragte mich Keveen mit einem ungläubigen Blick, als er sah, wie ich versuchte, Netzempfang zu bekommen und meiner Mama eine SMS zu senden.

»Ja, ja!«, antwortete ich mit einem Hauch von Stolz in meiner Stimme. Er war die erste Person, die es überraschte, aber nicht die letzte. Doch, ich war immer noch stolz auf mein tägliches Ritual. Für mich war es keine große Anstrengung, aber meinen Eltern, die ungefähr fünfundzwanzig Stunden am Tag an mich dachten, bedeutete das eine Menge.

»Herzlichen Glückwunsch!«, sagte er. »Meine Mutter macht sich erst Sorgen, wenn ich mich zehn Tage lang nicht melde. Ich denke, das kommt einfach durch die Jahre der Abwesenheit.«

»Glaubst du, dass sich auch meine Eltern eines Tages an meine Wanderschaft gewöhnen?«, fragte ich voller Hoffnung.

»Wahrscheinlich«, sagte er nach einer kurzen Pause. »Doch du solltest verstehen, dass deine Eltern nur eines wollen: nämlich, dass du in Sicherheit bist. Und es wird der Tag kommen, an dem sie anfangen zu glauben, dass du in der Lage bist, dich um dich selbst zu kümmern, ohne Hilfe von anderen. Also, es liegt an dir, ihnen zu beweisen, dass sie dir vertrauen können.«

»Und wie mache ich das am besten?«, fragte ich neugierig.

»Du bist auf dem richtigen Weg mit deinen täglichen Berichterstattungen«, lachte er. »Aber es kommt auch einfach so mit der Zeit. Meine Eltern konnten am Anfang mein Bedürfnis, zu reisen und wie ein Nomade zu leben, genauso nicht verstehen. Mit ihrer Vorstellung von einem normalen Leben hatte das nichts zu tun. Und immer interessierte sie nur eine Sache:

Was kommt danach? Wenn man die ganze Welt bereist hat, was kommt dann?«

»Ja, mir sagen sie ständig das Gleiche«, sagte ich schnell. »Und hast du denn eine Antwort darauf gefunden?«

»So ungefähr«, antwortete er. »Ich habe ihnen gesagt, dass ich nicht weiß, was ich tun werde, nachdem ich die Welt bereist habe. Aber das sei auch nicht so wichtig. Ich stellte ihnen auch eine Gegenfrage. Ich fragte sie, was ihrer Meinung nach der Sinn des Lebens sei. Glücklich zu sein, antworteten sie. Darüber waren wir uns sofort einig. Dann aber fragte ich sie, was wäre, wenn sich ihre Vorstellung von Glück und meine unterschieden? Muss ich ihrem Rezept für Glück folgen, oder darf ich meinen eigenen Weg gehen?«

»Und was haben sie gesagt?«

»Sie wussten nicht, was sie darauf antworten sollten. Schließlich sagte ich ihnen, dass ich sie liebe und dass ich mich auch um ihr Glück kümmere. Aber dass sie, unabhängig davon, dass sie viel mehr Lebenserfahrung hätten als ich, mein Leben respektieren sollten und nicht verurteilen. Ich weiß nicht, warum manche Leute das Bedürfnis haben, sich in das Leben anderer Menschen einzumischen und ihnen vorzuschreiben, wie man zu leben hat. Stell dir vor, wie es wäre, wenn ich von Büro zu Büro, von Firma zu Firma gehen würde und jedem erzählte, wie dumm und sinnlos es sei, sich acht Stunden am Tag vor einen Computer zu setzen. Die Leute würden denken, ich sei übergeschnappt, und mir sagen, dass ich mich um meinen eigenen Kram kümmern soll. Andererseits tun sie genau das Gleiche, wenn sie mir predigen, wie ich mein Leben leben soll. Wir sollten nur darin übereinstimmen, dass wir eben nicht übereinstimmen. Dass jeder von uns sein Leben so leben kann, wie er es will.«

»Das ist auch ein Problem der Ausbildung von heute«, setzte er kurz darauf fort. »Die Kinder sollen in der Schule gute Noten haben und ihre Ausbildung erfolgreich abschließen, damit sie später einen tollen Job finden und sich ein gutes Einkommen sichern. Und erst wenn man gut verdient und eine Menge Geld hat, dann kann man genießen. Meiner Meinung nach sollte die Ausbildung völlig anders sein. Sie sollte uns beibringen, wie man kein Geld ausgibt. Wie man ein erfülltes Leben leben kann und genau das tun kann, was man will, mit sehr wenig Geld. Es ist ganz einfach, wirklich. Wir tun es schon seit einigen Jahren. Statt acht Stunden am Tag mit einer Arbeit zu verbringen, die man nicht mag, nur um Geld zu verdienen, und nur den Feierabend, das Wochenende oder den Urlaub zu genießen, sollte man in der zur Verfügung stehenden Zeit genau das tun, was man liebt, und dabei so wenig Geld wie möglich ausgeben. Die Leute fragen sich, wie ich das mache, dass ich schon seit so vielen Jahren fast umsonst reise«, sprach er weiter. »Sehr einfach. Verschwendet kein Geld für einen neuen Fernseher, neue Kleidung oder Abendessen in Restaurants. Mit dem Geld für einen Restaurantbesuch könnte man eine Woche reisen. Dusche, Bett, Zahnbürste – all dies ist purer Luxus für uns. Abgesehen davon, dass wir mit minimalen Ressourcen leben können, lehrt uns das Leben, für die kleinen Dinge dankbar zu sein und sie nie für selbstverständlich zu halten.«

»Es geht darum, die richtigen Prioritäten zu setzen!«, bestätigte ich.

»Genau«, stimmte er zu. »Verstehe mich nicht falsch. Ich sage nicht, dass Reisen die einzige Lösung, die beste Art und Weise ist, seine Zeit zu verbringen. Manche Leute wollen nicht reisen, vor allem nicht in der Form, wie wir es tun.«

»Das ist genau das, was ich meine!«, erwiderte ich. »Wenn wir alle trampen würden, gäbe es ja keinen, der uns mitnimmt!«

»Ja, genau!«, stimmte er mir zu. »Für manche Menschen bedeutet Glück, einen festen Job, eine Karriere, ein Haus und drei Kinder zu haben. Das ist in Ordnung. Es ist überhaupt nicht falsch, dass Menschen ein solches Leben führen, solange sie den anderen nicht ständig reinreden, wie sie zu leben haben.«

»Du hast gerade gesagt, dass Reisen deiner Meinung nach keine Lösung ist«, führte ich die Unterhaltung weiter, während ich Kartoffeln schälte. »Auf der anderen Seite, kennst du irgendjemanden, der gereist ist und diese Entscheidung bereut hätte?«

»Keinen Einzigen!«, lachte er laut. »Die Wahrheit ist, dass man viele Antworten auf der Straße findet. Wenn du nicht weißt, was du mit deinem Leben anfangen sollst, zieh einfach los. Es spielt keine Rolle, ob nach links oder rechts, geh einfach. Die Antworten werden kommen. Deine Reisen werden dir helfen. Das macht das Leben leichter, egal, wie schwierig es manchmal sein mag. Du lernst eine Menge über dich selbst und die anderen. Du wirst geduldiger, dafür musst du aber den ganzen Weg bis zum Ende gehen. Du musst tagelang unter schwersten Bedingungen irgendwo feststecken oder in einem schrecklichen Bus über noch schrecklichere Straßen fahren und dadurch deine Widerstandsfähigkeit stärken. Weniger wählerisch sein. Das Leben nehmen, wie es ist. Das sind Lebenserfahrungen, die einen besseren, weiseren, erfahreneren Mann aus dir machen. Nach einer Weile merkst du, dass es eigentlich nicht um die Fortbewegung geht, dass es egal ist, wie weit du reist. Die innere Reise ist von wesentlicher Bedeutung. Du kannst in einem Dorf mitten im Nirgendwo sein und in deinem Kopf reisen. Du kannst in der Mitte einer Großstadt sein und lernen, über dich hinauszuwachsen und mit anderen zu teilen. Das Wichtigste ist, dein eigenes Leben zu leben, nicht das von jemand anderem.«

»Das Essen ist fertig!«, schrie Gina. Daraufhin setzten wir uns alle im Kreis zusammen, dankten dem Ackerland, dass es uns mit so leckerer Speise beschenkt hatte, und tauchten unsere Finger in das frisch gekochte Essen.

Der Einzige, der das ganze Jahr über auf dem Hof lebte, war Chandan, ein Einheimischer, der ständig ein Auge darauf hatte, dass alle Anwesenden satt wurden, einschließlich der Kühe, Stiere und Büffel. Er sprach perfekt Nichtenglisch, sodass unsere Kommunikation auf Körpersprache und Lächeln beschränkt war. Es funktionierte aber.

Die Inder und ihre Körpersprache sind gewöhnungsbedürftig, aber wenn es einem mal in Fleisch und Blut übergegangen ist, vergisst man es nicht so leicht wieder. Der Brauch, dass die rechte Hand immer sauber zu sein hat, denn sie ist fürs Essen und Händeschütteln bestimmt, ist vielen vielleicht bekannt, genauso der obligatorische Gruß mit vor der Brust gefalteten Handflächen und einem Namaste. Es gibt aber noch zwei weitere Gewohnheiten, die meine Aufmerksamkeit erregten.

Das erste war das Berühren der Fußknöchel von älteren Menschen oder Respektspersonen. Wenn man einen Älteren im Dorf trifft, muss man auf ihn zugehen, in die Hocke gehen und mit der rechten Handfläche seinen Fußknöchel berühren – dies gilt als Zeichen von Respekt und Hochachtung. Die ersten Male, als ich das sah, war ich überzeugt, dass der Grüßende den Begrüßten gleich am Fußgelenk packen und zu Boden reißen würde. Die Begegnung würde schließlich in einem Handgemenge enden.

Die zweite Eigenart der indischen Körpersprache, die mich begeisterte, waren die Kopfbewegungen. Nein zeigen die Inder genauso wie im Rest der Welt durch ein schnelles Kopfzucken von links nach rechts. Wenn die Inder »Ja« meinen, schütteln sie den Kopf richtig weit von links nach rechts, als ob sie den Hals strecken oder auf eine subtile Weise versuchen würden, das Wasser aus den Ohren zu bekommen. Doch der eindeutige Favorit war die Kopfbewegung in Form einer Acht, bei der gleichzeitig die Augenbrauen angehoben werden. Damit wird das eben Gesagte bestätige oder in einem anderen Zusammenhang »Vielleicht!» ausgedrückt.

Man sieht, ein Gespräch mit Indern ist nie langweilig oder eintönig, auch wenn man nicht dieselbe Sprache spricht.

Genauso verständigten wir uns auch mit den wenigen Menschen, die in der Nähe der Farm lebten. Einer von ihnen war ein Junge, der uns half, verschiedene Dinge zu tragen. Obwohl er viel kleiner war als wir, konnte er bis zu sechzig Kilogramm Last nur mithilfe seiner Nackenmuskulatur zur

Farm hinaufschleppen. Die Last wurde in einen geflochtenen Korb gelegt, den man wie ein Schweißband mit einem Seil um den Kopf festmachte. Dann konnte es losgehen. Das Faszinierende daran war, dass der Junge die ganze Zeit in Flip-Flops herumlief.

Der Sadhu, ein heiliger Mann, der in einem nahe gelegenen Tempel, im sogenannten Ashram lebte, ging seit zwanzig Jahren nicht mehr ins Tal. Er lebte vom Essen, das ihm die Dorfbewohner gaben, im Gegenzug segnete er sie. Er meditierte den ganzen Tag und rauchte indisches Charas, gemischt mit indischen Tabakblättern, den sogenannten Bidis. Charas ist Haschisch und wächst dank dem milden Klima dort wild. Im Rest der Welt bekäme man dafür gutes Geld. Und es gäbe für alle mehr als genug. Charas wird im Unterschied zu gewöhnlichem Haschisch aus der wachsenden, frischen Pflanze hergestellt. Man nimmt die Blattspitzen der Pflanze zwischen die Hände und zerreibt sie. Dann macht man das mit dem zweiten und dem dritten Blatt und so weiter. Nach einer Weile färben sich die Handflächen durch das Pflanzenharz schwarz. Man bröselt dieses Harz auf Zeitungspapier ab und vermischt es dann mit Tabak.

Der Rest unseres Teams bestand aus Freiwilligen, die von irgendjemandem über diese Farm gehört hatten und hierhergekommen waren, um beim Aufbau der Farm zu helfen. Die meiste Zeit verbrachte ich allein oder zusammen mit Keveen und Gina. Keveen übernahm die Rolle des Farmleiters und wies uns jeden Tag verschiedene Aufgaben zu, die alle fraglos ausgeführt wurden. Wahrscheinlich deshalb, weil er mindestens doppelt so viel Arbeit erledigte als wir anderen. Aber auch die Art und Weise, wie er uns alle zusammenhielt, war faszinierend: Immer geduldig, er wurde nie laut, fand immer lobende Worte und motivierte uns für die kleinsten Aufgaben. Er lachte mit uns und sorgte für eine positive Stimmung.

In seiner Gesellschaft war ich sehr ruhig, was für mich untypisch ist. Bei ihm wurde ich wieder in die Zeit versetzt, als ich derjenige war, der sich Geschichten anhörte, anstatt sie zu erzählen. Von einem Mann, der schon eine halbe Ewigkeit auf Reisen war, ganz nebenbei zwei Magistertitel erwarb und drei Fremdsprachen fließend beherrschte, konnte ich eine Menge lernen. Er gab sich nicht klüger als wir anderen, versuchte nicht, allen seine Meinung aufzudrängen, sondern hatte für alles Beispiele an der Hand. Das machte ihn zu einem ausgezeichneten Lehrer.

Er hatte jedoch nicht nur Beispiele in der Theorie, sondern auch in der Praxis. Das erlebte ich am Bahnhof in Lucknow auf dem Weg nach Varanasi, nur wenige Stunden, nachdem ich die Farm verlassen hatte. Wir warteten auf einen Zug, der nach indischer Gewohnheit zwei Stunden Verspätung hatte. Daraus wurden drei Stunden. Zum Schluss waren es geschlagene vier Stunden. Um die Wartezeit zu verkürzen, lasen wir Bücher, was für mich auf Reisen etwas Neues war. Ansonsten hatte ich nie Zeit zum Lesen – es wäre ja auch seltsam, wenn ich in einem Buch lesen würde, wenn ich bei jemandem im Auto mitfahre. Ich unterhalte mich lieber mit dem Fahrer. Und wenn ich in einer Stadt ankomme, wartet ein oder eine CS auf mich, mit dem oder der ich quatschen konnte. In Indien ist der öffentliche Verkehr so günstig, dass selbst ich es mir leisten konnte, nicht zu trampen. Deshalb hat man in Indien Zeit zum Lesen. Meine Lektüre wurde jedoch plötzlich durch Geschrei und Gejammer in etwa fünfzig Meter Entfernung unterbrochen.

Keveen stand auf, um nachzuschauen, was los war. Ich folgte ihm. Die Szene war erschreckend: ein Kerl mit einer großen Bambusstange in der Hand brüllte und schlug einem schreienden Bettler auf den Kopf, etwa dreißig Passanten beobachteten ungerührt das Geschehen, ohne einzugreifen. Obwohl Keveen vor ein paar Jahren fast gestorben wäre, als er versuchte, einen streunenden Hund vor einer Gruppe Einheimischer zu retten, die ihn töten wollten, mischte er sich auch diesmal wieder ein. Er stellte sich zwischen den Angreifer und sein Opfer und forderte den Schlagenden mit Gesten auf aufzuhören. Wenige Augenblicke später änderte sich die Stimmung schlagartig. In die bis zu diesem Moment schweigend zustimmenden Zuschauer kam plötzlich Bewegung. Sie nahmen dem Schläger seinen Bambusstock ab und hinderten ihn daran, weiter auf den armen Bettler einzuschlagen. Langsam kam dieser wieder zu sich, wickelte sich schreiend das Kopftuch um seinen blutverschmierten Kopf und kroch zu unserer Bank herüber. In perfektem Englisch fragte er uns, ob wir ihm eine Tasse Tee kaufen könnten. Zum Tee gab ihm Gina auch eine Schmerztablette. Er dankte uns von Herzen und erzählte uns seine traurige Geschichte. Als unser Zug auf den Bahnsteig einfuhr, verabschiedete er sich und wünschte uns eine gute Fahrt.

Manchmal muss man sich einmischen, auch wenn es den Anschein hat, es läge nicht an uns, die Welt zu retten.

Tag 952

Ich saß an einer Bushaltestelle in Zagreb, nicht weit vom Rotor, dem größten Kreisverkehr in Zagreb, entfernt. Es war Nacht, ich wartete auf den Bus Nummer 164, mit dem ich zu meinen Eltern fahren wollte. Über Kopfhörer hörte ich Dubioza, eine Band aus Bosnien und Herzegowina. Sie spielen eine Mischung aus Punk, Reggae, Dub, Ska und Rock, ihre Texte haben eine starke politische Botschaft. Den Song, den ich gerade hörte, ging über das Aufhetzen von Menschen.

An der Haltestelle waren noch zwei weitere Personen, eine Dame und ein Herr. Beide standen. Ich bemerkte, dass der Mann etwas murmelte, seine Körpersprache verriet, dass er betrunken war. Ich beobachtete die Situation nun aufmerksamer. Er redete weiter und wollte ein Gespräch mit der wartenden Dame anfangen, die offensichtlich nicht seine Begleitung war. Der Mann trat einen Schritt näher an sie heran. Ich nahm meine Kopfhörer ab.

»Sind Sie taub oder was?«, rief er mit lauter Stimme. Die Frau warf ihm nur einen kurzen Blick zu und schaute wieder in die Ferne. Dies frustrierte ihn noch mehr, deshalb machte er einen weiteren Schritt nach vorne.

Ich stand von der Bank auf, atmete tief durch und versuchte, mich größer zu machen, als ich eigentlich war. Langsam trat ich zwischen die beiden und schaute nach vorne. Ich machte ein ernstes Gesicht, meine Schultern standen weit auseinander, vielleicht schnippte ich sogar mit den Fingern meiner rechten Hand. Der Mann ließ von seinem Plan ab, was auch immer er vorgehabt haben mag. Er murmelte etwas und ging weg.

Als der Bus kam, stieg die Frau als Erste ein, ich folgte ihr.

»Ich traf neulich eine Nachbarin«, sagte meine Mutter einige Tage später.

»Welche Nachbarin?«, fragte ich.

»Ich weiß nicht, ob du sie kennst«, sagte sie. »Sie hat mir erzählt, dass ihr neulich am Abend zusammen auf den Bus gewartet habt, dass du gut erzogen bist und dass du dich vor sie gestellt hast, um sie vor einem Betrunkenen zu beschützen.«

Ich wusste nicht, dass es unsere Nachbarin war. Aber diese Begebenheit erinnerte mich daran, wie Keveen sich damals in Indien am Bahnhof in den Tumult einmischte und an die Lektion, die ich daraus gelernt habe.

Manchmal muss man sich einmischen, auch wenn es den Anschein hat, es läge nicht an uns, die Welt zu retten.

Tag 69

»Entschuldigt mich!«, sagte ich zu Keveen, Gina und Mario und suchte eine ruhige Ecke in einer Nebengasse. Dann musste ich mich erbrechen. Einige neugierige Einheimische sahen mich zwar an, gingen aber weiter, als wäre das keine große Sache.

»In Varanasi werden die meisten Menschen krank«, tröstete mich Mario, unser neuer Bekannter vergeblich. »Es wird schon vorbeigehen.«

Mario hatten wir vergangene Nacht kennengelernt, auf der Dachterrasse unseres Hotels. Dort beobachteten wir jede Nacht den Sonnenuntergang und unzählige Drachen, die hoch über der Stadt aufstiegen. Er hatte eine interessante Geschichte. Er kam nach Varanasi mit der Absicht, auf dem Fischmarkt ein paar Hundert lebendige Fische zu kaufen und sie in den Fluss zurückzubringen. Kev, Gina und ich sahen uns an, grinsten von einem Ohr zum anderen, und gaben zu, dass dies eine der komischsten Einfälle sei, die wir in letzter Zeit gehört hätten.

»Gibt es einen Grund, warum du das tun möchtest?«, fragte ihn Gina.

»Natürlich«, antwortete er selbstsicher. »Morgen ist einer der vier Tage des Jahres, an dem jede gute Tat tausendmal mehr wert ist als an jedem anderen Tag des Jahres. So kaufst du dir ein gutes Karma für das nächste Leben.«

Mir war das unbegreiflich. Gute Taten zu vollbringen und so ein gutes Karma für das nächste Leben zu kaufen? Und das nur an bestimmten Tagen des Jahres? Was ist aus dem guten alten Altruismus geworden? Gutes tun, ohne eine Belohnung zu erwarten?

Ich schwieg und versuchte, nicht vorschnell zu urteilen.

Ich klinkte mich aus dem Gespräch aus und beobachtete wieder eine Weile die Drachen, dann die zahlreichen Affen, die auf den Dächern herumsprangen. Sie fraßen die Fliegen, die sich um die glühenden Lampen sammelten. Ein Affe geriet sogar in Streit mit einem Mann, der aufs Dach kam, um seine nasse Kleidung aufzuhängen. Der Homo sapiens zog den Kürzeren.

Im Hintergrund glänzte der Ganges, der heiligste Fluss Indiens.

Varanasi ist die älteste und heiligste Stadt in Indien. Dort will jeder Hindu sterben, damit seine Asche in den Fluss gestreut wird. Das beschleunigt die Vergebung aller irdischen Sünden und verhindert angeblich eine künftige Wiedergeburt als Kuh oder Hund. Wenn jemand nicht das Glück hat, dass seine Asche in Varanasi verstreut wird, kann er auch den Rest des heiligen Flusses als letzte Ruhestätte wählen. Aus diesem Grund, aber auch weil sich fast das gesamte Leben in Indien dort abspielt, ist der Ganges einer der am stärksten verschmutzten Flüsse der Welt. Dies hindert jedoch weder die Einheimischen noch einige mutige (obwohl mir auch noch andere Wörter einfallen!) Touristen nicht daran, in diesem Fluss zu baden, Wäsche zu waschen oder sogar einen Schluck daraus zu trinken.

Früh am Morgen gingen wir mit Mario zum Fischmarkt, halfen ihm, die zwei mit zappelnden Fischen gefüllte Kisten zu den Docks, den sogenannten *Ghats*, zu tragen, und stiegen in ein Boot. Mario handelte mit dem minderjährigen Bootsbesitzer aus, dass wir mit seinem Boot bis zur Mitte des Flusses fahren können. Dort wollten wir die Fische aus der Gefangenschaft befreien, während Mario sein Mantra für »Denjenigen, der das Karma verwaltet« wiederholen würde. Das letzte Angebot des Jungen war eine halbe Stunde für hundert Rupien, obwohl er anfangs doppelt so viel verlangte. Wir sangen das Mantra, entließen die Fische in die Freiheit und kehrten zum Ufer zurück. Als wir diese erhabene und spirituelle Reise beendeten, blickte Mario auf seine Uhr und stellte fest, dass der Junge ganze vier Minuten zu früh am Ufer ankam. Mario weigerte sich, den vereinbarten Preis zu zahlen, und so stritten die beiden um die paar Rupien.

Wenn eine gute Tat an diesem Tag tausendmal mehr wert war, gilt das gleiche Prinzip auch für eine schlechte, oder? Somit war unser Mario praktisch auf null.

In diesem Moment begann mein Magen »zu arbeiten« und trieb mich in eine Seitengasse und danach in einen muffigen Raum in einem billigen Hotel, aus dem ich mich die nächsten achtundvierzig Stunden nicht hinausbewegte, abgesehen vom Taumeln zu einem schmutzigen Plumpsklo alle fünfzehn Minuten.

Ich war krank in Indien. Ich wusste, dass das unvermeidbar war, auch deshalb weil ich seit Reisebeginn in den Restaurants vor Ort aß und dort Wasser trank, wo auch die Einheimischen tranken. Das erleichterte mir aber nicht die Schmerzen und das Leiden, die ich die darauffolgenden zwei Tage ertragen musste.

In diesen achtundvierzig Stunden ging mir vieles durch den Kopf. Ich beschloss, nach Nepal zu reisen. Weil ich neugierig war und das Land in der Nähe lag, weil ich zwei alte Freunde sehen konnte, weil ich ein Visum für Thailand bekommen wollte, wohin ich früher oder später fahren würde, weil ich einfach allein sein wollte.

Das fehlte mir auch.

Ich dachte an Zagreb, mein Elternhaus, die Suppe meiner Mutter, meine Freunde. An den Ort, zu dem ich mich zugehörig fühlte, auch wenn ich ihn oft nicht mochte. Ich vermisste alles. Ich vermisste das Gefühl, mich in einer sicheren Umgebung bewegen zu können, gesund, satt und in einem sauberen Bett zu sein.

Ich dachte zum x-ten Mal, darüber nach, was ich hier eigentlich tat. Drei Jahre lang hatte ich sehnsüchtig von dieser Reise geträumt und ihr alles untergeordnet. Und jetzt, zwei Monate nach meiner Abreise, aus welchem Grund auch immer, lag ich in einem schmutzigen Bett mitten in einem unbekannten Land, war total krank, fühlte mich jämmerlich und einsam. Und ich hatte die ganze Zeit dasselbe Lied in meinen Ohren: *And I still haven't found what I'm looking for ...*

Und dann passierte es. Es kam der entscheidende Moment. Am dritten Tag trat allmählich eine Besserung ein, ich sammelte meine Kräfte und ging zu den *Ghats*, setzte mich auf die Mauer und betrachtete die Welt um mich herum. Inder bei ihrem rituellen Bad oder beim Wäschewaschen im schmutzigen Flusswasser, Touristen in gemieteten Booten, die mit ihren großen Kameras die Inder mit Stadtpanorama im Hintergrund fotografierten. Farben. Gewimmel. Menschen. Energie. Vor allem Freiheit. Ich war hier, weil ich mich so entschieden hatte. Weil ich es so wollte. Weil ich es wagte, obwohl es keinen besonders großen Mut erforderte. Und nein, ich hatte keine Ahnung, wonach ich auf der Suche war. Es spielte keine Rolle. Ich wusste nicht, ob ich das finden würde, was ich suchte, aber ich wusste, dass ich bei dieser Suche Spaß haben wollte. Das genügte mir. Vorerst.

Ich vergoss einige Freudentränen und stellte mich auf meine wieder stabilen Beine, ohne dass mir dabei schwindlig wurde.

Es war ein schönes Gefühl, wieder gesund zu sein. Wegen dieses Gefühls wünschte ich mir, öfter krank zu sein. Ich machte einen Spaziergang durch die Stadt, die ich zum ersten Mal in ihrer vollen Pracht sah – ich ging an Kühen, Stieren und streunenden Hunden vorbei, an ihren zahlreichen Kothaufen und sonstigem Dreck, an Bettlern, begleitet von intensiven Gerüchen. All das bekam jetzt einen Sinn. Lerne, beobachte, schalte alle deine Sinne ein. Für die Vorbeigehenden ist es schöner, wenn du deinen Kopf nach oben hältst und mit einem Lächeln die Straße entlanggehst. Ich setzte mich in ein touristisches (also teures) Restaurant und beschloss, mir selbst eine Suppe, ein Hauptgericht und einen frisch gepressten Fruchtsaft zu gönnen. Ich dankte meinem Körper, dass es ihm besser ging, und versprach ihm, in Zukunft gut auf ihn aufzupassen.

Keveen und Gina arbeiteten inzwischen an ihren Projekten. An einem Tag boten sie Passanten eine kostenlose Tasse Kaffee an, an einem anderen reparierten sie die Drachen der einheimischen Kinder, am dritten Tag massierten sie Mitbewohner auf dem Dach unseres Hotels. Immer mit einem Lächeln. Wir organisierten die Aktion *Love Carpet* und wollten damit Liebe verbreiten: Wir kauften farbige Kreide, suchten uns ein Stück Beton und schrieben Botschaften der Liebe, des Friedens und der Freundschaft darauf – zusammen mit anderen Passanten, Menschen wie Tieren.

Dann kam der Morgen, als ich wieder gesund und munter war und nach Nepal abreiste.

Tag 73

»Halt!«, schrie ein schläfriger Zollbeamter an der indisch-nepalesischen Grenze. »Passkontrolle!«

Es war stockdunkel, und wir bemerkten nicht einmal, dass wir die Grenze überquerten. Der Zollbeamte schlief, die Grenze war geschlossen. Nur ein Dutzend genervte Reisende mit Rucksäcken auf dem Rücken und ein paar streunende Hunde waren immer noch wach und auf den Beinen.

Das war meine erste organisierte kleine Tour während dieser Reise, und sie erfüllte ihren Zweck: Mir wurde klar, warum ich lieber alles selbst organisiere. Diesmal hatte ich beschlossen, über eine der vielen Agenturen in der Stadt einen Bus von Varanasi nach Kathmandu zu buchen. Versprochen wurden mir ein Frühstück, eine Direktfahrt bis zur Grenze in einem komfortablen Reisebus (ohne Einheimische und Zwischenhalte), eine Hotelunterkunft an der Grenze sowie die Weiterfahrt am nächsten Tag, ebenfalls in einem komfortablen Reisebus.

Ich war nicht der einzige Trottel, wir waren zu zehnt. Schon beim Frühstück wurden wir misstrauisch. Ein Ei und zwei Scheiben altbackener Toast machten keinen vertrauenserweckenden Eindruck. Unser Bus hatte »plötzlich« eine Panne, sodass wir bis zur Grenze mit einem halb auseinanderfallenden alten Bus mit Holzsitzen und scheibenlosen Fenstern fahren mussten. Darüber hinaus waren in dem Bus unzählige Einheimische eingepfercht, und wir hielten an jeder Station. Und es gab viele davon. Wir kamen mit fünf Stunden Verspätung an der Grenze an, das Hotel, das wir bezahlt hatten, befand sich auf der nepalesischen Seite, und die Grenze war – geschlossen.

»Wir haben eine Unterkunft auf der anderen Seite der Grenze«, flehten wir verzweifelt den Zollbeamten an. Der erbarmte sich schließlich und ließ uns die Grenze passieren. Doch er ermahnte uns, am Morgen zurückzukommen, damit er unsere Pässe abstempeln könnte. Am nächsten Tag kamen wir dieser Aufforderung nach und reisten legal nach Nepal ein.

Nachdem das Reisebüro aus Varanasi mich und viele andere so schamlos betrogen hatte, entdeckte ich ganz nebenbei einige Möglichkeiten, wie man Touristen übers Ohr hauen kann. Die erste Möglichkeit: Du kehrst in ein lokales Restaurant ein und bestellst bei der sympathischen Bedienung etwas zu essen, ohne nach dem Preis zu fragen. Doch die Rechnung scheint dir irgendwie zu hoch. Du möchtest sie nicht bezahlen und verlangst nach einer Speisekarte. So etwas hat man leider nicht. Du gehst auf die Straße und fragst Passanten, wie viel sie für eine solche Mahlzeit bezahlen würden. Dein Verdacht wird bestätigt, denn du hast dreimal so viel bezahlt. Du gehst in das Restaurant zurück, und alle lachen dir ins Gesicht. Zum ersten Mal im Leben gehst du zur Polizei und kehrst begleitet von einem Polizisten mit breiten Schultern in das Restaurant zurück. Dort lacht niemand mehr. Man erstattet dir acht Kunas.

Die zweite Möglichkeit: Du läufst die Straße entlang, ein Typ mit einem bunten Katalog in der Hand bietet dir eine Trekkingtour an. Du bist nicht daran interessiert, er versucht dich aber weiter zu überreden und wirkt dabei gar nicht so überzeugend. Doch dann folgt das große Finale. Scheinbar ganz nebenbei erwähnt er, dass vor einem Augenblick drei Schwedinnen dieselbe Tour bezahlt hätten. Dein Interesse wird plötzlich geweckt, du zahlst einen Haufen Geld in der Hoffnung auf ... Nun aber suchen sechs Deutsche und zwei Franzosen – genauso wie du selbst – vergeblich nach drei schwedischen Blondinen. Mir würde das genauso passieren, wäre ich etwas leichtgläubiger, etwas reicher und hätte eine Schwäche für Blondinen.

Die dritte Möglichkeit: Du wirst auf der Straße von einem Typen mit einem traditionellen Saiteninstrument in der Hand angesprochen. Er fragt dich, ob du am Kauf des Instruments interessiert wärst. Natürlich nicht, aber er ist nett, und du beginnst mit ihm zu reden – wo du herkommst, was du hier machst, die üblichen Fragen. Dann lädt er dich großzügig ein, dir zusammen mit seinen Freunden etwas kostenlos vorzuspielen. Du bekommst ein nettes kleines Konzert, auch wenn man den Musikanten ansieht, dass ihre Musik nicht unbedingt von Herzen kommt, und du ahnst, dass sie etwas von dir wollen, sobald der letzte Akkord verstummt ist. Und so kommt es auch: Sie haben ihre eigene CD, die sie dir für wenig Geld verkaufen wollen, der Gewinn geht – natürlich – an ein Waisenhaus. Du sagst, dass dein Laptop kein CD-Laufwerk hat. Aber kein Problem, sie haben noch andere Asse im Ärmel – Hasch, Gras und andere illegale Substanzen, so viel man nur will. Solche Dinge kauft man aber niemals von Fremden, deshalb sollte man schleunigst lächelnd den kleinen Konzertsaal verlassen und in die Sicherheit der Straße zurückkehren.

Und so weiter. Zum Glück bin ich ein erfahrener Reisender, den nichts so leicht überraschen kann. Außer dem kleinen Knirps in der pakistanischen Wechselstube. Und dem Reisebüro in Varanasi. Und dem vorher in der ersten Möglichkeit erwähnten örtlichen Restaurant.

Die gesamte Zeit in Kathmandu verbrachte ich als Couchsurfer bei Taya, einer Australierin, die ich ein Jahr zuvor in Bangladesch kennengelernt hatte. Sie arbeitete als Freiwillige, und zwar schon das zweite Jahr, und war erst neunzehn. Sie unterrichtete Kinder in Englisch und war eine der vielen jungen Reisenden, denen ich auf meinen Reisen begegnete. Fast alle hatten die gleiche Geschichte: Sie hatten ihr Abi oder Diplom in der Tasche, aber kaum einer wusste, was er im Leben anfangen wollte. Deshalb machten sie alle ein sogenanntes *gap year* und reisten um die Welt, arbeiteten als Freiwillige und erzogen sich selbst und andere. Sie wollten noch einige Dinge ausprobieren, bevor sie den großen Schritt wagen und die Weichen ihres weiteren Lebens stellen würden.

Schon als sie klein waren, begannen sie zu sparen, um sich all dies ohne finanzielle Unterstützung der Eltern leisten zu können. Seit sie dreizehn waren, arbeiteten sie einige Stunden am Tag in einem Supermarkt um die Ecke, erst dann ging's nach Hause zu den Hausaufgaben. Alle wurden von Kindesbeinen an von ihren Eltern dazu gedrängt, unabhängig zu sein.

»Geht es ihm gut?«, erkundigte sich Chloe nach meinem siebenundzwanzig Jahre alten Bruder Philip eines Sonntags beim Mittagessen bei meinen Eltern in einem Dorf in der Nähe von Zagreb. »Warum lebt er immer noch bei euren Eltern?«

Vergeblich versuchte ich ihr zu erklären, dass dies in Kroatien ganz normal ist. Du lebst bei den Eltern, bis du: a) heiratest, b) einen Job findest und einen Kredit mit einer Laufzeit über dreißig Jahre für eine Eigentumswohnung oder ein Haus aufnimmst, oder c) solange du willst. Vergeblich versuchte ich ihr zu erklären, dass meine Eltern mich beinahe verstoßen hätten, als ich ihnen mitteilte, dass ich während des Studiums in eine Mietwohnung ziehen würde. Chloe konnte diese Bindung zur Familie nicht ganz verstehen und hielt sie sogar für fragwürdig.

Ich aber kann schon das Gute darin sehen. Die Eltern kümmern sich um ihre Kinder und wollen nur das Beste für sie. Da ich allerdings viele Kinder kennenlernte, die allein um die Welt reisten, begriff ich, dass es auch eine andere Seite der Medaille gibt. Auf diese Art und Weise erziehen Eltern zukünftige Erwachsene, die abhängig waren und unfähig sein würden, mit den Herausforderungen des Lebens fertigzuwerden. Sie erziehen kleine verwöhnte Trottel.

»Zu meinem achtzehnten Geburtstag ließen meine Eltern mich selbst entscheiden«, fuhr sie fort. »Entweder ich ziehe aus oder ich beteilige mich an der Miete und den Haushaltskosten.«

Egal, wie brutal es klingen mag, Liebe muss manchmal auch diese Seite zeigen. Das ist der einzige Weg, den eigenen Kindern Verantwortungsgefühl beizubringen und ihnen zu zeigen, wie das Leben wirklich ist. Kinder sollte man gehen lassen können und ihnen sagen, dass sie keine Kinder mehr sind. Man sollte sie ihren eigenen Weg finden lassen.

Der Weg zur Hölle ist mit guten Vorsätzen gepflastert.

Hätte ich mich nach den guten Absichten meiner Eltern gerichtet, wäre ich niemals dort, wo ich jetzt bin – in Nepal. Ich würde meine Zukunft nicht selbst in die Hand nehmen.

»Sehr sentimental«, begann der alte Buddhist und professionelle Handleser am Fuße von Swayambhunath, dem beliebten Affentempel in Kathmandu, seine Deutung. »Und friedfertig.«

Ich war schon immer sehr skeptisch, wenn es um Hellseher, Wahrsager und Handleser ging, aber da eins meiner Ziele war, alles zu vergessen, was ich je geglaubt hatte, alle Vorurteile abzulegen und neue Dinge auszuprobieren, beschloss ich, ihm eine Chance zu geben. Entscheidend war der Preis: so viel, wie ich bereit war zu bezahlen.

Sentimental und friedfertig waren die ersten zwei Worte, die er sagte. Und ich kann ihm zustimmen. Mein ganzes Leben lang habe ich versucht, meinem Herzen zu folgen und anderen nichts anzutun, was ich selbst nicht wollte, dass sie es mir antun. Zugegeben, hier und da habe ich schon mal den ein oder anderen Fehltritt, aber zum Glück steht so etwas ja nicht auf der Hand. In der Grundschule damals zum Beispiel, als ich mich geprügelt hatte und den Kürzeren zog. Vielleicht war das der Grund, warum aus mir ein friedfertiger Mensch geworden ist. Wer weiß, was für ein Tyrann aus mir geworden wäre, wenn ich als stolzer Sieger aus dem Kampf herausgekommen wäre.

»Manchmal glaubst du an Gott, manchmal nicht«, fuhr der alte Mann fort.

Auch in diesem Punkt hatte er recht. Es gab eine Zeit in meinem Leben, als ich an ihn glaubte, ihm viel Aufmerksamkeit schenkte, viele Verdienste zuschrieb. Der Lauf der Zeit und das Erwachsenwerden trugen jedoch dazu bei, dass ich mich von religiösen Glaubensvorstellungen entfernte und meinen eigenen kleinen Gott fand, zu dem ich heimlich betete. Ich redete mit ihm von Zeit zu Zeit, wie vor Kurzem, als ich den steilen Anstieg vom Fährhafen Prizna an der adriatischen Küste bis zur Autobahn hinaufkletterte. Ich erkannte, dass man unter allen Religionen der Welt nur einer zu folgen hat – dem eigenen Gewissen.

»Die Magenlinie ist durchkreuzt, du hast keinen festen Job«, traf der alte Mann den Nagel auf den Kopf. Obwohl es nicht allzu schwierig sein konnte, dies zu erraten, wenn ein bärtiger Mann einen Handleser in Nepal aufsucht.

»Das achte, dreizehnte und achtzehnte Jahr waren problematisch. Probleme in Familie, Schule, mit Gesundheit.«

Hier musste ich ein bisschen nachdenken. Das Einzige, woran ich mich erinnern konnte, war mein gebrochenes Herz zum Schluss der Grundschulzeit, als ich etwa dreizehn Jahre alt war. Wer aber hat in diesem Alter kein gebrochenes Herz? Was mein achtzehntes Lebensjahr betrifft, da gab es den Abschluss der dreieinhalbjährigen Oberstufenlaufbahn und einen Kreuzbandriss auf dem Nebenspielfeld des Fußballclubs Vrapčester United. Wegen des Jahres 1993 müsste ich meine Eltern fragen.

»Vom neunzehnten bis zum zweiundzwanzigsten Lebensjahr gute Zeit«, fuhr er unermüdlich fort.

Studentenleben, Unabhängigkeit – wie sollte es denn anders sein, wenn nicht gut!

»Vom dreiundzwanzigsten bis zum fünfundzwanzigsten Lebensjahr eine lange Reise, wechselnde Orte, anderer Arbeitsplatz.«

Meinen Job als Börsenmakler hatte ich gekündigt und begann in einer Fruchtsaftbar zu arbeiten, ich unternahm meine ersten Reisen durch Europa und fing an zu schreiben. Volltreffer, Alter!

»Das sechsundzwanzigste und siebenundzwanzigste waren langsame Jahre. Du versuchtest, etwas zu tun, etwas herauszufinden, bist aber immer wieder über Hindernisse gestolpert.«

Ich saß vor ihm, sah ihm in die Augen und glaubte ihm. Ich war sechsundzwanzigeinhalb Jahre alt und ging auf diese Reise, um Antworten zu finden, um irgendetwas zu finden. Was das war, wusste ich selbst noch nicht. Ständig stellte ich mir diese Frage, aber die einzige Antwort, die ich mir geben konnte, war: Hab Geduld, letztendlich wirst du finden, was du suchst.

»Vom achtundzwanzigsten bis zum dreißigsten Lebensjahr eine lange Reise, wechselnde Orte, anderer Arbeitsplatz, eine gute Zeit zu heiraten«, begann der Handleser mit seinen Prophezeiungen für die Zukunft. »Von dreiunddreißig bis fünfunddreißig eine gute Zeit in finanzieller Hinsicht. Das sechsunddreißigste Jahr – schlecht. Sei vorsichtig, bete zu Gott. Nach dem siebenunddreißigsten Lebensjahr sehr gut. Ein neues Zuhause, ein neues Land, eine glückliche Familie. Die Lebenslinie gut, manchmal Probleme mit Rücken- und Gelenkschmerzen. Solltest Yoga machen, meditieren.«

Wer hat denn keine Probleme mit dem Rücken oder den Gelenken?

»Die Herzlinie gut, gute Voraussetzungen, um Schriftsteller, Maler, Sänger oder Tänzer zu sein.«

Schon wieder hatte der Alte recht. Zeichnen, singen oder tanzen kann ich zwar nicht – aber hey, ich sitze hier und schreibe.

»Kopflinie gut, sehr klug. Der Jupiterberg steht im Weg, Probleme mit Ehe und dem Leben in Gemeinschaft im Allgemeinen. Ehe mit einer Frau einer anderen Nationalität eine gute Ehe, mit einer Frau derselben Nationalität schlecht. Eine ungerade Anzahl von Kindern gut. Gerade Anzahl schlecht. Sonnenlinie gut, gutes Gedächtnis. Merkurlinie durchkreuzt, sollst nicht wetten und Glücksspiele spielen.«

Mein Lieber, wo warst du denn, als ich alles, was ich hatte (und noch viel mehr), an der Börse verlor? Oder als ich als Knirps tagtäglich in Wettbüros und an Roulettetischen herumhing?

»Die Marslinie ist durchkreuzt, die Familie wird nicht helfen, wenn nötig.«

Nun, hier lag er daneben. Wenn ich mir mit etwas in meinem Leben sicher bin, dann ist es die Unterstützung durch meine Familie. Egal, was ich tat, sogar etwas so Schreckliches wie diese Reise, ich wusste, dass sie mich lieben und mir beistehen werden, wenn ich sie brauche. Und selbst wenn ich sie nicht brauche.

Das war's. Fast vier Minuten. Ziemlich gut, muss ich zugeben.

»Eine Frage, alter Mann«, sagte ich zum Schluss. »Werde ich das finden, was ich suche, und was ist es eigentlich?«

Er untersuchte mit ernster Miene und viel Aufmerksamkeit meine Handfläche. Dann lächelte er, presste seine Lippen zusammen und sagte aber kein Wort mehr.

Tag 81

»Hey, du!«, rief ich einer bekannten sommersprossigen Person zu, die etwas verloren eine staubigen Straße in einem Vorort Kathmandus entlangbummelte. Mit ihren 160 Zentimetern musste Caro zu mir aufschauen und lehnte dann ihren Kopf an meine Brust.

Ich war Caro zwei Jahre davor auf meiner ersten großen Reise durch Europa begegnet, ein paar Tage bevor ich Gina kennenlernte. Wir verbrachten zwei Tage in Montpellier und kletterten zusammen über Felsen, was beinahe böse endete. Mein rechtes Schienbein ziert immer noch eine Narbe, die mich für immer an Caro erinnern wird. Narben sind – nebenbei bemerkt – meine Lieblingssouvenirs. Sie kosten nichts und nehmen nicht viel Platz im Rucksack ein.

Dank Facebook und dem ein oder anderen Kontakt trafen wir am anderen Ende der Welt plötzlich wieder aufeinander.

Ich frage mich, wie das Reisen früher, vor Internet und Handy, aussah. Denn gerade diese Errungenschaften ermöglichen erst alles, was ich tue – vom Finden eines Gastgebers in verschiedenen Städten über die Suche nach dem besten Tramperpunkt, bis zur täglichen Berichterstattung an die Eltern.

Das ist auch ein Grund, warum ich unermüdlich behaupte, dass mein Reiseleben überhaupt nicht schwierig ist. Vielleicht war es einmal so, aber heute kann fast jeder reisen – ein durchschnittlicher IQ und ein bisschen gesunder Menschenverstand genügen.

Caro nahm mich bei der Hand. Wir saßen in einem überfüllten Kleinbus (in den sich manchmal bis zu dreißig Menschen reinquetschten) und fuhren einige Kilometer weiter zu einem Waisenhaus. Dort begann sie einige Wochen zuvor als Freiwillige zu arbeiten und half dem Leiter des Waisenhauses und seiner Schwester dabei, es weiter aufzubauen. Da Caro Lehrerin von Beruf ist, machte sie diese guten Menschen mit einigen nützlichen Tricks ihres Berufs vertraut. Es blieb aber nicht dabei. Als sie sah, dass ein Kühlschrank und ein Elektroherd gebraucht wurden, startete sie einen Spendenaufruf in ganz Frankreich, und nach einigen Tagen kamen genug Gelder zusammen, um die Haushaltsgeräte zu kaufen.

Als der Unterricht vorbei war und ungefähr zehn kleine Kinder im Alter von fünf bis zwölf Jahren eintrudelten, konnte der Spaß beginnen. Bei so vielen Kindern würde man mit Chaos rechnen, tatsächlich waren es aber die ruhigsten und bravsten Kinder, die ich je kennengelernt habe. Sechs

Mädchen und vier Jungs, mit für ihr noch kurzes Leben traurigen Geschichten. Die meisten von ihnen wurden von ihren Eltern verlassen, weil die sich nicht mehr um sie kümmern konnten. Auf unterschiedlichen Wegen kamen sie ins Waisenhaus, wo sie ein Dach über dem Kopf hatten, zur Schule gehen konnten und mehrere Mahlzeiten am Tag bekamen. Alle plapperten etwas Englisch, die Jüngeren ein bisschen weniger, die Älteren etwas mehr.

Wir halfen ihnen bei den Hausaufgaben, aßen zusammen zu Mittag und beobachteten sie, wie sie auf dem Boden saßen und mit ihren kleinen Händen zugriffen, um Reis in etwas Soße zu tunken. Dann nahm ich meine Gitarre und begann zu spielen. Die Lieder hatten sie zwar noch nie zuvor gehört, das hinderte sie aber keineswegs daran, aufzustehen und uns ihre Tanzschritte vorzuführen, die so manchen Clubgänger in den Schatten gestellt hätten. Als eine Kassette mit einheimischen Hits im Kassettenrekorder landete, wurden auch wir Erwachsene aufs Parkett geholt. Ich bin wirklich kein begnadeter Tänzer, aber es war ein Riesenspaß, den Kasper zu spielen und bei indisch-nepalesischer Volksmusik wie John Travolta das Tanzbein zu schwingen.

Als die Nacht hereinbrach und es kühler wurde, probierten wir die Neuanschaffung des Hauses aus – die elektrische Heizung. Kaum war sie eingeschaltet, saßen alle zehn Kinder in der Nähe der Heizung und starrten sie an, als sähen sie den spannendsten Zeichentrickfilm im Fernsehen.

»Sonst lese ich ihnen immer eine Gutenachtgeschichte vor«, flüsterte mir Caro zu. »Wenn du willst, kannst du heute Abend diese Aufgabe übernehmen.«

Ich nahm das Bilderbuch *Der Wolf und die drei kleinen Schweinchen* in die Hand, dichtete die Geschichte in *Der Wolf und zehn kleine Schweinchen* um und brachte die Kinder zum Lachen. Dann schickte ich sie ins Bett. »*Gud najt brader, gud najt sister, gud najt sr, gud najt mis*«, verabschiedeten sie sich und tapsten im Gänsemarsch in ihre zwei Schlafzimmer.

Am Morgen umarmten uns alle, wir bekamen einen Seidenschal als Geschenk und ein *Tikka* als Segenszeichen auf die Stirn aufgetupft, das uns Glück auf der bevorstehenden Reise bringen sollte.

»Bist du traurig, dass wir wegfahren?«, fragte ich meine Begleiterin, als wir im Bus saßen.

»Ja, ich bin traurig, aber nicht weil wir wegfahren«, meinte sie. »Ich habe kein gutes Gefühl bei diesem Waisenhaus.«

»Wie meinst du das?«

»Gestern blätterte ich ein wenig in den Papieren und habe herausgefunden, dass die meisten dieser Kinder keine Waisen sind«, sagte sie. »Sie haben Eltern und kommen alle aus demselben Dorf, aus dem auch die Leiter des Waisenhauses stammen.«

»Was bedeutet das?«

»Möglicherweise wurde das Waisenhaus nur deshalb gegründet, damit einige Menschen auf Kosten dieser Kinder zu Geld kommen. Zusammen mit meinen Freunden aus Frankreich habe ich einen gemeinnützigen Verein gegründet, wir kauften einen Kühlschrank und eine Heizung und sammelten etwas Geld für das Waisenhaus. Ich habe das gestern der Waisenhausleiterin gesagt und sie darauf hingewiesen, dass sie mir die Rechnungen für die Ausgaben vorlegen muss, um das Geld zu bekommen. Dann begann sie Ausreden zu erfinden. Sie machte einen mysteriösen Anruf und sagte, dass man für einige Sachen keine Rechnung bekommen kann, dass dies mit zusätzlichen Kosten verbunden wäre und dergleichen.«

»Oh Gott!«, seufzte ich. »Ich habe ähnliche Geschichten über Leute gehört, die auch ein Waisenhaus gegründet haben, nur um Kinder und vor allem die Großzügigkeit der Menschen im Westen für ihren persönlichen Profit auszunutzen.«

»Ich weiß, ich kenne das auch, und dennoch will ich nach wie vor nicht glauben, dass ich selbst in eine dieser Geschichten hineingeraten bin!«, gestand sie mir. »Auch jetzt versuche ich, nur an diese Kinder zu denken. Obwohl das meiste Geld nie bis zu ihnen durchkommt, frage ich mich, ob es ihnen hier unter diesen Bedingungen nicht besser geht oder ob es doch sinnvoller wäre, sie wären zu Hause geblieben. Vielleicht ist dieses Waisenhaus, egal, ob aus ehrbaren Gründen gegründet oder nicht, ein besseres Zuhause als ihr eigenes Elternhaus.«

Ich dachte nach, wusste aber einfach nicht, was ich sagen und wie ich dazu stehen sollte.

Nach zehn Stunden Fahrt in einem bequemen Bus kamen wir in Lumbini an, den Geburtsort Buddhas, wo er seine ersten neunundzwanzig Lebensjahre verbrachte. Unser Fahrer wollte für uns ein günstiges Hotelzimmer organisieren. Wir lehnten sein Angebot jedoch höflich ab, denn wir vertrauten in unsere Fähigkeit, die billigste Unterkunft selbst finden zu können. Wir ließen uns in der Stadtmitte absetzen und bekamen sogleich einiges zu sehen: Horden von Mönchen in orangeroten Gewändern wanderten in der Dämmerung durch die Straßen des kleinen Ortes. Als wir in der ersten Pension nachfragten, mussten wir feststellen, dass am Tag zuvor das Friedensfest begonnen hatte und nun alle Zimmer belegt waren.

Letztendlich kamen wir bei einer Familie unter, die ihre alte Oma aus ihrem Zimmer im Erdgeschoss ausquartierte und uns ein Angebot von fünfhundert Rupien pro Nacht machte. Fürs Zimmer, nicht für die Oma. Dass die Großmutter wegen dieser Zwangsevakuierung keineswegs traurig war, entging uns nicht. Die zusätzlichen Rupien kamen ihr gerade recht, und so ließ sie sich auf diesen Deal ein. Das Zimmer war voll von Omas Duft und großen Mücken, sodass wir aus unseren Rucksäcken alle Mittel herausholten, die wir gegen diese stechenden Biester einsetzen konnten, ein Moskitonetz über unser Bett ausbreiteten und uns vorm Schlafengehen noch einen langweiligen Film auf Caros Laptop ansahen.

Den Tag darauf erkundeten wir Lumbini. Unablässig begleitet von Horden von Jungen und Mädchen, die uns grüßten, anlächelten und sich mit uns fotografieren lassen wollten. Wir hatten Spaß dabei, ihre Grüße zu erwidern und ihre Wünsche zu erfüllen. Wir besuchten mehrere von Buddhisten aus unterschiedlichsten Ländern erbaute Tempel, wurden aber das Gefühl nicht los, dass es hier in erster Linie um einen Wettbewerb ging, wer Buddha das größte und luxuriöseste Denkmal setzen kann. Unser Weg führte uns auch zu genau jener Stelle, an der dem Glauben nach Buddha zur Welt kam. Doch als wir sahen, dass die Eintrittskarte zweihundert Rupien kostete, blieben wir lieber hinter dem Zaun stehen, setzten uns auf eine Bank, beobachteten die vorbeigehenden Leute und knipsten aus sicherer Distanz ein paar Fotos. Buddha wäre sicher enttäuscht, wenn er wüsste, dass sich sogar in seinem Heimatdorf alles nur um Geld dreht.

»Schau, eine Straßenkarte von Indien!«, rief Caro und hob die Karte vom schmutzigen Boden auf.

»Die können wir gut gebrauchen!«, sagte ich.

»Nun, jemand hat eine Stadt eingekreist.« Caro deutete auf den Kreis auf der rechten Seite der Karte. »Puri.«

Tag 106

In Delhi fand ich Unterschlupf bei einem Couchsurfer. Während ich auf die Ankunft der Maschine wartete, die Tanja nach Indien bringen sollte, vertrieb ich mir die Zeit mit einem Buch.

In vierzig Stunden Fahrt von Puri nach Delhi schaffte ich etwa die Hälfte des wohl längsten Buches, das ich je anfing zu lesen – *Shantaram*[8]. Viele Indienreisende waren von diesem Buch begeistert, sodass ich es mir auch anschaffte. Je länger ich darin las, desto besser gefiel es mir, auch wenn für meinen Geschmack zu viele Details beschrieben waren. Der Protagonist merkte sich auf seiner Reise durch dieselbe Region viel mehr Dinge, als ich mir normalerweise merken konnte, und schilderte dann alles sehr genau. Ich frage mich, ob ich ein guter Reiseschriftsteller bin. Präge ich mir die lokale Kultur, die Geschmäcke, die Farben und die Gerüche genau ein? Bin ich an den Details der Sitten und Bräuche, an der Küche und der Religion wirklich interessiert? Angesichts meiner Kenntnisse über die Länder, die ich bisher bereist habe, könnte man zu dem Schluss kommen: nein. Ich hatte immer die gleiche Ausrede: Ich reise der Menschen wegen und nicht wegen der Orte, Sitten und Bräuche und so weiter.

Eigentlich brauche ich diese Ausreden gar nicht. Ich bin kein Reiseschriftsteller, ich bin einfach jemand, der reist und – während er das tut – das Gesehene und Erlebte, seine Begegnungen mit Menschen und seine Gedanken niederschreibt. Der Sinn meiner Reise ist es nicht, detailgetreu über sie zu schreiben, sondern sie zu erleben. Würde ich mich mit aller Kraft darauf konzentrieren, zu forschen, zu suchen und alles ganz genau begutachten, wäre ich nicht mehr ich selbst. Würde ich meinen Reise- und Schreibstil dem anpassen, was die Leser vielleicht sehen oder lesen möchten, gingen auch die Ehrlichkeit und der Sinn der ganzen Sache verloren.

Während ich die nächste Seite in meinem Buch umblätterte, kam eine E-Mail.

Absender: Chloe
Betreff: Hm. Schau dir das mal an.
Text: Frohe Weihnachten?

---

8 von G. D. Roberts

Anhang: Flugticket von London nach Kuala Lumpur. Ankunftsdatum – in siebenundfünfzig Tagen.

Ich rieb mir die Augen und las die E-Mail noch einmal. Meine Antwort war kurz:

Wir sehen uns dort.

Ich packte meinen Rucksack, versuchte, die letzte halbe Stunde aus meinem Gedächtnis zu löschen, und fuhr zum Flughafen.

Tag 1000

»Ich habe den obligatorischen Besuch des Taj Mahal gemacht«, kommentierte ich meine Fotos weiter. Darunter war auch eines, das Tanja von diesem wunderbaren Bauwerk gemacht hat, an dem zwanzigtausend Arbeiter zweiundzwanzig Jahre lang gearbeitet hatten. »Shah Jahan, der Herrscher dieses Teils Indiens, ließ es als Erinnerung an seine Ehefrau Mumtaz Mahal errichten, die bei der Geburt ihres vierzehnten Kindes starb. Heute gilt es als das größte Denkmal der ewigen Liebe.«

Ich erinnerte mich, wie ich vom Taj Mahal und all den Geschichten über dieses Gebäude nicht im Geringsten beeindruckt war. Das Bauwerk selbst ist zwar wunderschön, aber die Energie dieses Ortes, die viel zu vielen Besucher, die romantische Geschichte – all das war mir gleichgültig. Da die meisten Menschen vom Taj Mahal begeistert sind, war ich mir sicher, dass das Problem bei mir lag. Oder am Chaos, das in meinem Kopf und in meinem Herzen an jenem Weihnachtstag herrschte. Oder an der Tatsache, dass meine Beziehung mit Tanja drei Wochen später enden würde.

»Wir haben auch Jaipur besichtigt«, dazu zeigte ich ein Bild eines kleinen Elefanten. »Dort waren wir bei einem Couchsurfer untergebracht, der eine Elefantenfarm hatte. Wir haben dann mit den Elefanten gespielt.«

In Jaipur besuchten wir auch andere Sehenswürdigkeiten: die Pink City, das berühmte Altstadtviertel, den Hawa Mahal, hinter dessen Fassade einst die Frauen aus den neunhundertdreiundfünfzig Fensterchen das Gedränge und das alltägliche Leben auf den Straßen ungestört beobachten konnten. Wir sahen auch den Jal Mahal, das bekannte Wasserschloss, sowie einige Textilläden mit unzähligen Teppichen, Halstüchern und Kleidungsstücken und die Festung Amer, die meistbesuchte Touristenattraktion in diesem Teil Indiens. Der Höhepunkt aber waren unser CS-Gastgeber Rahul und seine Elefanten.

Er besaß vierundzwanzig Elefanten und achtete vor allem auf eine artgerechte Betreuung dieser wunderbaren Tiere. Sie wurden dort sehr gut behandelt, im Unterschied zu vielen anderen Farmen, wo Elefanten leider unter sehr schlechten Bedingungen leben. Die meiste Zeit verbrachten wir mit einem einjährigen Elefantenbaby. Wir spielten mit ihm, zogen es am Rüssel hin und her, und Tanja tanzte sogar vor ihm, was der kleine Kerl dann etwas tollpatschig nachzumachen versuchte.

»Wegen dieses alten Elefanten dort«, Rahul zeigte mit seinem Finger auf die andere Seite der Farm, »habe ich meinen größten Lebenstraum und beinahe auch meinen linken Fuß verloren.«

»Was ist passiert?«, fragten wir ihn.

»Die Elefanten sind Familientradition und zugleich auch ein Familienunternehmen. Ich selbst war in meiner Jugend Elefantenreiter«, begann er mit seiner Geschichte. »Ich wurde aber noch stärker von meiner größten Liebe, dem Kricket, angezogen. Ich war ein hervorragender Werfer, dazu noch Linkshänder. Jeden Tag bin ich um vier aufgestanden und etwa zehn Kilometer gejoggt, habe bis acht trainiert, um danach meine Elefanten bis zur Amer-Festung zu reiten. Ich machte mir Hoffnung auf eine Einladung zur Nationalmannschaft Rajastans, in einer Sportart, die mehr als die Hälfte aller Männer in Indien spielt. Eines Tages geriet ich mitten in einen Kampf zwischen zwei Elefanten. Der Ältere von ihnen ist mir auf den Fuß getreten und hat ihn vollständig zerquetscht.«

»Oh, mein Gott!«, brach es gleichzeitig aus uns beiden heraus.

»Die Ärzte haben es irgendwie geschafft, meinen Fuß zu retten«, fuhr er mit traurigem Blick fort. »Das Kricketspielen konnte ich aber vergessen.«

»Was hast du dann gemacht?«, wollten wir wissen.

»Das Einzige, was mir übrig blieb«, antwortete er lächelnd. »Ich kehrte zum Familienunternehmen zurück und kümmerte mich um unsere Elefanten. Ich habe beschlossen, das Beste daraus zu machen und einen wunderbaren Platz zu schaffen – nicht nur für Elefanten, sondern auch für Reisende, die hier zu Besuch kommen. Ich glaube, ich bin da auf einem guten Weg.«

Eine wunderschöne, aber auch traurige Geschichte. Zerstörte Träume eines Jungen, Träume die für einen Augenblick fast in Reichweite gewesen waren. Und dann die Genesung, ein starker Wille, allen Hindernissen zum Trotz. Mit seiner ganzen Kraft stürzte er sich in sein neues Projekt und ließ nicht zu, dass der Unfall seinen Lebensweg bestimmte.[9]

Der Tee mit seiner Mutter, das Abendessen mit seinen Freunden – einer von ihnen verließ uns übrigens früher und wartete dann eine ganze Stunde auf der Straße, nur um einem Mädchen, das ihm gefiel, zuwinken zu können. Die Begegnung mit Fabio, dem einzigen weißen Elefantenreiter; die Beobachtung seines morgendlichen Ausritts, wie er auf Jaipurs verstopften Straßen durch Autos, Rikschas, Busse und Motorräder navigierte, während er gleichzeitig mit seinem Handy telefonierte und seinen ersten Joint an

---

9 Rahuls Elefantenfarm *Elefantastic* ist heute die Touristenattraktion Nummer eins in Jaipur.

diesem Morgen drehte ... Alles Erinnerungen an Jaipur, die ich aus Zeitmangel in diesem Vortrag nicht erzählen konnte.

Das Foto des kleinen Elefanten musste reichen.

»Wir waren auch in Goa«, erzählte ich weiter, »die ehemalige portugiesische Kolonie und die bekannteste Partymeile Indiens.«

Goa ist heute praktisch eine russische Kolonie, Kyrillisch ist hier häufiger auf Schildern zu sehen als die lokale Schriftsprache, die Einheimischen kennen die Grundlagen der russischen Sprache, und überall wird Wodka getrunken. Billigflüge, warmes Klima, niedrige Steuern auf Alkohol, überall bekommt man Rauschmittel – kein Wunder, dass es dort so viele Russen gibt.

»Nach Goa haben wir Udupi besucht, wo ich zum ersten Mal im Meer surfte. Tja, ich landete gleich im Krankenhaus und musste zweimal am Kopf genäht werden«, erzählte ich meinem Publiukm und zeigte ein neues Foto. »Damals begriff ich, dass ich besser beim *Couchsurfing* bleiben sollte. Nach Udupi besichtigten wir Munnar und seine wunderschönen Teeplantagen, machten in Allepey eine großartige Lagunen-Bootsfahrt und kamen schließlich in den sympathischen Touristenort Varkala, wo unsere Indientour endete.«

»Die Reise durch Indien war für mich ein Schock«, so begann ich mein Fazit über Indien. »Ich hatte keine Ahnung, was Indien ausmacht. Meine Vorstellung von Indien war bis dahin vorwiegend von dem Film *Slumdog Millionär* geprägt: Bettler auf den Straßen der Millionenstädte, Schmutz, Armut und Kriminalität. Zwar gibt es auch das in Indien, aber dieses Land ist so riesengroß, so vielfältig, so schön. Wenn ich erzähle, dass ich über drei Monate dort verbracht habe, denken alle, dass ich das ganze Land bereist und alles gesehen habe, was zu sehen ist. Hätte ich statt drei Monate drei Jahre Zeit gehabt, wäre das nicht möglich gewesen.

Und dann bin ich zum ersten Mal während meiner Reise geflogen«, fuhr ich fort. »Da es nicht möglich war, auf dem Landweg über Bangladesch und Myanmar nach Osten zu reisen und der Weg über den Himalaja sehr teuer und schwierig gewesen wäre, entschied ich mich für die einfachste Variante und kaufte mir ein billiges Flugticket nach Kuala Lumpur.«

Tag 163

Schon wieder stand ich am Flughafen in Kuala Lumpur, zum zweiten Mal in drei Tagen.

Bereits bei der Landung bemerkte ich ziemlich verblüfft, wie modern und sauber dieses Land im Vergleich zu Indien wirkte. Alle Autos waren neu, kein Menschengedränge und kein Müll auf den Straßen, alles funktionierte ordentlich. Alle sprachen perfekt Englisch, die Preise waren viel höher als die gewohnten indischen. Überall lief eine Klimaanlage, überall ging es irgendwie unchaotisch zu. Gleichzeitig waren die Leute hier nicht besonders aufgeschlossen. Sie wirkten gestresster, man grüßte nicht und lächelte einander nicht zu, wenn man sich nicht kannte, und jeder ging mit raschen Schritten.

Ich vermisste Indien.

Ich ließ mich bei Marina nieder, einer Couchsurferin aus Serbien, die ich auf meiner Reise durch Europa kennengelernt hatte. Sie machte Würstchen für mich, zeigte mir ihre *Vegeta*-Gewürzmischung und brachte mich zu den Petronas-Türmen. Sie nahm mich schon am zweiten Abend mit zu einer Party bei einer Slowenin, wo man uns *Ćevapčići* und *Ajwar* versprach. Den *Ajwar* hatte die Gastgeberin aber zu Hause vergessen, und mit dem Grillen begann sie erst gegen Mitternacht, als Marina und ich uns schon auf den Weg zurück machen mussten. Nach zwei Nächten *Couchsurfing* bei Marina kehrte ich zurück zum Flughafen und wartete auf ein Mädchen, das ich seit fast zweieinhalb Jahren nicht mehr gesehen hatte.

Im Sommer 2009 war ich mit meinem Wirtschaftsstudium fast fertig, lebte in einer Mietwohnung im Stadtviertel Peščenica, jobbte in einer Fruchtsaftbar in der Masarykova-Straße 26 und nahm jeden Tag Couchsurfer bei mir auf. Ich hatte bis dahin eine einzige Reise auf meinem Konto, mein erstes Trampen nach Sofia und zurück. Ich reiste gedanklich mithilfe der Geschichten, die meine Gäste von ihren Reisen erzählten, sammelte Ideen und Mut, um eines Tages auch eine solche Reise zu unternehmen. Josh trampte von Deutschland bis in den Iran und zurück. Christoph reiste mit dem Fahrrad von Frankreich nach China. Steve war in den letzten neun Jahren kein einziges Mal zu Hause. Tom bereiste mit seinem Motorrad die halbe Welt. Chloe verließ mit achtzehn Australien und reiste seitdem durch die Welt, jobbte ab und zu und genoss ihr Leben.

Und nebenbei verführte sie erfolgreich ihren Gastgeber in Zagreb.

Oft wurde mir die Frage gestellt: »Wie und warum hast du dich zu deinen ersten Reisen entschlossen?« Ich gab immer dieselbe Antwort: Meine Couchsurfer, die ich jahrelang in meiner Wohnung unterbrachte, seien schuld daran. Die Wahrheit war jedoch ein wenig anders. Meine erste große Reise durch Europa begann mit einem einzigen Ziel – nach Berlin zu fahren, dort eine bestimmte blonde Australierin zu besuchen, ein paar Wochen mit ihr zu verbringen und dann in meine Heimat zurückzukehren. Auf diese Abenteuerreise begab ich mich am 10. September 2009. Einige Tage später kam ich in Berlin an, wo mir Chloe in einem kleinen Park das Herz brach. Da ich nicht traurig und niedergeschlagen nach Hause kehren wollte, reiste ich einfach weiter Richtung Westen, trampte und couchsurfte. Und so ergab sich meine erste zweimonatige Reise durch Europa.

Ich kehrte nach Zagreb zurück, legte noch Prüfungen an der Uni ab, hielt meinen ersten Vortrag über *Couchsurfing*, startete meine Facebook-Seite, ging für fünfzig Tage nach Spanien, kam dann wieder nach Zagreb, hakte wieder einige Prüfungen ab, organisierte einen Tramperwettlauf nach Istanbul und kehrte dann abermals nach Zagreb zurück. Damals versuchte ich, meine Reisegeschichten ins Fernsehen und in Zeitungen zu bringen. Daraufhin meldeten sich Leute von MasterCard bei mir und boten mir an, eine einmonatige Reise irgendwo außerhalb Europas zu sponsern. Ich entschied mich für Bangladesch.

Der Grund, warum ich ausgerechnet dieses Land wählte, war eine Einladung zu einer Hochzeit in Dhaka. Entscheidend war jedoch die Tatsache, dass sich Chloe zu dieser Zeit im benachbarten Indien aufhielt und deshalb die Möglichkeit bestand, sich wiederzusehen.

Ich verbrachte einen Monat in Bangladesch, ein Wiedersehen fand allerdings nicht statt. Ich kehrte nach Zagreb zurück, lernte Tanja kennen und fuhr mit ihr zusammen nach Portugal. Nach meiner Rückkehr nach Kroatien hielt ich eine Menge Vorträge, trat als Gast im Rundfunk und im Fernsehen auf, bestand die letzte Prüfung an der Uni, machte mein Diplom und begann, die Verwirklichung meines langjährigen Traums zu planen: tausend Tage Sommer auf der Reise um die Welt. Diese Reise startete ich schließlich am 10. September 2011, genau zwei Jahre nach meinem Abreisetag nach Berlin.

Als ich in Indien war, erhielt ich eine E-Mail von Chloe, in der sie mir mitteilte, sie würde kommen, um mich zu sehen, egal, wo ich sei. Und nun hatten wir eine Verabredung: Kuala Lumpur, Februar. Als sie hörte, dass ich ein Visum für Australien bekommen hatte, kaufte sie für Mai zwei Flugtickets, eins für sich, das zweite für mich.

Und so stand ich nun am Flughafen in Kuala Lumpur, zum zweiten Mal in drei Tagen. Gleich würde ich das Mädchen sehen, das ich seit fast zweieinhalb Jahren nicht gesehen hatte.

In meinem Kopf lief eine Szene aus dem Film *(500) Days of Summer* ab, wo Tom (Zufall oder Zeichen?) zur Party bei Summer eingeladen war. Das Bild teilte sich nun in zwei Szenarien auf, das eine mit seinen Erwartungen, das andere mit der Realität. Tom erwartete einen wunderschönen Empfang. Er stellte sich vor, sie würde ihn fest umarmen, küssen, ihn ihren Freunden vorstellen und am Ende des Abends wieder mit ihm zusammen sein. Die Realität war völlig anders. Sie empfing ihn wie einen normalen Freund, war ziemlich zurückhaltend zu ihm, und am Ende stellte sich sogar heraus, dass sie schon verlobt war. Daraufhin kehrte Tom völlig niedergeschlagen in sein trauriges Leben zurück.

Im Unterschied zu Tom waren meine Erwartungen am Flughafen von Kuala Lumpur vollkommen anders. Ich dachte, ich würde Chloe sehen, wir würden uns wie alte Freunde umarmen, darüber reden, was die letzten Jahre so passiert ist, und ich würde dann zu dem Schluss kommen, dass dieser Funke zwischen uns der Vergangenheit angehörte. Das Kapitel wäre abgeschlossen, und ich könnte ungestört, ohne weiter an sie zu denken, das Abenteuer Leben fortsetzen.

»Hab ich dir nicht gesagt, dass wir uns bald wiedersehen?«, lächelte sie mich an, mit einem unschuldig-schelmischen Funkeln in ihren blauen Augen.

Ich lächelte, so gut ich konnte, zurück, und ging auf wackligen Beinen bis auf einen halben Meter an sie heran. Ich sah sie mit einem Blick an, der ihr alles verriet: dass ich seit unserem letzten Treffen jeden Tag an sie dachte, dass mein Herz immer noch nicht geheilt war, dass ich überglücklich war, hier vor ihr zu stehen.

»Verzeih mir, dass ich mich in Berlin wie eine Zicke benommen habe«, entschuldigte sie sich ohne Umschweife. Sie machte einen kleinen Schritt, stellte sich auf ihre Zehenspitzen und küsste mich sanft.

Alles um uns herum wurde still. Nichts existierte mehr außer uns. Alles hatte endlich einen Sinn. Alles geschah nur wegen dieses einen Kusses.

I still haven't found what I'm looking for hörte endlich auf, in meinem Kopf zu surren.

Tag 1000

»In Malaysia habe ich nur ein paar Wochen verbracht«, setzte ich meinen Vortrag fort, zeigte aber kein Foto von diesem Land.

Ehrlich gesagt, hatte ich von diesem Monat, den ich in Kuala Lumpur und Umgebung verbrachte, nicht viel zu erzählen. Chloe flog zwei Tage nach unserem Wiedersehen weiter nach Australien, um ihre Familie und die kranke Großmutter zu besuchen, die sie seit Jahren nicht gesehen hatte. Ich entschied, auf sie zu warten, damit wir dann gemeinsam in den Norden weiterreisen konnten. Während dieser Zeit lebte ich als Couchsurfer bei Henry. Dieser phänomenale Kerl aus Nigeria wurde wie ein Bruder für mich.

Ich lernte einige einheimische Couchsurfer kennen, besichtigte die Batu-Höhlen, einen der bekanntesten hinduistischen Pilgerorte außerhalb Indiens, nur einige Kilometer von Kuala Lumpur entfernt. Der Pilgerort liegt am Fuße des Berges, dort steht eine riesengroße goldene Statue des Kriegsgottes Murugan. Zum Gipfel sind es zweihundertzweiundsiebzig Stufen, die es sich hinaufzusteigen lohnt. Denn oben in den Höhlen befinden sich die Tempel und die heiligen Stätten. Der Ort erinnerte mich an Zagreb und meine Lieblingstreppe mit einhundertzweiundsechzig Stufen (oder einhundertdreiundsechszig, je nachdem von welcher Seite der Seilbahn man sie rauf- oder runtergeht), die von der Tomićeva-Straße zum Lotrščak-Turm hinaufführen. Auf dem Weg zu den Höhlen begegnet man unzähligen Affen, die sich gern mit Futter bestechen lassen, um den Weg frei zu machen. Das Stichwort Bestechung erinnerte mich auch an Zagreb.

Die Batu-Höhlen sind Schauplatz einer der interessantesten Prozessionen in diesem Teil der Welt. Leider habe ich sie um ein paar Wochen verpasst. Vor ein paar Jahren kamen über eineinhalb Millionen Menschen zum Thaipusam-Festival zusammen, eine der größten öffentlichen Versammlungen in der Geschichte des Landes. Die Prozession bricht am frühen Morgen vom Tempel Sri Mahamariamman in Kuala Lumpur auf und pilgert acht Stunden lang zu den Batu-Höhlen hinauf. Alle Beteiligten tragen eine *Kavadi* (Last), das kann auch ein einfaches, mit Milch gefülltes Gefäß sein. Die Religiöseren unter ihnen zeigen ihre Ehrerbietung in radikalerer Form und durchbohren sich Wange oder Zunge mit scharfen Nadeln; manchmal durchstechen sie sogar den Rücken mit Haken, an denen sie schwere Gegenstände hängen. Je stärker die Schmerzen, desto größer das erbrachte Opfer und damit auch der Segen.

Ich lernte Patrick kennen, einen sympathischen Einheimischen, der mich an einem Wochenende zu einer Permakultur-Farm mitnahm, ein paar Stunden nördlich von der Hauptstadt. Dort verbrachten wir die Nacht in freier Natur und genossen die Ruhe und die Gespräche mit den dort lebenden Menschen. Die Permakultur-Farm Perak ist ein Projekt, das dem Projekt in Indien ähnelt, bei dem ich mitgemacht habe. Die Leute bauen dort Obst und Gemüse an und erzeugen Energie mithilfe der verfügbaren natürlichen Ressourcen und ihrer eigenen Fähigkeiten. Außerdem erfüllt die Farm auch einen Bildungsauftrag. Gelegentlich werden dort Jugendliche aus der Gegend in Sachen Biolandwirtschaft und Nachhaltigkeit geschult. Die lokalen Machthaber versuchen jedoch, die Leute von ihrer Farm zu vertreiben, weil ein Investor das Land roden und gewinnbringend nutzen will. Die dort lebenden Menschen geben aber nicht auf und kämpfen beharrlich für ihr Anliegen weiter.

Als wir von der Farm zurückkehrten, kam auch Chloe aus Australien zurück. Am selben Tag kam auch Sara dazu, ihre ehemalige Mitbewohnerin aus Berlin, und blieb die nächsten paar Wochen bei uns. Wir waren einige Tage in Kuala Lumpur, fuhren zusammen mit Patrick zum Chilling-Wasserfall und verbrachten dort einen wunderschönen Nachmittag. Wie richtige Abenteurer schwammen wir quer über den Fluss und unter den Wasserfällen hindurch.

»Danach reiste ich nach Thailand, wo ich die nächsten zwei Monate verbrachte«, erzählte ich meinem Publikum und ging zum nächsten Bild über.

Tag 231

Ein buddhistisches Kloster im Norden Thailands. 21:00 Uhr abends, Schlafenszeit. Ich kam gerade von meinem Schlummerjoint zurück. Ich musste herumschleichen, damit mich niemand sah. Zwei Lichtkegel von Taschenlampen zwangen mich jedoch, auf halbem Weg anzuhalten. Sobald die Lichter aus waren, kroch ich in meine Hütte und beendete, von Leuchtkäfern umschwirrt, womit ich zuvor angefangen hatte.

Ich öffnete mein schwarzes Heft, in das ich die Eindrücke von meinen Reisen notierte. Seitdem ich in Thailand war, vernachlässigte ich das Schreiben. Im gedämpften Licht meiner Tischlampe versuchte ich es nachzuholen.

Meine erste Station in Thailand war Koh Lipe, eine sympathische kleine, unter der Hoheit des Stammes Urak Lawoi stehende Insel (sie werden auch Sea Gypsies genannt). Der Stamm kam ursprünglich aus Malaysia und tauschte dann das Leben von Seenomaden gegen ein sesshaftes auf den südlichen Inseln Thailands. Die Sea Gypsies leben mittlerweile vom Tourismus und vom Fischfang. Ihr Lebensstil ähnelt dem aller Bewohner von kleinen Küstenorten auf der Welt – eine obligatorische Siesta am Nachmittag und sonst den ganzen Tag Sitzen auf der Terrasse vor ihren Häusern bzw. Hütten.

Auf dieser Insel gibt es keine Autos, es herrscht Ruhe und Stille, kombiniert mit einer wunderbaren Aussicht – das paradiesisch blaue Meer, der weiche Sand, die bunten Boote, der blaue Himmel, ein paar kleine Inseln am Horizont.

Koh Lipe werde ich vor allem deshalb nicht vergessen, weil ich dort zum ersten Mal im Leben per Anhalter mit einem Boot reiste.

Da die Insel nicht groß war, dachten wir, dass ein Rundgang nur einige Stunden dauern würde. Wir rechneten nicht damit, dass der Pfad auf der Hälfte der Strecke endet und dann in das Dschungeldickicht übergeht, das die Inselmitte bedeckt. Ein freundlicher Hund begrüßte uns, und wir verließen uns vertrauensvoll auf seine wegweisenden Fähigkeiten. Wir folgten seinen Pfoten in der Hoffnung, er würde uns schon einen Weg hinaus zeigen. Innerhalb einer halben Stunde kamen wir völlig von unserer Richtung ab.

Nach einer weiteren halben Stunde gelangten wir an einen kleinen Strand und sahen, dass er von beiden Seiten von Felsen umgeben war.

Wir konnten weder links noch rechts weitergehen. Uns blieben nur zwei Möglichkeiten: In den Dschungel zurückzugehen und einen anderen Weg finden oder um die Felsen herum bis zum nächsten Strand – falls es den überhaupt gab – schwimmen. Der Sonnenuntergang und die Flut rückten gnadenlos näher, doch dann sahen wir etwa hundert Meter von uns entfernt ein kleines Boot vorbeifahren.

»Sollen wir versuchen zu trampen?«, fragte ich scherzhaft meine beiden Mitreisenden. Ich ging ins seichte Meer und streckte den rechten Daumen nach oben.

Unser nächstes Ziel war die Insel Koh Tarutao, die noch viel isolierter und ruhiger als Koh Lipe war. Das ganze Eiland war zum Nationalpark erklärt. Es gab dort nur drei Restaurants, neben denen man auch zelten konnte. Das war das zweite Mal auf dieser Reise, dass ich im Zelt schlief.

Der Nationalpark Koh Tarutao wurde in den Siebzigerjahren gegründet, seine Geschichte reicht jedoch noch weiter zurück. In den Dreißigerjahren des zwanzigsten Jahrhunderts diente die Insel als Gefängnis für thailändische politische Gefangene. Während des Zweiten Weltkriegs wurde die Verbindung zum Festland unterbrochen, die Gefangenen verbündeten sich mit ihren Wächtern und begannen die Schiffe, die durch ihre Gewässer fuhren, zu terrorisieren. Bis zum Ende des Kriegs versenkten sie einhundertdreißig Schiffe und töteten jedes Mal die gesamte Besatzung – ohne Ausnahme. Schließlich wurden sie von den Briten vertrieben, woraufhin sich auf der Insel Fischer und Bauern niederließen.

Außer dem Restaurant, das nur ein paar Stunden pro Tag geöffnet war, und einer gemeinsamen Toilette und Dusche, gab es dort nichts mehr. Das war uns gerade recht. Wir genossen die Ruhe, badeten an wunderbaren, einsamen Stränden und ließen uns von der Sonne anscheinen. Als wir nachts schwammen, entdeckten wir ein wunderschönes, natürliches Phänomen: leuchtendes Plankton, wie im Film The Beach. *Man schwimmt unter dem Sternenhimmel, und von unten leuchtet sternenähnlich das Plankton – ein einzigartiges Erlebnis.*

Da ich in der Regel früher als die Mädchen aufwachte und das Meer jeden Morgen viel Müll an unseren Strand spülte, beschloss ich, meine – symbolischen – Ärmel hochzukrempeln und das Restaurantpersonal um große Müllsäcke zu bitten. Stundenlang sammelte ich unterschiedlichsten, vom Meer angeschwemmten Abfall auf: Plastikflaschen, Kugelschreiber, Süßwarenverpackungen, Strandschuhe – alles Mögliche. Zur Belohnung bekam ich vom Universum, das heißt vom Restaurant, ein kostenloses Früh-

stück. Das wiederholte ich jeden Tag, bis der Strand sauber und die Säcke – genauso wie mein Bauch – voll waren.

Auf unserer Insel gab es auch einen Wasserfall, von dem wir oft erst in stockdunkler Nacht zurückkehrten. Der Mond und die Sterne halfen uns bei der Orientierung und beleuchteten unseren Weg.

In Trang probierten wir zum ersten Mal Couchsurfing *in Thailand und versuchten zu trampen.*

Alle hier fuhren Pick-ups, kaum jemand sprach Englisch, und die meisten wussten nicht, was Trampen war, genauso wie in vielen anderen Ländern in diesem Teil der Welt. Es war immer das Gleiche: Wir standen am Straßenrand, lächelnd, Daumen nach oben gestreckt. Ein Fahrer hielt an, wir begrüßten ihn auf Thailändisch, sagten den Namen der Stadt, in die wir fahren wollten, und versuchten, an seinem Gesichtsausdruck zu erraten, ob er in die gewünschte Richtung fuhr. Wenn ja, dann lächelten wir und sprangen wortlos auf den hinteren Teil seines Pick-ups. Die Sonne brannte, der Wind wehte, und wir verfolgten die Wegweiser auf der Straße. Dem Fahrer signalisierten wir durch das Klopfen aufs Dach der Fahrerkabine, dass wir aussteigen wollten.

Da Trang im Unterschied zu den zwei vorhin besuchten Inseln nicht sehr touristisch orientiert war, erkundeten wir die lokale Gastronomie. Dabei war es für uns in Restaurants immer schwierig zu erklären, dass wir kein Fleisch essen wollten. Wir waren alle bekennende Vegetarier – Sara und Chloe schon seit Jahren, ich seit unserer Ankunft in Thailand. Eigentlich behielt ich nur meine in Indien begonnene Angewohnheit bei. Dort ernährte ich mich drei Monate lang ausschließlich von Obst, Gemüse und Fisch. So fiel es mir nicht schwer, mich meinen Begleiterinnen anzupassen. Das erleichterte uns das Besorgen von Nahrungsmitteln und das gemeinsame Kochen wesentlich.

Ich entdeckte auch mein absolutes Lieblingsessen: Mango & Sticky Rice. Das Rezept ist einfach: Man mischt Reis, Kokosmilch, Zucker und frische Mango miteinander.

Ton Sai, ein Strand unweit von Krabi, war unser viertes thailändisches Reiseziel. Ein Paradies für Felsenkletterer. Dort genossen wir noch ein bisschen die Zeit am Strand, und dort endete auch nach drei Wochen Saras Rolle als das dritte Rad am Wagen.

»Bist du wach?«, flüsterte Chloe, als sie meine kleine Hütte vorsichtig betrat.

»Bist du verrückt, du weißt doch, dass du als Frau nicht hier sein darfst!«, antwortete ich vorsichtig und noch leiser. »Was passiert, wenn man uns erwischt?«

»Es ist mir egal, ich kann nicht schlafen«, murmelte sie, legte sich auf die Matratze, machte das kleine Licht aus, drehte sich auf die Seite und gab mir ein Zeichen, was ich tun sollte. »Du, großer Löffel. Ich, kleiner Löffel.«

Ich lachte leise, legte mich neben sie und erfüllte ihr den Wunsch.

Das war unser dritter Tag in einem buddhistischen Kloster, das wir ganz zufällig entdeckten. Von der Hauptstraße folgten wir spontan dem Wegweiser auf einen staubigen schmalen Weg, der uns zum *Vipassana*-Kloster führen sollte. Das Kloster lag mitten im Wald und hieß auch entsprechend – *Forest Monastery*. Ein leichter Spaziergang, grüne Landschaft, ein plätscherndes Bächlein rechts von uns, ein zahnloser Opa in safranfarbener buddhistischer Kleidung, der uns lächelnd begrüßte, zwitschernde Vögel in den Bäumen und solches Zeug. Fast schon kitschig. Wir erreichten das Eingangstor und blieben davor stehen.

Wir hatten keine Ahnung, welche Regeln im Inneren des Klosters galten. Alles, was wir von der *Vipassana*-Meditation wussten, war etwas furchteinflößend. Im Prinzip bist du von der Außenwelt isoliert und von deinem Besitz getrennt. Du legst ein Schweigegelübde ab, Augenkontakt soll vermieden werden. Frauen und Männer sind getrennt, die Zeit für Meditationen ist streng geregelt, man muss um 5 Uhr morgens aufstehen und Ähnliches.

»Ich habe eine Idee!«, klatschte ich begeistert in die Hände. »Wir suchen uns eine Stelle im Hof, wo wir jeden Tag Linien zeichnen werden.«

»Was für Linien?«, fragte Chloe.

»Einfache Striche«, antwortete ich. »Jeder von uns zeichnet jeden Tag neue in die Erde, mit einem Finger, mit einem Stock oder einem Löffel, egal. Eine Linie bedeutet, wir wollen unbedingt bleiben, fünf Linien heißen, nichts wie weg hier.«

»Und dann?«

»Wenn die Summe der Linien an einem Tag sieben oder mehr beträgt, hauen wir ab!«, schlug ich vor.

Zu meinem Erstaunen einigten wir uns schnell. Sobald wir aber das Gelände betraten, begriffen wir, dass mein phänomenaler Plan vollkommen überflüssig war. Männer und Frauen waren dort fröhlich beisammen und unterhielten sich gelassen. Wir setzten uns dazu und erhielten die wichtigsten Informationen: Es gebe keine strengen Kontrollen über die Meditation, man habe viel Freizeit, Männer und Frauen seien nicht getrennt, wir dürften so lange bleiben, wie wir wollten, jeder hätte seine eigene kleine

Hütte, und wir dürften alle unsere Sachen benutzen. Offensichtlich waren wir im liberalsten *Vipassana*-Zentrum der Welt gelandet.

Außerdem finanzierte es sich mithilfe von Spenden – genau wie alle anderen Klöster dieser Art.

Wir fanden den Leiter des Klosters beim Spaziergang auf dem Klostergelände, falteten unsere Hände zur Begrüßung zusammen und stellten uns vor. Wir redeten ihn mit *Lehrer* an, er nannte uns *Australia* und *Kroatia*. Ein sympathischer Typ mit kahlem Kopf, der immer ein Lächeln auf den Lippen hatte. Das einzige Problem bestand darin, dass wir nur jedes dritte Wort verstanden. Wir suchten aber ohnehin geistige Erleuchtung, deshalb probierten wir, auf nonverbaler Ebene zu kommunizieren – Körpersprache, Lächeln und Nicken. Das klappte immer.

Er zeigte uns den Weg zu den Hütten, die für die nächsten Tage unser Zuhause sein würden.

»Jeder schläft in seiner Hütte. Allein«, zwinkerte er uns zu.

Wir bekamen die Kleidung, die wir während unseres Aufenthalts im Kloster tragen sollten: eine leichte Hose und ein weißes T-Shirt. In den Hütten hatten wir eine eigene Toilette und Dusche, einen Ventilator und eine dünne Matratze zum Schlafen.

Es gab nur ein paar Regeln, an die wir uns halten mussten: Es war verboten, ein Lebewesen, egal, welcher Art, zu töten; es war verboten, zu stehlen, Sex zu haben, zu schimpfen, Drogen zu nehmen und Zigaretten zu rauchen.

Obwohl es nicht viele Regeln waren, konnten wir offensichtlich nicht einmal diese einhalten. Indem Chloe in meine Hütte kam, liefen wir Gefahr, erwischt und rausgeschmissen zu werden. Sie machte sich offensichtlich keine Sorgen darüber. Ich eigentlich auch nicht. Ich hatte sie jetzt neben mir, und das war mir schon seit mehreren Wochen das einzig Wichtige in meinem Leben.

Ich liebte sie bedingungslos und genoss die Zeit mit ihr. Ich brauchte nichts anderes. Ja, vielleicht Luft und Wasser. Die Logik und mein gesunder Menschenverstand waren nach dem Kuss am Flughafen von Kuala Lumpur verschwunden, und die Gefühle nahmen nun die Zügel in die Hand. Ich hatte keine Kontrolle mehr. Ich war verletzbar. Verloren. Irrational. Verrückt. Verliebt. Ich fühlte all das, wovon ich dachte, so etwas könnte mir nie mehr passieren. All die Jahre war ich überzeugt, dieser mentale Zustand gehörte zu meiner Jugend und der Vergangenheit an, und diese Gefühle wären für immer verloren.

Doch Chloe hatte diese Empfindungen damals nur mitgenommen, in jenem Augenblick, in dem wir in Berlin voneinander Abschied nahmen. Und jetzt hatte sie sie alle wieder zurückgebracht.

»Tomislav, einfach cool bleiben!«, sagte ich zu mir selbst, als sie nach nur zwei Tagen in Kuala Lumpur nach Australien aufbrach und versprach, sie würde bald wiederkommen. Am selben Abend schickte ich ihr in betrunkenem Zustand eine E-Mail, gestand ihr meine Liebe und wollte ihr die Sterne vom Himmel holen. Ich sagte ihr alles, was ich ihr in den letzten Jahren sagen wollte, aber keine Gelegenheit hatte.

Als ich wieder nüchtern war, wusste ich, dass ich das besser nicht getan hätte. Man darf eben nicht übertreiben, man muss Geduld haben, man sollte nicht alles sagen, was man denkt. Ich wusste das alles. Doch sobald ich ihr Gesicht sah, ihre Anwesenheit spürte, sie in meinen Armen hielt, meine Gefühle für sie hochkamen, war alles vorbei. Eine unsichtbare Kraft bestimmte meine Taten, und ich konnte nichts dagegen tun.

Tag 232

»Guten Morgen, meine Liebe«, flüsterte ich ihr ins Ohr, nachdem der große Gong mich geweckt hatte, mit dem uns die Mönche zum Frühstück riefen.

»Ich hatte einen unheimlichen Traum«, sagte sie und wandte sich mir zu. Sie war bereits wach. »Ich war in einem überfüllten Saal, und einige unterschiedliche Gestalten kamen auf die Bühne. Jeder von ihnen sah äußerlich aus wie ein Gott – wie ein christlicher, ein muslimischer, ein jüdischer und so weiter. Gemeinsam verkündeten sie ihre Botschaft dem Publikum: Mutter Natur hat uns geschaffen, damit wir eure spirituellen Führer auf diesem wunderbaren Planeten sind. Doch ihr habt uns völlig missverstanden und habt alles versaut. Jetzt haben wir große Angst, dass wir unseren Job verlieren, denn Gea[10] kommt zur Kontrolle, und sie wird nicht zufrieden sein.

Einige Menschen im Publikum waren schwarz gekennzeichnet«, schilderte sie weiter ihren Traum. »Ihnen sagten die Götter, dass sie es besonders vermasselt hätten und es für sie keine Rettung gäbe. Einige waren mit weißer Farbe markiert. Auf sie waren die Götter stolz, weil sie viele gute Dinge in ihrem Leben getan hätten. Einige blieben farblos.«

»Komm, bringen wir dich aus meiner Hütte, damit wir nicht schwarz angemalt werden«, sagte ich. Ich ging vor die Hütte und gab ihr ein Zeichen, dass sie leise verschwinden konnte.

Mir war ihr Traum völlig klar. Alle Religionen sind im Wesentlichen gleich. Nur einzelne Personen und Institutionen hatten sie im Laufe der Geschichte missbraucht, anstatt sich zusammenzutun und die Menschheit zu einem höheren Ziel zu führen, mit gegenseitigem Respekt und zum Wohle des uns anvertrauten Planeten. Wir verstümmeln die Welt bis heute, sodass es nur eine Frage der Zeit ist, wann Mutter Natur erscheinen wird, um uns in den Arsch zu treten.

Wir gingen in die Haupthalle. Dort begann jeder Tag mit demselben Ritual: Die Mönche wurden mit Reis beschenkt. Das lief immer gleich ab. Zwanzig Anwesende saßen auf dem Boden der großen Halle, vor jedem lag ein weißes Blech mit einem Löffel und etwas Reis. Kurz darauf kamen vier Mönche herein, die mit großen Schalen an jeden Einzelnen herantraten und als Zeichen des Respekts etwas Reis erhielten. Nachdem jeder von uns

10 Göttin der Erde in der griechischen Mythologie

jeweils einen Esslöffel Reis abgegeben hatte, durften wir über zwei Stufen zum Esszimmer gehen und mit dem Frühstück beginnen.

Das Essen war ausschließlich vegan, keine Milchprodukte, keine Eier, von Fleisch ganz zu schweigen. Das passte perfekt zu meiner vegetarischen Phase. Es gab nur zwei Mahlzeiten am Tag, die erste war das erwähnte Frühstück um 7 Uhr morgens, um 11 Uhr gab es Mittagessen. Damit war die Nahrungsaufnahme für diesen Tag beendet. Das Essen war aber sehr schmackhaft, frisch und abwechslungsreich. Hungern mussten wir nicht. Es gab reichlich Reis, das Gemüse wurde immer wieder anders zubereitet, es gab Tofu und frisch gepflückte Früchte. Das Geld für das Essen wurde gespendet. Aber in den meisten Fällen kochte man mit Lebensmitteln, die Einheimische als Geschenk aus ihren Gärten mitbrachten, wenn sie gelegentlich einen Rundgang durch das Kloster machten und gesegnet werden wollten. Offen gestanden, ist mir diese Art von Almosen viel lieber als das, was ich bis dahin kannte.

Nach dem Frühstück hatten wir etwas freie Zeit, bis uns die Glocke zur gemeinsamen Morgenmeditation rief. Die Meditation wurde in drei Formen praktiziert: im Gehen, im Sitzen und im Liegen, meiner bevorzugten Meditationsform. Wir wechselten sie ständig und begannen immer im Gehen (für einen Uneingeweihten sah es aus, als würde eine Horde hypnotisierter Psychos im Gänsemarsch einen Waldweg entlangspazieren). Dann ging es im Sitzen weiter (ziemlich unbequem für Ungeübte) und endete in der horizontalen Lage (dabei schliefen einige ein, einschließlich der Mönche). Jede Meditation dauerte dreißig bis fünfundvierzig Minuten.

Nach der morgendlichen Meditation hatten wir Zeit für Tee, Kaffee und Geselligkeit. Eine Weile später erklang der große Gong, der zur Versammlung in der Haupthalle rief. Das Mahlzeitenritual begann. Die Prozedur ähnelte der beim Frühstück. Beim Mittagessen allerdings traten die Mönche nicht an uns heran, sondern wir gingen zu ihnen und boten ihnen Nahrung an. Die Frauen waren für die Segnung und das Verteilen des Essens zuständig, die Männer räumten das Geschirr ab, nachdem alle vier Mönche satt waren.

Da das Mittagessen die letzte Mahlzeit des Tages war, fiel sie immer reichlich aus und war sehr lecker – Reis, Kartoffeln, Kürbis, Tofu in hundert Variationen, Gemüse, Wassermelonen, Ananas, Mangos, Äpfel und Litschis. Danach hatten wir freie Zeit, um uns mit den anderen Klosterbewohnern zu treffen und zu plaudern. Wir trafen dort auf Menschen, die hier nur einige Tage blieben, manche aber kamen auch immer wieder zurück. Ein Mann lebte seit fast einem Jahr hier. Als wir selbst einige Zeit an diesem ruhigen Ort mitten in den thailändischen Wäldern waren, verstanden wir, warum jemand so lange bleiben und immer wieder zurückkommen möchte.

Wenn der Gong erneut läutete, war es Zeit für eine Mittagsmeditation, die wiederum aus Gehen, Sitzen und Liegen bestand. Und Meditieren natürlich.

Am Nachmittag hatten wir Zeit, uns zu erholen – obwohl ich nicht sicher war, wovon eigentlich. Man konnte Bücher aus der reich bestückten Bibliothek lesen, Spaziergänge um das riesige Grundstück machen, aber auch bei verschiedenen Arbeiten helfen, wie beispielsweise putzen, Blätter auf dem Hof zusammenkehren und so weiter. Jeder, der wollte, fand etwas für sich. Arbeit beziehungsweise Erholung dauerten bis 19 Uhr am Abend. Dann ertönte die Glocke zum letzten Mal am Tag und rief zum gemeinsamen Chanten (Singen) und Meditieren. Normalerweise wurde zu dieser Zeit auch der Strom abgestellt.

Um 20:30 Uhr zog sich jeder in sein eigenes Quartier zurück, um noch allein zu meditieren oder – wie ich es tat – sein schwarzes Heftchen in die Hand zu nehmen und schnell alles aufzuschreiben, was in den letzten Tagen so passiert war, damit man es nicht vergisst.

Nach Tonsai Beach und dem Abschied von Sarah fuhren wir nach Hua Hin, dort befand sich die Sommerresidenz der königlichen Familie. Der einzige Grund für unseren Besuch aber war, dass dieser Ort auf dem Weg nach Bangkok lag und weil unser CS, der nette Norweger mittleren Alters namens Jon, dort lebte.

Neben seiner Vier-Zimmer-Villa mit Swimmingpool und einem Besuch des Stadtmarktes bot uns Jon auch eine Erklärung für ein Phänomen, das wir schon öfter auf den Straßen Thailands beobachtet hatten. Vor den Bars und Clubs standen immer wieder viele junge Thai-Frauen und hielten mit ihren großen Augen Ausschau nach weißen Passanten.

»Eine klare Win-Win-Situation«, legte er los mit seiner Erläuterung. »Reiche Europäer mittleren Alters kommen nach Thailand und suchen nach Liebe, und arme junge Thai-Frauen, voller Liebe, Aufmerksamkeit und mit hinreißendem Lächeln, heißen sie willkommen.«

»Und Prostitution?«, fragte Chloe misstrauisch.

»Die gibt es, klar«, sagte Jon, »aber die meine ich nicht. Ich spreche nicht von Sex, sondern über Beziehungen zwischen älteren weißen Männern und jungen Thai-Frauen. Wie diese zwei zum Beispiel.«

Er deutete auf ein Paar, das händchenhaltend die Straße entlangspazierte. Ein älterer weißer Mann und eine junge Einheimische.

»Solche Paare werdet ihr überall in Thailand sehen«, setzte Jon fort. »Es gibt mehrere Möglichkeiten, wie zwei Menschen zusammenkommen können, und eine davon ist eben diese. Die Mädchen stehen vor den Bars, die Männer gehen rein, laden sie auf einen Drink ein, dann reden sie ein bisschen miteinander. Sie lassen sich etwas Zeit, um sich kennenzulernen, und beide Parteien entscheiden dann, ob sie kompatibel genug sind, einen Abend, eine Woche, einen Monat oder ein ganzes Leben miteinander zu verbringen. Und es funktioniert. Die eine Seite bekommt, was in Europa fast unmöglich ist: eine hübsche, junge und aufmerksame Partnerin. Und die andere Seite bekommt, was sie in Thailand nicht bekommen kann: ein leichteres Leben und das Versprechen einer sicheren Zukunft. Mein Bruder hat so seine Frau kennengelernt. Sie sind seit Jahren glücklich verheiratet und haben eine süße kleine Tochter.

Mir war absolut klar, worum es ging. Ein klares Beispiel für einen Sugar Daddy. Allerdings war es für mich das erste Mal, dass ich dieses Phänomen aus einer anderen Perspektive betrachtete – ohne zu verurteilen. Von der praktischen Seite aus. Wie die meisten Leute, so dachte auch ich, wenn ich ein junges, hübsches Mädchen in der Gesellschaft eines älteren Mannes sah, wie hässlich und unmoralisch das sei. Die ist bestimmt nur wegen seines Geldes mit ihm zusammen.

Warum dachte ich das eigentlich? Mich ging es doch gar nichts an! Oder musste ich etwa eine Beziehung mit ihr führen? Warum war ich denn nicht in der Lage, meine negativen Gedanken gleich im Keim zu ersticken und mich einfach um mein eigenes Leben zu kümmern? Wenn zwei Menschen alt genug sind, um selbst zu denken, wenn niemand sie dazu zwingt, mit jemandem zusammenzusein, warum macht uns ihre Entscheidung so betroffen? Warum sind wir so voyeuristisch, dass wir nicht anders können, als zu urteilen?

»Es geht nicht nur ums Geld«, unterbrach Jon meine Gedanken. »Viele Thai-Frauen bevorzugen weiße Männer, weil sie exotisch aussehen.«

»Das bringt mich immer zum Lachen«, erwiderte ich darauf. »Weiße Männer und Frauen wollen braun sein, dunkelhäutige Menschen träumen von einem helleren Teint. Junge Menschen wollen schnell älter werden, Alte wollen jünger sein. Das Gras auf der anderen Seite der Wiese ist immer grüner und attraktiver.«

»Das ist richtig«, stimmte Jon zu. »Darüber hinaus sind die hiesigen Männer nicht gerade die besten Ehegatten. Die meisten haben Geliebte und behandeln ihre Ehefrauen nicht mit dem angemessenen Respekt. Das ist ein zusätzliches Argument für die thailändischen Mädchen. Das heißt

Unzählige Ballons

Steinerne Häuschen in Kappadokien

Symbol fürs WC

Fahrt durch den Iran

Netter LKW-Fahrer

Pamukkale

Teeplantagen in Munnar

Tempel Manakamana

Hawa Mahal, Jaipur

Elefantenliebe

Swayambhunath

Charas

Klimaanlage im Zug

Strand von Puri

Mit Kindern im Waisenhaus

Kopfrasur

Mädchen und Kugelfisch

Als Anhalter per Boot unterwegs

Cabarita Beach

Professionelle Verkehrsumleitung (in Brisbane)

Fallschirmspringen

Meine liebste Bank

Die Zwölf Apostel

Melbourne

MJ und das Opernhaus von Sydney

Hängematte mit schönem Ausblick

Batman, Masai-Krieger und Zagor

540 Tage Landstreicherei waren genug

Kaktusbaum

Lama

Cusco

Pailon del Diablo oder auch die Schlucht des Teufels

nicht, dass ihre weißen Partner sie nicht auch betrügen oder missbrauchen würden, das Risiko ist jedoch geringer. Ganz zu schweigen von weiteren positiven Aspekten wie dem Wohlergehen ihrer Familie. Die Kinder dieser Frauen werden, falls die Mutter einen weißen Mann mit einem entsprechenden Pass heiratet, viel bessere Lebensbedingungen und Möglichkeiten haben als diejenigen, die in Thailand bleiben. Da die Familienbande hierzulande sehr eng sind, können auch Familienangehörige auf irgendeine Form von Unterstützung hoffen, wenn die Tochter oder die Enkelin eine gute Partie macht.«

Egal, wie sehr ich es versuchte, ich konnte an diesem Konzept nichts Schlechtes finden. Natürlich nur unter der Voraussetzung, dass sich beide Partner freiwillig und ohne Zwang auf diese Beziehung einlassen. Wie bei anderen Vorurteilen auch, wollte ich nicht über andere richten. Nur weil ich gewisse Prinzipien habe, bedeutet es nicht, dass andere sie genauso haben müssen.

In Bangkok war es heiß, sodass wir nicht viel Zeit dort verbrachten. Wir wohnten bei einem sympathischen Amerikaner, begegneten einigen interessanten Menschen, in deren Gesellschaft ich meinen Geburtstag feierte. Chloe schenkte mir eine Ukulele, und ich zog mir selbst einen angebrochenen Zahn, der sich nicht mehr retten ließ.

Wir sahen Wat Pho, den Liegenden Buddha, erlebten am eigenen Leib das Chaos auf Bangkoks Straßen und fuhren weiter nach Norden. Abermals bestätigte sich meine Überzeugung, dass ich kein Großstadtmensch bin. Es sei denn, ich bleibe so lange dort, dass ich mich ohnehin in die Stadt verliebt habe.

Nakhon Sawan besuchten wir aus zwei Gründen: Es lag auf dem Weg von Bangkok nach Chiang Mai und wir hatten dort eine CS-Gastgeberin. Die Stadt ist berühmt für – ich bin eigentlich gar nicht sicher, wofür. Aber wir verliebten uns sofort in sie. Claire, unsere Gastgeberin, lud uns gleich nach unserer Ankunft zu Mango & Sticky Rice ein, die größte Portion aller Zeiten. Den Sonnenuntergang erlebten wir im größten und unterhaltsamsten Park. Die Leute joggten rund um den See, spielten Badminton, Fußball und Basketball, ein Grüppchen Ladyboys spielte Volleyball, Omas machten Aerobic und Tai-Chi. Und plötzlich waren wir alamiert. Durch die ganze Stadt hallte eine laute Melodie, alle ließen alles stehen und liegen und standen still. Zuerst dachten wir, es sei eine Art von Massenhypnose, dann aber erklärte uns Claire, dass es nur die Nationalhymne war. Jeden Tag wird sie zu einer bestimmten Zeit gespielt, und alle bleiben für eine Minute still stehen, um den König und das Vaterland zu ehren. Sehr scary, glaubt mir.

Wir hatten viel Spaß bei Claire. Sie war bereits seit anderthalb Jahren hier, hatte einen thailändischen Freund (übrigens das erste Paar, bei dem der Mann ein Einheimischer und die Frau Ausländerin war), unterrichtete Englisch für gutes Geld und wollte bald in die USA zurück, um ihr Studium fortzusetzen. Um uns die Zeit zu vertreiben, machten wir abends das Gleiche, was ich mit den meisten CS in Zagreb gemacht habe: Wir spielten Brettspiele. Am nächsten Tag borgte sie uns ihr Motorrad, damit wir den einige Kilometer oberhalb der Stadt liegenden buddhistischen Tempel besuchen konnten. Wir fuhren aber erst bei der Abenddämmerung los, als wir uns endlich aufgerafft hatten und bereit waren, uns vom Verntilator wegzubewegen.

Phitsanulok. *Die Fahrt dorthin verbrachten wir auf der Ladefläche eines LKWs. Die Gründe, warum wir diesen Ort aufsuchten, waren die gleichen wie bei der Stadt davor. Unsere Gastgeberin, diesmal eine Thailänderin, lebte zusammen mit ihren Eltern, zwei Tanten und zehn (!) Hunden einige Kilometer außerhalb der Stadt.*

In Phitsanulok verbrachten wir den lustigsten Tag, seit wir in Thailand waren. Es wurde Songkran gefeiert, das Neujahrsfest in diesem Teil der Welt. Die Feierlichkeiten dauern üblicherweise drei bis vier Tage, und da das Fest während der heißesten Jahreszeit begangen wird, gibt es den Brauch, dass die Menschen sich gegenseitig mit Wasser begießen. Das mag harmlos und simpel klingen, aber wenn eine ganze Stadt auf den Beinen ist, bewaffnet mit Eimern und Hundert-Liter-Fässern auf Pick-up-Trucks, mit Wasserpistolen und Wasserschläuchen, dazu das Chaos auf den Straßen, das Lachen und der Spaß – das ist dann auf keinen Fall mehr harmlos!

Zusammen mit unserer Gastgeberin, ihren Freundinnen und Verwandten gingen wir zur Hauptstraße und tollten und tobten wie Verrückte herum. Ich brauche nicht zu erwähnen, dass wir schon komplett durchnässt waren, bevor wir überhaupt an der Hauptstraße ankamen. Wir krümmten uns vor Lachen. Langsam wurde unsere Technik, andere aus einem fahrenden Lkw zu bespritzen, besser. Die lustigsten Momente waren aber, wenn zwei Lastwagen an der Ampel nebeneinander standen und wir mit den anderen kämpften, bis es wieder grün wurde. Bald sahen wir, dass manche den Wasserkrieg etwas raffinierter spielten. Sie hatten riesige Eiswürfel in ihren Wasserfässern, damit das Wasser eiskalt war.

Ab diesem Zeitpunkt wurde es ernst, wir wollten aufrüsten. Wir gingen einfach zum nächsten Stand, der Eis verkaufte, und bewaffneten uns

selbst, um zurückzuschlagen. Die Rache ist ein Gericht, das am besten kalt serviert wird, heißt es. Eiskalt am besten.
Laute Musik, Tanz, ziemlich viel Alkohol, der von ausgelassenen Gefährten angeboten wird, bunte Pulver, die man sich ins Gesicht schmiert – das alles bot das Wasserschlachtfeld in der Hauptstraße. Alle hatten einen Riesenspaß, auf solch einfache Art – mit Wasserspielen bei +40 Grad. Chloe und ich waren uns einig, dass alle Kriege so geführt werden sollten. Den Soldaten sollte man ganze Berge an Eimern mit Wasser geben, und wer nasser wird, der hat verloren.
Nach der halbtägigen Wasserschlacht waren wir zum traditionellen thailändischen Mittagessen eingeladen. Kurz danach stellten die Gastgeber drei Stühle in den Hof, auf denen drei Omas Platz nahmen. Die restlichen Anwesenden bildeten eine Schlange, und einer nach dem anderen goss etwas Wasser aus einem kleinen Eimer über jede der drei alten Damen. Da begriffen wir, dass Songkran neben dem Feiern des Regenzeitbeginns noch einen anderen Hintergrund hat – das Segnen und die Wertschätzung älterer Menschen.
Chiang Mai. *Die Fahrt Richtung Chiang Mai verlief schnell, da wir nur vier Minuten »mit Daumen oben« am Straßenrand standen. Dieses Mal nahm uns ein Lkw mit, dessen Insassen ein Engländer, seine Thai-Frau und ihre kleine Tochter waren. Endlich konnten wir mal mit den Leuten, die uns mitnahmen, reden. Sonst saßen wir immer in einem Anhänger, oder sie sprachen so gut Englisch wie wir Thai.*
Chiang Mai ist unter anderem dafür bekannt, dass sich die Stadt während Songkran in ein wahres Irrenhaus verwandelt. Das hatten wir zum Glück verpasst. Ein Tag Wasserkrieg war mehr als genug für uns. Hinzu kommt noch, dass viele Touristen in Chiang Mai die ganze Party ein wenig zu ernst nehmen. Sie bewaffnen sich mit Wasserpistolen und zielen direkt auf den Kopf. Für meinen Geschmack zu aggressiv. Vor allem weil alle ihre Munition aus den nahe gelegenen verschmutzten Bächen nehmen. Da traut sich doch keiner mehr, mit offenem Mund und Augen durch die Stadt zu laufen.
Wir trafen ein paar Bekannte aus Bangkok, bummelten durchs Stadtzentrum und probierten einige Straßendelikatessen. Insekten wollte ich keine kosten, ich bin Vegetarier.
Die letzten zwei Nächte schliefen wir bei Kevin, einem Neuseeländer und Fotografen, der seit über dreißig Jahren seinen Monsterschnurrbart nicht rasiert hatte.

»Ante ist gestorben, morgen gehen wir zur Beerdigung«, begrüßte mich die E-Mail meiner Mutter. Ante war mein Onkel, ein Mann mit dem mir liebsten Schnurrbart der Welt. Krebs. Unendliche Trauer und Ohnmacht. Ich weit weg von allen. Ich wusste, dass meine Anwesenheit nicht viel ändern würde, aber trotzdem war es schwer, in dieser Situation weit weg zu sein. In der Nähe zu sein wäre für mich jedoch noch härter gewesen, da war ich mir sicher.

Am letzten Tag in Chiang Mai machten wir noch Fotos von Tempeln, um später belegen zu können, dass wir dort waren. Zum ersten Mal in Thailand gönnten wir uns eine Thai-Massage, von blinden Masseuren. Es war prima!

Pai. *Die hundertundzehn Kilometer lange Straße von Chiang Mai nach Pai schlängelt sich mit siebenhundertzweiundsechzig Kurven entlang. Das sind sieben Kurven pro Kilometer, das bedeutet alle hundertdreiundvierzig Meter eine Biegung. Es wird einem schwindlig, und der Po ist wund vom Sitzen, wenn man diese Strecke auf der Ladefläche eines Lastwagens verbringt.*

Pai war nur für eine Nacht unser Aufenthaltsort, obwohl der Ort super und unser CS-Gastgeber cool war. Seinen Lebensunterhalt verdiente er als Koch auf einem Schiff, die meiste Zeit verbrachte er aber in seinem Holzhaus, das er für eine lächerliche Summe vermietete. Für uns kochte er leider nicht, sondern brachte uns zu einem vegetarischen Restaurant, wo wir für ungefähr dreißig Baht (etwa fündundsechzig Cent) Reis mit zwei Portionen verschiedenem Gemüse erhielten.

Den Nachmittag verbrachten wir auf den überschaubaren Straßen des Städtchens. Am nächsten Tag mieteten wir uns einen Roller und erkundeten die Umgebung. Wir sahen ein paar traurige angekettete Elefanten und besichtigten einen Wasserfall. Auf dem Rückweg hielten wir an, um einen Saft zu probieren, der in einem Hof neben der Straße verkauft wurde und von dem wir noch nie zuvor gehört hatten.

Wir hatten noch nicht einmal geparkt, schon eilte ein Typ aus dem Hof zu uns und riet mir, den Roller lieber im Schatten zu parken. Lächelnd forderte er uns auf, am Tisch Platz zu nehmen, und brachte uns neben dem roten Saft, dessen Namen wir nicht kannten, auch noch gekochte Kartoffeln, Erdnüsse, grüne Mangos, Bananen, eine frische Kokosnuss und eine Flasche Wein, der ebenfalls aus dem unbekannten Etwas gemacht war. Verwundert wünschten wir uns einen guten Appetit und stürzten uns auf das servierte Büfett. Wenige Minuten später kam ein weiteres Paar und setzte sich an den Nachbartisch. Wir luden die Neuankömmlinge ein, sich zu uns zu setzen. Sie erzählten uns, dass sie am Tag zuvor über diesen

Platz gestolpert, und nun wiederkamen, um sich satt zu essen. Iss und trink, so viel du willst, und zahl, wie viel du willst – so das Motto des Imbisses. Darüber hinaus war das Essen vegetarisch!
Wir unterhielten uns kurz und fotografierten die Attraktion des Ortes, das Loch, das drei gewaltige Risse in der Erde bildeten. Die Geschichte geht so: Der Hofbesitzer wachte 2008 eines Morgens auf und erblickte inmitten seines Hofes ein riesiges Loch im Boden. Der Bauer, dessen Farm direkt neben der staubigen Straße liegt, die zum Wasserfall führt, traf damals eine kluge Entscheidung. Er beschloss, sein Unglück zu einer Touristenattraktion zu machen. Darüber hinaus hatte er Geschäftssinn – die Gäste spenden zu lassen, anstatt einen festgelegten Preise zu verlangen, erwies sich als Volltreffer. Man hat das Gefühl, etwas geben zu müssen, da die Gastgeber so freundlich und hilfsbereit sind (sie füllen dein Glas mehr als viermal mit Saft nach – wir haben mitgezählt!). So gibst du sogar mehr aus, als du in einem Restaurant mit festen Preisen bezahlen würdest.
Über CS fanden wir einen Bauernhof, auf dem die Zeit stehen geblieben zu sein schien. Ohne Strom, Warmwasser oder andere Errungenschaften der Zivilisation, aber mit einer wohltuenden Portion Stille und einer Handvoll interessanter Menschen, die dort die meiste Zeit des Jahres verbrachten. Man badete in einem kleinen Bach etwa hundert Meter weiter, kochte gemeinsam und half bei täglich anfallenden Aufgaben. Genau das brauchten wir, nachdem wir in den letzten zwei Wochen fast zweitausend Kilometer hauptsächlich auf der Ladefläche irgendeines Lastwagens und bei +40 Grad zurückgelegt hatten.
Wir mussten uns vom Reisen erholen. Und Erholung wurde zu unserer Hauptbeschäftigung auf diesem Hof, aber auch als wir von dort wieder aufbrachen. Als wir im Nachbardorf Wasser kaufen wollten, stießen wir auf ein Schild am Straßenrand: Tam Wua Forest Monastery.

Tag 1000

»In Thailand ist es mir zum ersten Mal passiert, dass ich das Auto, in das ich als Tramper eingestiegen bin, auch fahren musste«, setzte ich meinen Vortrag fort und wechselte das Bild. »Der Fahrer war nämlich sturzbesoffen.«

Auf dem Foto sah man mich mit kahlem Kopf, am Steuer eines in Thailand weitverbreiteten Pick-ups. Mein Kopf war mir von einem jungen Mönch glatt rasiert worden, und zwar nicht als spiritueller Akt, sondern aus praktischen Gründen. Meine Wunde, die das indische Surfbrett verursacht hatte, infizierte sich und konnte auf einem haarlosen Kopf viel leichter behandelt werden.

Nachdem wir das Kloster verlassen hatten, wollten wir Richtung Süden weiterfahren, um noch einen Couchsurfer zu besuchen. Auf der Straße blieb plötzlich ein Pick-up stehen. Keine große Sache, wäre der Beifahrer nicht hackedicht gewesen. Er drehte sich ständig zu uns um, erzählte von seiner Arbeit, lächelte verwirrt und trank ein Bier nach dem anderen. Wir fanden ihn zuerst witzig, besonders weil er ständig stotterte und nach Worten suchte. Das Allerhöchste war, als er eine neue Bierdose nicht öffnen konnte. Erst nach ein oder zwei Minuten begriff er, dass er die Dose am verkehrten Ende hielt.

Nach einer der zahlreichen Pinkelpausen setzte er sich jedoch ans Steuer. Zu diesem Zeitpunkt saßen wir bereits schon zu fünft im Wagen: ein besoffener Fahrer, ein nüchterner Beifahrer, eine schweigsame Schwester des Fahrers, die unterwegs dazugestiegen war, und zwei zu Tode erschrockene Mitfahrer – Chloe und ich.

Es war schon Nacht. Leichter Regen, eine kurvenreiche und holprige, durch dichten Wald unmittelbar an der burmesischen Grenze vorbeiführende Straße und ein Fahrer, dem man in diesem Zustand nicht einmal zutrauen würde, einen Wassereimer zu halten. Trotzdem manövrierte er uns selbstbewusst in die Kurven. Chloe und ich schauten uns an und begriffen, dass wir diesen Wahnsinn stoppen mussten. Wir hatten nicht sofort eine zündende Idee, aber die Notwendigkeit, etwas zu tun, wurde uns bald bewusst: Als der Fahrer die CD wechseln wollte und uns auf der anderen Straßenseite ein Auto entgegenkam.

»Entschuldigung, könnten Sie bitte das Auto anhalten?«, fragte ich freundlich und versuchte, Angst und Panik in meiner Stimme zu unterdrücken. Chloe versteckte ihren Kopf in meinen Armen, weil sie den Anblick der Straße und der unvermeidbaren Katastrophe, die uns entgegenkam, nicht ertragen konnte.

»Keine Sorge«, lallte der Fahrer. »In meiner Freizeit arbeite ich als Taxifahrer, ich kenne die Straße auswendig. Ich könnte auch mit geschlossenen Augen fahren.«

Darauf drückte sich Chloe noch stärker an mich, während ich entsetzt auf die anderen Mitfahrer schaute. Ich dachte mir, nur Vollidioten können einen Sturzbesoffenen ans Steuer lassen.

»Haha, das glaube ich sofort«, erwiderte ich und bemühte mich, Ruhe und Fassung zu bewahren. »Es ist ja nur, ich bin noch nie in Thailand selbst gefahren, und das war immer mein großer Wunsch. Und Sie sind bestimmt schon müde.«

»Du möchtest fahren?«, rief er erstaunt. »Kein Problem!«

Er hielt sofort am Straßenrand an und überließ mir seinen Platz.

Obwohl mein Führerschein nicht mehr gültig war und zahlreiche Polizeikontrollen bevorstanden, obwohl ich fast ein ganzes Jahr keinen Wagen gefahren bin und noch nie am Steuer eines Pick-ups saß, obwohl ich keine Erfahrung mit dem Steuer auf der rechten Seite hatte, übernahm ich diese Aufgabe gern. Für alles gibt es ein erstes Mal. Fürs Sterben dagegen nur ein letztes Mal.

Ich brauchte einige Minuten, um mich ans Schalten mit der linken Hand und ans Lenken eines solchen Monsterwagens zu gewöhnen, schaffte es dann aber irgendwie. Der abgelöste Fahrer schnarchte bereits auf dem Rücksitz, legte sein rechtes Bein auf die rechte Seite meines Sitzes und zappelte alle fünf Minuten wie ein sterbender Frosch, dabei stieß er mich jedes Mal in den rechten Arm. Es war unglaublich. Ich konnte nur loslachen, als ihm seine Schwester eine verpasste, um das Gezappel zu stoppen.

»Der letzte Ort, den wir in Thailand besucht haben«, erzählte ich weiter, »war Mae Sot, wo wir ein paar Tage in einem Kinderheim verbracht haben. Dort lebten etwa hundert Kinder, die entweder verlassen worden waren oder bitterarme Eltern hatten. Die meisten waren burmesischer Herkunft und existierten offiziell überhaupt nicht, weil sie keine Personaldokumente hatten. Manche wussten nicht einmal ihren Geburtstag. In Burma sind sie nicht erwünscht, in Thailand enden sie als Sexsklaven oder landen, wenn sie mehr Glück haben, in einem Kinderheim wie diesem, das wir besuchten.«

Das Kinderheim wurde von einem Mann geleitetet, der selbst als politischer Flüchtling aus Burma gekommen war. Sich um Kinder zu kümmern begann er vor einigen Jahren. Zunächst nahm er etwa zehn Kinder bei sich auf. Die US-Regierung bot ihm sogar politisches Asyl an, er lehnte es allerdings ab, weil man ihm nicht erlaubte, auch *seine* Kinder mitzunehmen. Und so fand er diesen Ort in Thailand, wo er die Arbeit tun konnte, die er liebte, und wo er sein Leben Kindern widmen konnte, die ohne ihn keine Chance auf ein halbwegs normales Leben hätten.

Wir teilten unser Mittagessen mit den Kindern und verbrachten dort lustige Stunden mit Ukulele-Spielen und Tanzen. Chloe wurde mit Tanaka-Creme eingecremt, die aus Baumrinde gewonnen wird und sowohl medizinisch, kosmetisch als auch in traditionellen Riten verwendet wird. Wir lachten viel und weinten nur sehr wenig, in Anbetracht der ganzen Situation.

»Das wäre es dann, was Asien betrifft«, schloss ich dieses Kapitel ab. Nach der etwas mehr als sieben Monate dauernden Reise durch Asien bin ich nun im neuen Kontinent, in Australien, angekommen.

Tag 274

»Dieses Stück Land habe ich gemeinsam mit meiner mittlerweile verstorbenen Mutter gekauft«, begann mein neuer Freund Pauly den neu angekommenen Gästen die Entstehung dieses Ortes zu erzählen.

Ich war schon seit einigen Wochen in Australien, begann mich aber erst jetzt so zu fühlen, wie man sich auf Reisen fühlen sollte – glücklich, erfüllt, aufgeregt. Ich hatte bisher in Cabarita, einem kleinen Ort an der Ostküste, im Haus von Chloes Eltern gewohnt und tat dort nichts Nennenswertes. Ich hing mit Chloe und ihrer Familie ab und suchte erfolglos nach einem Job. Da ich nur ein Touristenvisum hatte, wollte niemand ein Risiko eingehen und mich illegal anstellen.

Chloe bekam einen Job in Jindabyne, einem Skiort im Süden des Landes, und setzte sich deshalb ab. »Ein Teil von mir freut sich auf die Zeit, die wir getrennt verbringen werden«, stellte sie aufgeregt fest, als sie sich ins Auto setzte und sich auf den Weg zu ihrer befristeten Arbeitsstelle in einem tausend Kilometer entfernten mexikanischen Restaurant begab. »Wir sind schon seit drei Monaten jeden Tag vierundzwanzig Stunden zusammen. Ich denke, jedem von uns täte ein bisschen Zeit für sich selbst gut.«

Nachdem ich mich von ihr verabschiedet hatte, ging ich nach Nimbin, in das bekannteste Hippie-Dorf in Australien. Dort saß ich am Lagerfeuer und hörte Paulys Geschichten zu.

»Das Hauptziel war es, einen Stamm zu gründen, der in Einklang mit der umliegenden Natur lebt«, setzte er fort. »Wir haben mit einem Tipi begonnen, einige Jahre später wohnten hier dauerhaft etwa zwanzig bis dreißig Menschen. Männer, Frauen, Kinder, ältere Menschen. Wir alle haben hier wie eine große, glückliche Familie gelebt. So wurde der Stamm *Star Earth* gegründet.«

»Jeder, der unsere Lebensweise akzeptierte, war willkommen. Neuankömmlingen rieten wir, zuerst hinunter zum Fluss zu gehen und dort eine Weile zu bleiben, um die Energie des Ortes zu spüren. Wir hatten auch ein Handbuch, das unsere Lebensweise beschrieb. Das bekam jeder, der den Wunsch hatte, mit uns zu leben. Neuankömmlinge erhielten eine Besichtigungstour. Wir erklärten, wie die Küche sowie die Toilette funktionierten und wie die täglichen Aktivitäten und Pflichten zu erledigen waren. Wenn es den Leuten gefiel und sie bereit waren, die Regeln zu respektieren, wurden sie vom ganzen Stamm willkommen geheißen.«

Was Pauly erzählte, kannte ich schon. Einige Tage zuvor absolvierte ich bei meiner Ankunft die gleiche Initiation. Der Stamm selbst brach allerdings bereits vor einigen Jahren auseinander, nach dem Tod von Paulys Mutter Judy. Judy war eine einzigartige Person – sie war eine der Gründerinnen der Mardi-Gras-Bewegung, die sich für die Legalisierung von Marihuana einsetzte. Sie war die Erste, die die auf diese Weise eingenommenen Steuern der australischen Regierung übergab und für ihre Sache politisch aktiv wurde. Sie stellte jedes Jahr Aktionspläne zusammen und schickte sie an die Politiker. Darin beschrieb sie Wege, wie alle von der Legalisierung dieser Pflanze profitieren könnten, anstatt sie zu dämonisieren. Pauly ließ sich hier dauerhaft nieder, mit der Absicht, die ganze Philosophie wieder ins Leben zu rufen.

Ich kam hier als CS an und fand zwei leere Tipis, zwei Schafe und ein Häuschen aus Blech, in dem er, seine Frau Fabi und der neun Monate alte Sohn Atlan lebten – die einzigen Mitglieder des Stammes *Star Earth*.

Zur Begrüßung wurde ich umarmt und an den Fluss geschickt. Dort sollte ich eine Weile bleiben, und wenn ich bereit wäre, zum Häuschen zurückkehren. Das tat ich dann auch. Ich setzte mich auf den Fels neben den Fluss und spürte sehr bald die Magie dieses Ortes. Ich atmete ein paarmal tief ein, schenkte der mich umgebenden grünen Natur ein Lächeln und ging zum Häuschen zurück. Gerade rechtzeitig, um die Ärmel hochzukrempeln und meinen Gastgebern beim Auswechseln des Daches behilflich sein zu können.

Die Tage vergingen mit der Arbeit am Häuschen und auf der Farm schnell. Wir wechselten das Dach aus und errichteten einen Zaun für den zukünftigen Garten. Ich hob einen Regenableitungskanal um das Haus herum aus, hackte Holz und Ähnliches. Auf der Farm wurden keine chemischen Produkte benutzt, weder Seife, Shampoo, Waschpulver, Zahnpasta noch Deo. Strom und warmes Wasser wurden mithilfe von Solarzellen gewonnen.

»Die ersten drei Tage musste man an den Aktivitäten des Stammes nicht teilnehmen – diese Zeit war für das Anpassen, Ausruhen und Beobachten gedacht«, erzählte Pauly weiter. »Nach drei Tagen stießen die Neuankömmlinge zum Rest des Teams und arbeiteten oder, besser gesagt, spielten auf der Farm mit. So nannten wir alle nämlich die Arbeit: das Spiel. Was spielen wir heute? Sammeln wir Früchte im Wald! Spielen wir Kochen, Holzhacken und so weiter. Arbeit als solches gab es nicht, denn niemand musste arbeiten. Wir ermunterten die Menschen dazu, zu beobachten, zuzuhören und zu lernen. Anstatt zu fragen, sollte man zusehen und mitmachen. Wenn du dir dann immer noch nicht sicher bist, kannst du fragen.«

Es gab noch weitere Leitlinien, an denen sie ihr Leben orientierten. Sie waren einfach, und gerade darin lag ihre Schönheit. Respekt und gegenseitge Achtung. Miteinander teilen, sich austauschen und gemeinsam etwas schaffen. Geduld und Verantwortung.

Der Schlüssel war die alte buddhistische Weisheit: Vor der Erleuchtung – Holz hacken, Wasser holen. Nach der Erleuchtung – Holz hacken, Wasser holen.

»Zwar hatten wir weder Mauern noch trennten wir streng danach, was wem gehörte, die Privatsphäre wurde dennoch respektiert«, fuhr Pauly fort. »Jeder wählte nach seiner Ankunft einen bestimmten Vogelgesang, den er immer dann ertönen ließ, wenn ein anderer seinen persönlichen Raum betrat oder eine Gruppe mitten im Gespräch unterbrach. Wenn man sich einer Gruppe anschließen wollte, musste man genauso den eigenen Vogelgesang ertönen lassen. Kam darauf die Antwort aus der Gruppe, hieß das, dass man willkommen ist. Wenn nicht, könnte man es noch einmal versuchen. Kam auch beim zweiten Mal keine Antwort, warum auch immer, ging man nicht mehr hin.

Wenn jemand am Eingang seines Tipis zwei gekreuzte Stöcke aufstellte, sollte man keinen Vogelgesang ertönen lassen. Zwei gekreuzte Stöcke waren das absolute Nicht-stören-Zeichen. Vielleicht meditierte jemand, vielleicht wollte er oder sie sich auf eine wichtige Sache konzentrieren, vielleicht machte jemand Liebe. Liebe stand sowieso an oberster Stelle, immer. Es gab auch die Regel, dass man niemanden wecken sollte. Jeder schlief, solange er wollte. Erzwungenes Aufwecken war nur in Notfällen erlaubt.

Jeder teilte seine Talente mit der Gemeinschaft. Der eine leitete die morgendlichen Yoga-Übungen, der andere führte die Meditation an. Einer kochte, eine andere wusch das Geschirr ab, jemand sammelte Früchte auf der Farm, ein anderer hackte Holz, wusch die Wäsche, spielte mit den Kindern oder unterrichtete sie, ging ab und zu nach Nimbin einkaufen oder an die Wasserquelle Wasser holen. Was die Finanzen anging, so zahlte jeder wöchentlich einen bestimmten Betrag in die Gemeinschaftskasse ein. Davon wurde unser Lebensunterhalt bestritten. Die meisten hatten entweder ab und zu einen Job oder verkauften selbst gemachte Handwerksprodukte, manchmal sogar auch Früchte von der Farm. Auf der Farm wuchsen beispielsweise über zweieinhalbtausend Macadamia-Bäume. Ziel war es, so zu wirtschaften, dass wir von nichts und niemandem abhängig waren.«

»Vor und nach jeder Mahlzeit wurde getrommelt und gesungen. Beim Essen saßen wir im Kreis und begannen erst dann, wenn jeder seine Portion bekommen hatte. Die Reste wurden gleichmäßig aufgeteilt. In den heißesten Nachmittagsstunden gab es eine *Siesta*. Wir waren spirituell, aber nicht religiös. Wir ehrten keine Götter, sondern uns gegenseitig, und Mutter Natur. Wir waren dankbar, dass die Sonne morgens aufging und der Mond nachts schien. Dankbar für das Wasser aus der Quelle, dankbar für das Essen.

Wir saßen im Kreis und haben auf diese Weise alle Entscheidungen getroffen. Alle hatten das Recht, das Wort zu ergreifen. Wir legten hohen Wert auf eine friedliche Kommunikation. Alle Probleme – es gab eh nicht viele – lösten wir innerhalb der Familie. Jeder, der der Gemeinschaft Schaden zugefügt hatte, bekam eine zweite Chance; eine dritte jedoch nicht.«

Ich lauschte diesen Geschichten sehr gerne. Sie hörten sich richtig an.

Diese Gemeinschaft in Nimbin war meine zweite persönliche Begegnung mit der Hippie-Philosophie und -lebensweise. Das erste Mal war bei meinem Besuch bei Beneficio, einer Hippie-Gemeinschaft im Süden Spaniens. Alles, was ich hörte und erfuhr, alles, wofür sie sich einsetzten, gefiel mir sehr gut. Liebe, Altruismus, Respekt, Frieden, Umweltschutz, Freiheit. Man ermutigte die Menschen zu reisen, und das Trampen wurde besonders von den Hippies populär gemacht. Man experimentierte auch mit leichten Drogen.

Ich verabschiedete mich von den Anwesenden und zog mich, tief in Gedanken versunken, in mein Tipi zurück.

Bin ich nun auch ein Hippie geworden? Die Philosophie teile ich ja, den Lebensstil genauso, und wenn ich mich einer Gruppe anschließen müsste, würde ich mich höchstwahrscheinlich für sie entscheiden. Sollte ich auf dieser Farm bleiben und Teil des Stammes werden? Vom Land leben, auf Technologie verzichten, frei lieben? Geschichten erzählen und den Geschichten am Lagerfeuer zuhören, mich ohne Seife waschen, in einem Tipi am Fluss leben?

Ich warf einen Blick nach rechts und erblickte mein Plüschschaf. Ich nahm es und ließ meine Gedanken treiben. Wir haben unsere Herde, den Hirten und den Schäferhund verlassen, reisen jetzt durch die Welt und tun, was wir wollen. Wir suchen unsere eigenen Antworten, den Sinn des Lebens, unseren Platz auf dieser Welt – unsere Herde.

»Es ist noch nicht so weit, nicht wahr?«, fragte ich es nur, streichelte seinen Plüschkopf, drehte mich auf die andere Seite und machte die Augen zu.

Wir hatten unsere Herde noch nicht gefunden. Wir waren nicht bereit, uns einer anderen Herde anzuschließen. Höchstwahrscheinlich werden wir unsere eigene gründen müssen. Was auch immer das bedeuten mag.

Ich öffnete die Augen und griff nach meinem Handy.

Morgen treffe ich eine Freundin aus Kroatien, wir fahren Richtung Süden. Nur ein Wort von dir und ich hole dich ab.

Ich schickte die Nachricht an Chloe. Eine der vielen, die ich ihr in diesen Tagen schickte.

Ich vermisste sie. Sie war meine Squaw, die wichtigste Frau in meinem potenziellen Stamm. Alle glücklichen Momente und Gedanken wollte ich mit ihr teilen. Mit ihr an meiner Seite wollte ich aufwachen, mit ihr an meiner Seite wollte ich einschlafen. Ich wollte mich persönlich um ihr Glück kümmern oder wenigstens dort sein, wo sie glücklich war. Und ich wollte, dass sie sich genauso fühlte wie ich.

Ein Wort.

So lautete ihre Antwort. Eine der wenigen, die sie mir in diesen Tagen schickte.

Tag 276

»Das wird super!«, sagte mir Janica mit einem begeisterten Gesicht, als wir in einem winzigen, klapprigen Flugzeug langsam viertausend Meter Höhe erreicht hatten. Ich schaute an diesem wunderschönen sonnigen Tag durch das Fenster auf die Byron Bay hinunter und versuchte, meine verschwitzten Hände und mein rasendes Herz zu ignorieren. Der Fallschirmsprunglehrer gab mir Anweisungen und schnallte sich an mich, wobei er eine Schnalle aus Spaß vergaß und daraufhin eine entsprechende Reaktion von mir angstgelähmtem Weichei erwartete. Ich bin mir sicher, dass dieser Trick jedes Mal klappte.

»Wenn mir etwas passiert, dann wirst du es meiner Mutter erklären müssen«, erwiderte ich. Janica hat mir erst gestern – nachdem sie in mein Tipi gekommen und in meinen Schlafsack gekrochen war – ihren Plan präsentiert: Sie wollte aus dem Flugzeug springen und fragte mich, ob ich mitkommen wollte.

»Keine Chance!«, sagte ich, ohne nachdenken zu müssen.

Der Grund war sehr einfach. Ich hatte nämlich Höhenangst. Meine Beine wurden dann wie Gummi, mir wurde schwindlig, ich zitterte vor Angst. Ich behielt es aber für mich. In meinem Inneren erinnerte ich mich an meine ersten Reisen und an meine Ängste und die einzige Art, wie ich sie besiegen konnte – nämlich, dass ich mich damit auseinandersetzte. Dinge, vor denen ich mich fürchtete, müsste ich einfach ausprobieren und dann überlegen, ob es überhaupt Gründe für diese Angst gab. Der Fallschirmsprung könnte meiner Höhenangst definitiv ein Ende setzen.

Oder meinem Leben.

»Na ja, warum eigentlich nicht?«, erwiderte ich kurz.

Ich machte die Augen zu und atmete tief ein und aus, so wie man es mir im buddhistischen Kloster beigebracht hatte. Ich versuchte, die ganze Situation nüchtern zu betrachten und mir klarzumachen, dass die Statistik auf meiner Seite war und ich keine Angst haben brauchte. Da dies überhaupt nicht half, probierte ich eine andere Taktik: Ich stellte mir das schlimmste Szenario vor. Was, wenn ich dabei mein Leben verlöre? Das wären dann furchtbare zehn Sekunden oder so – von der Erkenntnis, dass der Fallschirm sich nicht öffnen würde, bis zum Aufprall auf dem Boden. Nicht so schlimm. Zwar täte es mir um meine Eltern und die anderen Hinterbliebenen leid, aber für mich wäre das kein Problem mehr, da ich bereits tot wäre.

Der Tod wird mich sowieso früher oder später heimsuchen, warum nicht jetzt? Wenn ich jemals in meinem Leben bereit war zu sterben, dann war es definitiv zu diesem Zeitpunkt. Vor einigen Jahren, als ich noch zu viele Träume, unerfüllte Wünsche und viele Fragezeichen in meinem Kopf und in meinem Herzen hatte, wäre das ganz anders gewesen. Jetzt aber, wo aus Wünschen Wirklichkeit und aus Fragezeichen Satzpunkte geworden waren, überwog beim Gedanken an den Tod nur das eine: die Neugierde. Ich hatte das Leben so weit erforscht, jetzt wäre es interessant, was uns auf der anderen Seite erwartet.

»Es ist so weit«, rief der Fallschirmsprunglehrer und klopfte mir auf die Schulter.

Zusammengeschnallt krochen wir zur geöffneten Tür des Flugzeugs und gingen in Sprungposition. Ich sah den Abgrund unter mir und beschloss, alles zu vergessen und mit offenen Augen, ohne nachzudenken, etwas Neues, Unbekanntes, Erschreckendes zu erleben. Ich rang mich zu einem Lächeln durch, zwinkerte dem Fallschirmsprunglehrer zu und gab ihm das Zeichen, dass ich bereit war.

»Ist Trampen nicht gefährlich?«, fragte mich Janica, als wir uns in den Geländewagen setzten und nach Sydney fuhren.

»Seit wann fährst du Ski?«, antwortete ich mit einer Gegenfrage.

»Seit meinem neunten Lebensjahr, denke ich«, erwiderte sie. »Warum?«

»Welche Geschwindigkeit erreichst du bei der Abfahrt?«, fragte ich weiter, immer noch ohne eine Antwort auf ihre Frage.

»Oft bis zu etwa hundertdreißig Kilometer pro Stunde«, antwortete sie. »Wieso?«

»Weil du mit hundertdreißig Kilometern pro Stunde den Berg hinunterfährst und dabei nur den Helm als Schutz hast. Weil du schon mal gestürzt bist, mit nur einem Stock und nur einem Handschuh weiterlaufen musstest, so viele Operationen über dich hast ergehen lassen und mich jetzt fragst, ob das Trampen gefährlich sei.«

Darauf lachte sie nur. Sie setzte ihre Kopfhörer auf und konzentrierte sich auf die Fahrt.

»Ich hoffe, dich stört es nicht«, sagte sie kurz darauf und zog den Kopfhörer aus dem linken Ohr. »Ich höre beim Fahren gern Musik, und das Auto hat keinen Player.«

»Nur zu«, erwiderte ich. »Was hörst du denn?«

»Balašević!«, sagte sie und steckte den Kopfhörer wieder ins Ohr.

Ich lächelte, machte die Augen zu und sank nach den intensiven Erlebnissen an diesem Tag erschöpft in den Schlaf.

»Wir sind da!«, weckte sie mich bei der Ankunft in Sydney auf. »Ich habe in einem Hostel im Stadtzentrum reserviert, willst du auch dort schlafen?«

»Ich habe einen Freund im Stadtzentrum, ich kann auf seiner Couch schlafen«, antwortete ich mit der ersten Lüge, die mir gerade einfiel. Ich wusste, dass ich nicht genug Geld hatte, um mir die Übernachtung in einem Hostel im Stadtzentrum leisten zu können. Das Hin und Her, das dann mit dem Geständnis, dass ich kein Geld habe, enden würde und die darauffolgenden Gewissensbisse sowie möglicherweise das Angebot ihrerseits, für meine Übernachtung zu bezahlen, kamen nicht infrage. Ich glaubte, dass mir schon etwas einfallen würde, obwohl die Nacht gefährlich nahe war. »Lass mich einfach bei deinem Hostel aussteigen, dann gehe ich zu Fuß weiter.«

Sie hielt, machte die Warnblinker an und half mir, meine Sachen aus dem Kofferraum zu holen.

»Es hat mich wirklich gefreut, diese zwei Tage mit dir zu verbringen«, sagte sie. »Obwohl wir eigentlich nicht viel Zeit zusammen verbracht haben, dazu noch den Großteil davon schweigend. Das ist es aber gerade, was mir bei den Menschen, die ich mag, gefällt. Wie ich mich mit ihnen fühle, während wir schweigen.«

»Mich hat es auch gefreut, Jana«, antwortete ich und umarmte sie fest. »Ich danke dir auch für alles und bin mir sicher, dass wir uns bei einer anderen Gelegenheit wiedersehen!«

Ich hievte den Rucksack auf meinen Rücken und machte mich auf die Suche nach einer Unterkunft. Aus den Erzählungen anderer Reisender wusste ich, dass die billigste Übernachtung in Australien mindestens dreißig Dollar kostete, das bedeutete für mich drei Tage Essen, Trinken und andere Reisekosten. Ich brauchte eine Alternative.

Ich blieb an einer kleinen Sitzbank stehen, auf der ein älterer Mann mit einer Gitarre saß und ungeschickt auf den Saiten spielte. Mindestens zwei davon waren schlecht gestimmt. Neben sich hatte er einen großen Rucksack, aus dem unordentlich hineingestopfte Kleidungsstücke und Schuhe herausschauten. Ich warf eine Ein-Dollar-Münze in den Gitarrenkoffer.

»Entschuldigung!«, sagte ich, als er seinen Song beendet hatte. »Wissen Sie vielleicht, wo man hier in der Nähe kostenlos übernachten kann?«

Ich wollte noch nicht aufgeben und ins Hostel zurückgehen, wusste aber auch, dass ein hoch entwickeltes Land wie Australien bestimmt Regeln, Gesetze und hohe Strafen für das Campen und Übernachten im Stadtzentrum hat. Der Gitarrenspieler sah aus, als hätte er ausreichend Erfahrung in Sachen Schlafen auf der Straße.

»Natürlich«, antwortete er. »Ein paar von uns schlafen dort in diesem kleinen Park, du kannst es nicht verfehlen.«

»Vielen Dank!«, erwiderte ich glücklich und ging zu dem Ort, den er mir gezeigt hatte.

Ich fand den Park, bemerkte ein paar Obdachlose in einer Parkecke, zog meine Matratze heraus, blies sie auf, nahm meinen Schlafsack, kroch hinein, wickelte das Plüschschaf in ein sauberes T-Shirt, machte mir so ein Kissen daraus und umarmte meinen Rucksack so, wie ich morgen Chloe umarmen würde. Bald sank ich in den Schlaf.

Tag 278

»Wir sehen uns bald wieder!«, sah sie mich mit ihren unschuldig-schelmisch blitzenden blauen Augen an, als ich ihr Zimmer verlassen wollte, nach weniger als achtundvierzig Stunden.

Ich blieb kurz stehen, drehte mich langsam um und blickte noch mal in diese Augen.

»Weißt du, auch in Berlin waren das deine letzten Worte«, erwiderte ich.

Sie schwieg, denn sie wusste es ja selbst. Sie wusste auch, dass ich es wusste. Sie wusste, dass wir von unserem Abschied in Berlin bis zum Wiedersehen in Kuala Lumpur fast zweieinhalb Jahre gebraucht hatten.

Ich sah in ihre Augen und hatte das Gefühl, dass diesmal viel mehr Zeit vergehen würde.

Ich drehte mich um, senkte den Kopf und verließ das Zimmer.

»Ich bin mir nicht sicher, ob ich will, dass du hierbleibst«, sagte sie am Abend zuvor, als wir in unserem viel zu kleinen Bett lagen.

»Was soll das heißen?«, fragte ich verwirrt. Ich versuchte immer noch, ihre Worte zu verdrängen, kurz bevor sie von Cabarita in den Süden losfahren wollte. In meinem Kopf waren diese paar Wochen, in denen wir getrennt waren, mehr als genug gewesen. Genug, um zu begreifen, dass ich sie vermisste, dass ich sie an meiner Seite wollte, weil das Leben dann einfach schöner war. Jahrelang war ich ohne sie, und ich fand es bescheuert, dass wir uns freiwillig trennten, wenn wir uns schon so nahe waren. Ich sah mich sogar schon nach Arbeit um und hatte vor zu bleiben.

»Es gefällt mir, mit dir zu sein«, sagte sie leise.

»Aber?« Ich wusste, dass ein Aber folgen würde.

»Aber ... ohne dich auch«, sagte sie etwas leiser.

Boah – hallte es in meinem Kopf, während wir schwiegen.

Ich wusste, worum es hier ging. Ich wusste es, weil in früheren Beziehungen sonst immer ich derjenige war, der diese Worte aussprach. Oder zumindest aussprechen wollte, denn ich war oft zu feige, um sie tatsächlich auch zu sagen.

Ich war sehr traurig und sauer. Gleichzeitig konnte ich ihr dafür keine Schuld geben. Und das aus zwei Gründen. Erstens, ich hatte schon mehrmals das Gleiche getan, wieso sollte ich ihr jetzt dafür Vorwürfe machen? Zweitens, ich wusste, dass das Problem nicht an ihr oder an uns lag, sondern in mir, einem total verliebten, verlorenen, unzuverlässigen, von ihr abhängigen, besitzergreifenden Ich. Ich wusste, dass sie fast der einzige Ursprung meines Glücks und meiner Traurigkeit war. Sie. Unser Zusammensein, unsere Beziehung, unsere Berührungen, unsere Worte, unsere Liebe – alles beruhte darauf. Ich wusste, dass mein Verlangen nach ihr krankhaft war, ohne sie konnte ich nicht glücklich sein. Für sie war es aber nicht so, wie sehr ich auch versuchte, es zu leugnen.

Ich konnte nicht anders. Meine Gefühle waren zu intensiv, ich konnte sie einfach nicht kontrollieren. Ich war verloren. Ich habe mich selbst in uns verloren. Wie sollte man jemandem Vorwürfe machen, der keine Zeit mehr mit jemanden verbringen will, der sich selbst verloren hat? Wieso sollte ich ihr Vorwürfe machen, weil sie Zeit für sich selbst wünschte?

Deshalb packte ich ohne Wenn und Aber meine Sachen und ging.

Draußen ging gerade die Sonne auf, und es schneite ein bisschen. Ich zog meine Mütze und Handschuhe aus einem Secondhand-Laden an und streckte meinen linken Daumen hoch.

Tag 311

Ich legte mich unter einen Baum am Fuße des Uluru, weit weg von allen Menschen, und weinte.

Ab dem Moment, in dem ich mich dem riesengroßen roten Berg näherte, wurde ich von der unsichtbaren Energie dieses Ortes überwältigt. Sie war unbeschreiblich stark und stimmte mich traurig. Ich fühlte mich, als ob mir der Berg stumm seine tragische Geschichte erzählte. Ich hörte aufmerksam zu und fühlte mit.

Er erzählte mir von dem Bösen und der Ungerechtigkeit, zu der die Menschheit fähig war.

Obwohl ich auf meinen Reisen ausschließlich mit der guten Seite des menschlichen Verhaltensspektrums in Kontakt kam, nämlich mit der Freundlichkeit gegenüber Unbekannten, wusste ich sehr wohl, wovon der Berg sprach. Ich wusste, zu welchen Grausamkeiten gegenüber ihren Brüdern und Schwestern, gegenüber anderen Lebewesen und gegenüber der Natur die Menschen fähig sind.

Wir bitten Sie, den Uluru nicht zu besteigen, stand auf einem großen Schild am Fuße des Berges, ungeachtet dessen, kletterten aber mehrere Dutzend Leute gleichzeitig hinauf.

Dieser großartige Berg ist schon seit Tausenden von Jahren der heilige Ort der Aborigines. Heute kann man ihn besteigen, obwohl das gegen die Tradition der Ureinwohner verstößt. Der Grund: Geld. Die australische Regierung befürchtet, dass ein Kletterverbot einen wesentlichen Rückgang der Touristenbesuche bedeuten würde. Sie machen sich keine Gedanken über die Folgen für diese Kultur, die sie ohnehin schon völlig zerstört haben.

»Ich muss hier rauf und den Ausblick vom Gipfel sehen!«, meinte Simon. »Ich habe gelesen, dass die Aborigines diesen Fels sowieso nicht mehr für heilig halten und sogar ihre eigenen Leute raufklettern. Schau doch selbst!« Er zeigte auf einige dunkelhäutige Knirpse, die barfuß auf den Fels kletterten und am Fuße des Berges herumalberten.

»Mach, was du willst«, erwiderte ich. »Auch wenn ich die Kultur, die Sitten, die Bräuche und den Glauben der Aborigines nicht kenne, glaube ich, dass die meisten von ihnen es für ein Sakrileg halten.«

Ich wollte ihm meine Meinung nicht aufzwingen. In seinen Augen sah ich, dass er seine Einstellung sowieso nicht ändern würde. Ich wusste, dass viele Menschen Tausende Kilometer fahren, um den roten Felsen zu sehen.

Wenn sie dann noch mitbekommen, dass der Blick vom Gipfel einzigartig ist, wollen sie das natürlich mit eigenen Augen sehen und denken sich deshalb alle möglichen Ausreden aus, das Verbot zu übertreten.

Jean Baptiste war sich nicht sicher, ob er hinaufklettern sollte, entschied sich schließlich dagegen und unternahm stattdessen einen zweistündigen Rundgang um den Fels. Genau in anderer Richtung herum wie ich.

Wir waren ja bereits seit drei Tagen und drei Nächten unzertrennlich. Die erste Nacht, nach einer Nachtfahrt mit Cowboys, verbrachte ich neben einer Tankstelle, in Gesellschaft eines schnuppernden Hundes und der Fledermäuse, im Regen. Ein nackter Fuß trottete dabei dicht an meinem Kopf vorbei. Die zweite Nacht verbrachte ich bei einer Couchsurferin in Mount Isa und die vergangenen drei mit diesen beiden. Wir campten und schliefen in Simons Wohnwagen. Die Tage verbrachten wir mit eintönigen Fahrten durch das australische Wüstenland, die kalten Nächte kostenlos auf Raststätten neben der Straße. Nachts fuhren wir nicht, weil wir Angst hatten, dass uns eines der riesengroßen Kängurus (es gibt in Australien über zwanzig Millionen davon) vor den Wagen springen und ihn beschädigen könnte. Gemeinsam kochten, aßen, tranken und schliefen wir und legten eine Strecke von über tausendfünfhundert Kilometern zurück. Unser Plan war, auch die nächsten zweitausend Kilometer weiter zusammen zu reisen, bis wir Darwin erreichten.

Dann trafen wir Grant, einen etwa fünfzig Jahre alten Typ, der schon seit drei Monaten mit seinem Fahrrad durch Australien fuhr. Er startete in Perth, fuhr durch Melbourne, Sydney, Brisbane und Townsville, und sein Ziel war der Ort, von dem er losgefahren war. In zwei Monaten wollte er wieder dort sein.

»Meine Frau ging mir einfach auf die Nerven, ich musste ein bisschen raus, allein sein«, sagte er.

Er war zwar nicht allein, er fuhr in Begleitung seines Freundes, dessen Asche er in einer kleinen Urne bei sich trug. Das war eine Ehrenrunde, auch für den verstorbenen Freund. Am Fahrradlenker hatte er mit Klebeband ein scharfes Küchenmesser befestigt.

»Gegen die schwarzen Typen, für den Fall der Fälle«, erklärte er. Etwas Ähnliches haben mir auch meine Cowboys beim Abschied gesagt. Ich solle mich vor den schwarzen Jungs in Acht nehmen.

Ich hielt es erst für ein wenig rassistisch, bis wir einen Tag vor der Besichtigung des Uluru in Alice Springs ankamen. Dort beobachtete ich verblüfft, dass im Stadtzentrum sowie in den Vororten einige Aborigines wie Zombies herumwankten – entweder von billigem Alkohol oder, noch schlimmer, vom Benzin berauscht.

»Welpen zu verkaufen, für zehn Dollar!«, brüllte ein offensichtlich stark alkoholisierter Einheimischer und jonglierte dabei gefühllos mit einem kleinen Hündchen. Der Welpe heulte vor Schmerzen, bis eine Frau einen Geldschein herauszog, ihn in die Hände des Mannes drückte und dadurch den Welpen vor einer weiteren Tortur rettete. Der Aborigine torkelte sofort zum nächsten Getränkeladen.

Diese Szene machte mich sehr traurig, und ich begann, über die Ursachen nachzudenken. Die Folgen können alle sehen, doch der erste Schritt zur Lösung eines Problems ist bekanntlich das Erkennen der Ursachen. In diesem Fall lagen sie auf der Hand – mehrere Jahrhunderte voller Rassismus, die Unterdrückung der Ureinwohner, Missachtung ihrer Bräuche und Sitten sowie ihres Glaubens und schließlich die Trennung der Kinder von ihren Eltern zum Zweck der *Australisierung*. Das war einer Fahrerin widerfahren, die mich vor einigen Tagen mitgenommen hatte. Kein Wunder, dass die sich verloren fühlenden Aborigines, genauso wie ihre amerikanischen Brüder, die Rauschmittel als einfachsten Ausweg aus der brutalen Wirklichkeit wählten.

»Wie können wir die Welt verändern?«, fragte ich leise den Fels und wischte mir die Tränen aus dem Gesicht. Ich hörte zu, spürte seine Traurigkeit und fühlte den Optimisten in mir aufwachen. Ich wollte nicht aufgeben. Ich war überzeugt, dass es immer noch Hoffnung für diese Welt gibt. Ich war überzeugt, dass die meisten Menschen gut sind. Ich war überzeugt, dass wir alle gemeinsam mit einer aufgeklärten Denkweise die Chance haben, das Böse zu besiegen.

»Wenn du die Welt verändern willst, fange bei dir selbst an«, antwortete der Fels.

»Schon erledigt!«, antwortete ich selbstbewusst. »Ich habe alles, was ich gelernt habe, vergessen und neu gelernt. Ich habe mich selbst verändert, meine Prinzipien, meine Meinungen. Ich reiste, sammelte neue Erfahrungen, betrachtete Dinge aus unterschiedlichen Blickwinkeln. Ich kann sagen, dass ich mich geändert habe. Verbessert habe.«

»Bravo!«, erwiderte der Fels, ohne den von mir erwarteten ironischen Unterton. »Dann musst du jetzt deine Mitmenschen verändern.«

»Ich denke, das habe ich auch schon geschafft, ganz spontan«, teilte ich dem Berg mit. »Meine Eltern, Freunde und Bekannte hatten alle die Gelegenheit, mit offenen Augen und Herzen meine Geschichten zu hören. Ich habe Menschen aus aller Welt kennengelernt und sie bei mir in Zagreb aufgenommen.«

»Dann solltest du dein Publikum vergrößern.« Der Berg ließ nicht nach.

»Das habe ich auch schon gemacht«, entgegnete ich ihm. »Tausende Menschen folgen mir auf Facebook, lesen meine Blogs und sehen sich meine Fotos sowie Videoaufnahmen an. Ich glaube, dass ich meine heiteren und positiven Erlebnisse der Welt und den Menschen erfolgreich vermittelt und dadurch auch ihr Weltbild beeinflußt habe.«

»Dann bleibt dir nichts anderes übrig«, erwiderte der Berg »als politisch aktiv zu werden.«

Ich brach in schallendes Gelächter aus, stand auf und setzte meinen Rundgang um den Uluru herum fort. Das Grinsen wich nicht mehr aus meinem Gesicht. Nicht weil ich die Idee blöd und kindisch fand, sondern weil mich dieses Thema schon früher einmal – es ist lange her – in einem Gespräch beschäftigt hatte. Ich hatte nämlich eine Theorie, wie man in der Politik leicht Erfolg haben könnte.

»Diese Idioten von Politiker verstehe ich einfach nicht«, sage ich zu Nina. Ich regte mich mal wieder über einen der vielen Zeitungsartikel auf, die bewiesen, wie bescheuert Politiker sein können. »Und dabei ist alles so einfach.«

»Lass mal hören. Was würdest du denn tun, wenn du ein hochrangiger Politiker wärst?«, erwiderte sie und begann damit eines unserer zahllosen zeitraubenden Gespräche, die wir zu führen pflegten, statt für die Uniprüfungen zu lernen.

»Wie gesagt, es ist sehr einfach«, antwortete ich selbstbewusst. »Ich gebe dir ein Beispiel aus meinem eigenen Leben. In der vierten Klasse der Mittelstufe bin ich Vorsitzender des Schülerrats am Lucijan-Vranjanin-Gymnasium geworden. Im Schülerrat saßen alle Klassensprecher unserer Schule. Es war das erste Amtsjahr des Schülerrats und als Vorsitzender wollte ich etwas Positives für alle Schüler schaffen. Ich habe alle Klassensprecher zusammengerufen und ihnen folgende Aufgabe gegeben: Sie sollten in der nächsten Klassensprechstunde ihre Mitschüler bitten, Vorschläge aufzuschreiben, was man in unserer Schule verändern und verbessern sollte. Dann sollten die Klassensprecher die Zettel einsammeln, die unvermeidlichen Schwachsinnsantworten aussortieren und mir dann eine Liste mit fünf bis zehn Vorschlägen übergeben. Alle haben das tatsächlich gemacht, alle zwanzig Klassen. Ich habe die Listen genommen, zusammengefasst und der Schulleiterin gegeben.«

»Und?«

»Fast alle Vorschläge wurden problemlos akzeptiert«, sagte ich stolz. »Die große Pause wurde von fünfzehn auf zwanzig Minuten verlängert und die letzten zwei Stunden in jedem Turnus um fünf Minuten verkürzt. Wir haben einen Flur bestimmt, den man für Graffiti nutzen durfte, und in den kleinen und großen Pausen durften wir nun Musik hören. Obwohl das keine sensationellen Maßnahmen waren, hatte das für uns Schüler eine große Bedeutung. Es hat uns gezeigt, dass Dinge funktionieren können, wenn wir organisiert sind, wenn wir wissen, was wir wollen und wenn wir unsere Forderungen auf eine geordnete Art und Weise den Zuständigen vorlegen.«

»Das macht Sinn«, stimmte sie mir zu. »Vielleicht solltest du durch Kroatien reisen, die Vorschläge aller Einwohner sammeln und sie dann den zuständigen Politikern vortragen.«

»Ja, das könnte ich machen«, sagte ich. »Trampen und couchsurfen durch unser schönes Land. Ich denke, fünf bis zehn Jahre würden ausreichen, um die meisten Menschen und jedes Dorf im Land kennenzulernen. Dieser Plan ist aber nicht machbar, wenn du siehst, wer unsere Politiker sind, und dir klar wird, dass sie sich nicht um den Willen des Volkes, sondern nur um ihren eigenen Scheiß kümmern. Wenn du begreifst, dass sie sich mit unseren Vorschlagslisten nur ihren Hintern abwischen würden. Man müsste sie auf ihrem eigenen Terrain schlagen, bei den Wahlen. Wenn ich durch Kroatien reisen, die Menschen kennenlernen und mir ihre Probleme anhören würde, könnte ich sogar für einen Posten in der Stadtverwaltung oder im Parlament kandidieren. Die Menschen würden wissen, wer ich bin, sie würden wissen, dass sie mir vertrauen können.«

»Verstehe«, antwortete sie nachdenklich. »Aber was würdest du all diesen Menschen sagen, wie würdest du ihre Probleme lösen? Du bist nur ein normaler Mensch, du kennst dich nicht in allen Bereichen gut aus, wie in der Wirtschaft, im Gesundheitswesen und so weiter.«

»Ich würde erfolgreiche Unternehmen, Universitäten und internationale Experten besuchen und alle fragen: Was würden Sie in Ihrem Bereich machen, wenn Sie die Macht hätten? Ich würde hundert Menschen aus dem Bereich, zum Beispiel Wirtschaft, zusammenrufen und eine kurze Liste ihrer Ideen machen. Dasselbe würde ich dann auch für das Gesundheitswesen, im Handel und so machen. Ich muss eigentlich gar nichts wissen, genauso wie ich damals als Vorsitzender des Schülerrats nichts gewusst habe. Ich muss bloß als Verbindungsglied zwischen den Menschen, den Experten und den Gesetzgebern fungieren.«

»Dann bleibt dir nichts anderes übrig«, erwiderte sie, »als in die Politik zu gehen.«

Realistisch gesehen, war es eine naive, utopische und kaum machbare Idee. Würde ich sie in die Tat umsetzen, würde ich über unzählige Hindernisse stolpern und sehr viel Kritik, Verachtung und Einschränkungen über mich ergehen lassen müssen. Ich dachte genauso wie damals, als ich begann, über eine Reise durch die Welt nachzudenken.

Ich lachte noch einmal laut, als mir klar wurde, wo ich mich gerade befand. Am Fuße des Uluru, des heiligen Berges der Aborigines, am anderen Ende der Welt. Vielleicht sind diese Ideen doch nicht so dumm, naiv und unmöglich. Vielleicht wäre der einzige Weg, das zu prüfen, der Versuch, sie umzusetzen. Genau wie bei allen anderen Dingen im Leben auch.

Mein nächstes potenzielles Lebensziel also: Ich bringe mich in die Politik ein!

Ich notierte es mir in mein Heftchen, lachte noch einmal und ging weiter.

Kurz darauf traf ich wieder auf meine zwei Franzosen. Simon zeigte uns seine Panoramabilder vom Gipfel des Uluru, aber aus einem seltsamen Trotzgefühl heraus wollte ich nicht einmal einen Blick darauf werfen. Wir stiegen wieder ins Auto und fuhren zu einer Stelle, von der aus alle Touristen beobachteten, wie der Berg beim Sonnenuntergang auf fantastische Weise seine Farbe ändert. Wir machten Fotos und fuhren weiter zu einem kostenlosen Campingplatz, auf dem wir die vierte Nacht in Folge wieder neben der Straße verbrachten. Uns sind auch sogenannte graue Nomaden begegnet (Rentner, die sich im hohen Lebensalter einen Wohnwagen oder Camping-Anhänger kaufen und durch Australien reisen, wobei sie ihr schwer verdientes Geld ausgeben). Mit denen teilten wir unser Lagerfeuer, und im Gegenzug luden sie uns zu einem Frühstückszwieback ein.

Da die Eintrittskarte für den Nationalpark, in dem auch Uluru liegt, drei Tage gültig war, beschlossen wir, auch Kata Tjuta zu besichtigen. Die riesige Felsenformation liegt etwa fünfundzwanzig Kilometer westlich von Uluru, und viele halten sie für eine noch größere Attraktion als Uluru. Selbst überzeugen konnten wir uns dennoch nicht, weil unser Auto eine Panne hatte, gleich nachdem wir die zum Uluru führende Straße verlassen hatten.

Simon, der verzweifelte Fahrzeugbesitzer, versuchte alles, um das Auto wieder flottzumachen, schaffte es aber nicht – trotz Hilfe derer, die anhielten, um uns zu helfen. Schließlich musste er einen Mechaniker rufen und den Wagen zur Reparatur abschleppen lassen.

»Vielleicht hätte ich doch nicht auf den Uluru klettern sollen«, meinte er beim abendlichen Bier, ziemlich niedergeschlagen nach dem Blick auf die Rechnung über tausend Dollar für Abschleppdienst und Reparatur.

»Ja, vielleicht hättest du es nicht tun sollen«, bestätigte ich. Ich hatte bereits einige Geschichten über den Fluch des Uluru gehört, über Dinge, die Menschen passiert waren, weil sie keinen Respekt vor dem Berg hatten, weil sie ihre Initialen ins Gestein eingeritzt oder Steine als Andenken mitgenommen hatten. Ich hielt das alles für Aberglauben bis zu dem Augenblick, als wir zwischen Simons Herumkletterei und der anschließenden Autopanne eine mögliche Verbindung erkannten.

»Hauptsache, du hast deine Lektion gelernt«, prostete uns Jean Baptiste optimistisch mit seiner Bierflasche zu.

Diese Nacht verbrachten wir auf dem offiziellen Campingplatz von Uluru, und das war das erste Mal, dass ich für meine Unterkunft in Australien bezahlte. Siebzehn Dollar für das Aufstellen des Zeltes, in das wir uns alle drei hineinzwängen mussten.

Der Campingplatz hatte auch ein Restaurant, für unseren Geschmack allerdings zu teuer. Da die Küche bald schließen würde, fragte ich den jungen Mann an der Theke, was er nach Ablauf der Arbeitszeit mit dem übrig gebliebenen Essen machen würde.

»Wir werfen es weg«, antwortete er.

»Könntest du es uns geben, anstatt es wegzuwerfen?«, fragte ich bittend. »Wir haben Hunger.«

»Wenn ich das mache, könnte ich meinen Job verlieren«, antwortete er traurig und blickte sich dabei um.

Einige Minuten später musste ich tatenlos zusehen, wie das ganze Essen direkt in den Müllsäcken landete, während mein Magen knurrte.

Das Wegwerfen von Nahrungsmitteln verbieten oder irgendeine Möglichkeit finden, damit sie im Magen hungriger Menschen landen.

Ich schrieb das in mein Heftchen und ging gemeinsam mit meinen Freunden schlafen.

Tag 324

»Noch einmal herzlich willkommen, Bruder!«, wurde ich am späten Abend von zwei bekannten, lächelnden Gesichtern in Perth, dem letzten Zielort meines dreiwöchigen Trips durch Australien, begrüßt und umarmt.

Das waren Keveen und Gina, meine Freunde aus Indien. Einige Monate zuvor waren sie in Australien angekommen, fanden hier einen Job und lernten über das Internet ein älteres Paar kennen, das nach jemandem suchte, der auf ihr Haus aufpasste, während sie in Europa waren. Sie hatten also eine kostenlose Unterkunft, verdienten mit ihrer Arbeit zwanzig Dollar pro Stunde und konnten sich dank dessen darauf konzentrieren, Geld für ein im nächsten Jahr geplantes Projekt in Mexiko aufzutreiben.

Die einzigen Ausgaben waren die für Essen, und die reduzierten sie aufs Minimum.

»Wir gehen in den Supermarkt einkaufen«, sagten sie.

»Ist es nicht ein bisschen zu spät für den Supermarkt?«, fragte ich. Es war schon zehn Uhr abends, und ich war mir sicher, dass alle Geschäfte geschlossen waren.

»Deswegen gehen wir ja hin, nach der Öffnungszeit«, zwinkerten sie mir zu.

Wir kamen zu einem großen, geschlossenen Supermarkt und machten uns auf die Suche nach Essbarem – in großen grünen Containern. Genauso wie auf dem Campingplatz beim Uluru landeten auch hier viele Nahrungsmittel jeden Tag im Müll. Die Supermärkte gehören zu den größten Wegwerfsündern, weil nach Ladenschluss sehr viele Lebensmittel übrig bleiben, die am darauffolgenden Tag nicht mehr verkauft werden können. Nachdem ich fünf Minuten in einem Container gestöbert hatte, entdeckte ich darin einen echten Schatz: eine Menge frisches Obst und Gemüse, immer noch verpackt. Alles hatte denselben Mangel – entweder war die Verpackung beschädigt beziehungsweise ein bisschen angekratzt, oder die Nahrungsmittel waren teilweise angefault, weswegen man sie den Tag darauf nicht mehr in die sowieso immer vollen Supermarktregale stellen konnte. Im nächsten Container lagen Backwaren: Brote und Brötchen verschiedenster Form und Größe. Der Großteil davon war in Tüten verpackt, auf denen immer noch der Preis stand. Oft handelte es sich um Produkte, die fast zehn Dollar kosteten.

»Wir nehmen natürlich nicht alles«, sagte Keveen, nachdem er aus dem Container herausgesprungen war. »Für diese Woche haben wir genug. Es gibt ja auch noch andere, die sich auf diese Art ernähren, und es wäre nicht in Ordnung, wenn wir jetzt alles nehmen – wir können ja sowieso nicht alles aufessen.«

Wie viele könnten sich so satt essen, wie viel weniger Nahrungsmittel würden im Müll landen, wie viel Geld könnte man sparen, wenn man das Problem auf diese oder ähnliche Weise lösen würde? Ist Wegwerfen wirklich das Beste, was unserer cleveren Zivilisation zum Thema Nahrungsmittelüberschuss einfällt? Könnte man nicht einen besseren Weg suchen, um die Lebensmittel, die von den Supermärkten entsorgt werden, zu den Endkunden – den Menschen, die Hunger leiden – zu bringen?

»Wo warst du, was hast du gemacht, wen hast du kennengelernt?«, überhäuften mich meine neuen Gastgeber mit Fragen, als wir es uns in dem wunderschönen, von ihnen betreuten Haus bequem machten. »Erzähl mal!«

»Ach, wo soll ich nun bloß anfangen ...«, seufzte ich. »Es ist so viel passiert, seitdem wir uns das letzte Mal in Varanasi gesehen haben.«

Nach und nach erzählte ich ihnen alles, was mir in den letzten Monaten passiert war. Nepal, Malaysia, Thailand, Australien. Trennung von Tanja, Begegnung mit Chloe. Sie beobachteten mich neugierig und hörten mir aufmerksam zu, lachten über jede witzige Geschichte oder sahen mich mit traurigem Gesicht an, wenn ich über unschöne Ereignisse berichtete.

»Da ich auf die Reparatur des Wagens nicht warten wollte, beschloss ich, allein weiterzureisen«, setzte ich meine Erzählung fort und sprach über meine Erfahrungen von Uluru, wobei ich auch das Restaurant erwähnte, in dem das Essen weggeworfen wurde. »Am nächsten Tag fuhr ich per Anhalter bis Alice Springs, schlief dort auf einer Couch und setzte am nächsten Morgen meine Reise Richtung Norden fort. Mitgenommen hat mich ein total cooler Typ, er hieß Alex. Er hatte ein Surfbrett im Auto, obwohl er nach Darwin fuhr, eine Strecke von tausendfünfhundert Kilometern also. Ich erzählte ihm meine Geschichten, er mir die seinen. Er reiste zwei Jahre um die Welt, überquerte den Atlantischen Ozean, und in Nicaragua wurde ihm sein letztes Geld gestohlen. Die Diebe bedrohten ihn mit Messern, und er musste ihnen seine letzten hundertfünfzig Dollar geben. Entmutigt hat es ihn aber nicht. Irgendwo trieb er ein altes Rezept für eine Bananentorte auf, verkaufte die auf der Straße und verdiente so seinen Lebensunterhalt für die nächsten Monate. Am Steuer wechselten wir uns ab, obwohl ich mir nicht sicher war, ob mein Führerschein in Australien überhaupt gültig war. Die Nacht verbrachten wir mitten im Wald, ich schlief auf dem Fahrersitz, er auf dem Beifahrersitz. Hätte uns jemand am nächsten Morgen gesehen, hätte er gedacht, wir wären Leonardo und Kate auf der Titanic – es fehlten nur die Handabdrücke auf den beschlagenen Scheiben. Wir fuhren an Katherine vorbei, nahmen ein Bad in einer der warmen Wasserquellen und fuhren weiter nach Darwin. Zunächst hegte ich die Hoffnung, dass ich bei seinem Freund schlafen könnte, um zehn Uhr abends stand ich dann letztendlich doch auf Darwins Straßen und suchte einen Park, wo ich schlafen könnte. Da Darwin die höchste Kriminalitätsrate in ganz Australien hat – selbst Alice Springs schaffte es nur auf Platz zwei –, war mir nicht ganz wohl dabei. Ich suchte nach einem unauffälligen Platz und versuchte auch noch einen Preisnachlass in einigen Hotels auszuhandeln – ohne Erfolg. Ich lief weiterhin durch die Stadt, bis ich schließlich einem Mädchen begegnete.

›Hallo, wie geht's?‹, fragte sie mich, als sie mir auf der Hauptstraße entgegenkam.

›Na ja, mir ging's schon mal besser‹, erwiderte ich und blickte mich um, weil ich sichergehen wollte, dass die Frage tatsächlich an mich gerichtet war. ›Fragst du eigentlich jeden Passanten, wie es ihm geht?‹

›Nicht immer«, lachte sie herzlich. ›Bin heute halt gut drauf.‹

Sie hat mich gefragt, ob ich eine Zigarette wollte, und ich nahm das Angebot an, obwohl ich normalerweise keine Zigaretten rauche. Ihre Gesellschaft hat mir gutgetan, man weiß ja nie, was alles aus einer solchen zufälligen Begegnung entstehen kann. Sie war erst vor Kurzem von einer Europareise zurückgekommen. Als ich ihr gesagt habe, dass ich noch keine Unterkunft in Darwin hatte, warf sie einen Blick auf mein CS-Profil auf ihrem Handy, rief ihren Mitbewohner an und fragte ihn, ob er einverstanden sei. Und so hatte ich für die darauffolgenden zwei Nächte einen Platz zum Schlafen.«

»Ja, hervorragend!«, riefen Keveen und Gina, die mir aufmerksam zuhörten. »Hat es sonst noch irgendwelche Action mit der Gastgeberin gegeben?«, fragten sie mich und hoben beide gleichzeitig die Augenbrauen.

»Außer einer Massage, die sie mir geschenkt hat, weil ich ihr den Massagetisch repariert habe, ist nichts passiert«, lachte ich. »Ihr wisst doch genau, dass das nicht der Sinn von Couchsurfen ist.«

Ich erzählte ihnen, wie ich in Batchelor bei einem Paar übernachtete, das mich vorher mit dem Auto mitgenommen hatte und mit dem ich den ganzen Abend billige Horrorfilme ansah. Dann erzählte ich auch, wie ich einen Touristenbus im Nationalpark Litchfield anhielt und den ganzen Tag mit Altersgenossen aus allen Teilen der Welt verbrachte. Ich erzählte von den Grauen Nomaden, von dem Schweizer, mit dem ich eine Nacht irgendwo im

Norden zeltete, wie ich den Fahrradfahrer Grant wiedertraf und was ich unterwegs noch alles erlebte.

Ich erwähnte auch Glen, einen Rechtsanwalt, der sich auf die Verteidigung von Aborigines spezialisiert hatte.

Bevor ich mich in Glens Auto setzte, hatte ich schon einige Aborigines kennengelernt. Einige passten sich dem westlichen Lebensstil perfekt an und unterschieden sich von den Weißen lediglich durch ihre Hautfarbe. Andere gingen halbnackt, bemalten ihren ganzen Körper mit bunten Farben, spielten Didgeridoo, unterhielten die Touristen, ließen sich mit ihnen fotografieren und verdienten auf diese Weise ihren Lebensunterhalt. Einige waren alkoholsüchtig oder schnüffelten Benzin, man sah sie in vielen Städten auf den Straßen herumirren.

Glen war Experte für diese nicht angepasste Gruppe.

»Ich komme aus Melbourne, arbeite aber die letzten Jahre im Norden und Westen Australiens«, begann mein Fahrer zu erzählen. »Ich habe eine Aborigine-Frau geheiratet, und wir bekamen zwei wunderschöne Kinder. Ich war Partner in einer großen Anwaltskanzlei, die über dreißig Rechtsanwälte beschäftigte, habe aber beschlossen, die Firma zu verlassen und zu versuchen, vor Ort etwas zu bewegen. Ich muss wohl kaum erwähnen, dass ich wegen meiner Heirat mit einer unansehnlichen Aborigine und der Tatsache, dass ich die bequeme Büroarbeit gegen den düsteren Alltag vor Gericht tauschte, selbst von meinen Freunden und Bekannten kritisiert wurde.«

»Ja, solche Geschichten kenne ich«, stimmte ich ihm zu.

»Meine Mission ist es, die Aborigines aus den Gefängnissen herauszuhalten«, erklärte er mir. »In Westaustralien stellen die Aborigines etwa vier Prozent der Bevölkerung, während sie in den Gefängnissen fast fünfzig Prozent der Insassen ausmachen. Bei den jungen Straftätern sind es fast hundert Prozent. Das System setzt sich für mehr Polizisten, strengere Gesetze und mehr Personal im Gefängnis ein. Die Regierung versucht, etwas zu tun, ab und zu wird etwas Geld in die Prävention investiert. Die Sozialarbeiter sind aktiv und sprechen draußen auf den Straßen mit den Kindern, aber das alles reicht nicht aus. Lieber werden mehrere Millionen Dollar für den Bau eines neuen Gefängnisses ausgegeben, anstatt die gleiche Summe in die Prävention zu stecken. Es bleibt bei dem Motto: *Do the crime, do the time*.

In meiner zwanzigjährigen Erfahrung als Verteidiger von Mördern, Vergewaltigern und Dieben habe ich gelernt, dass nur wenige Menschen tatsächlich böse sind. Es gibt wirklich nur wenige Menschen, die anderen mit Genuss wehtun. Die meisten von ihnen waren schon in ihrer Kindheit traumatisiert: durch ihre gewalttätigen Eltern, durch ein diskriminierendes

Umfeld. Das Verbrechen ist oft die einfachste Option, die man hat. Manchmal auch die einzige.«

Wir sprachen auch über die weißen Australier, die meines Erachtens den besten Lebensstandard der Welt haben. Die Wirtschaft ist ausgezeichnet. Der Mindestlohn beträgt sechzehn Dollar pro Stunde. Die meisten haben ein schönes Haus, ein tolles Auto, eine Surfausrüstung und essen in edlen Restaurants. Und das macht sie glücklich. Allerdings nur auf den ersten Blick. »Die Scheidungsquote ist nämlich enorm«, sagte Glen. Die Selbstmordrate gehört zu den höchsten in den hoch entwickelten Ländern. Der Alkohol- und Drogenkonsum ist außergewöhnlich hoch.«

»Manchmal glaube ich, dass gewöhnliche Australier auf die Aborigines neidisch sind«, erzählte er weiter. »Sie beobachten, wie sie frei herumspazieren, keine Arbeit, aber auch keine Sorgen um die Hypothek, keine Gedanken darüber, ob es ihnen besser geht als den Nachbarn. Letzten Endes gehört das Land ja ihnen, warum sollten sie dafür bezahlen, um darauf leben zu dürfen? Die Australier empfinden das als Bedrohung. Denn sie müssen hart arbeiten, um sich alles leisten zu können. Sie müssen Hypotheken und Schulden an Banken zurückzahlen. Warum soll es denn den Aborigines denn nicht auch so gehen? Es ist nicht fair, dass sie so frei leben können, ohne die Sorgen, mit denen sich die Weißen herumplagen. Der Rassismus war in Australien nicht institutionalisiert wie beispielsweise in Südafrika. Es gab und gibt ihn zwar, er ist aber viel subtiler ausgeprägt. Versteh mich nicht falsch, es sind nicht alle Australier schlechte Menschen, sie haben auch eine sanfte Seite. Wenn sie sehen, dass sich ein junger Aborigine Mühe gibt, sich an ihre Lebensweise anzupassen, dann werden sie ihn akzeptieren und unterstützen. Große Schuld liegt auch bei den Medien, die gegenüber den Ureinwohnern nicht gerade wohlwollend eingestellt sind und oft von vornherein eine negative Meinung haben. Das Ergebnis sind strenge Gesetze, die einen Freiheitsentzug von mindestens einem Jahr vorsehen, wenn jemand eine bestimmte Straftat dreimal begangen hat. Das gilt auch für Minderjährige. Obwohl das auf den ersten Blick fair erscheint – wenn du dreimal ein Haus plünderst, dann sollst du auch ein Jahr ins Gefängnis –, trifft das meistens betrunkene Kinder, die in die Häuser von reichen Australiern einbrechen. In den meisten Fällen stehlen sie gar nichts, lediglich das Essen. Und so landen sie im Gefängnis, wo sie sich bekanntlich noch schlimmer entwickeln und erneut Straftaten begehen.

Letzten Endes liegt es daran, dass die Australier die Aborigines nicht verstehen, dass sie ihre eigene Geschichte nicht verstehen. Wir haben zu lange versucht, unsere wahre Geschichte zu verdrängen, anstatt sie gründlich zu verarbeiten und ein friedliches, nachhaltiges Miteinander zu schaffen.«

Nach dieser lehrsamen Fahrt stieg ich aus und verabschiedete mich von Glen, der dann zu Frau und Kindern fuhr oder zu einem Gerichtstermin, um die Untaten der Minderheit zu verteidigen. Wie dem auch sei – ich wünschte ihm alles Glück der Welt.

Ich erzählte ihnen auch die Geschichte, als ich von zwei Französinnen abgeholt und zum Camping in Wolfe Creek mitgenommen wurde – einem riesigen Krater mit achthundertfünfzig Meter Durchmesser. Es ist der zweitgrößte Krater der Welt, wenn wir auch die durch einen Meteoriteneinschlag enstandenen Krater berücksichtigen.

Wolfe Creek ist aber leider vielmehr für den gleichnamigen Horrorfilm bekannt, der teilweise auf den Verbrechen des vorhin schon erwähnten Kroaten Ivan Milat, des Tramper-Mörders, basiert. In diesem Film werden drei Backpacker (auch zwei Mädchen und ein Junge!) Opfer eines Wahnsinnigen, der sie in seinem Haus gefangen hält, foltert und am Ende zwei von ihnen tötet. Als ich hörte, dass im Film der Junge überlebte, fühlte ich mich ein bisschen besser.

Ich erzählte ihnen von Broome, wo ich einen wunderschönen Sonnenuntergang genoss, auf dem Rücken eines der vielen Kamele, die die Touristen den endlosen Strand enlangtragen. Die Kamele wurden in der zweiten Hälfte des neunzehnten Jahrunderts größtenteils aus Indien und Pakistan importiert und auf Baustellen und bei der Verlegung von Telegrafenleitungen eingesetzt. Außerdem transportierten sie die Vorräte in die weiter entfernten Städte. Als Anfang des zwanzigsten Jahrhunderts motorisierte Transportmittel auf den Plan traten, ließ man die Kamele frei, und so laufen sie auch heute noch in der australischen Wüste herum. Schätzungen zufolge gibt es dort ungefähr dreihunderttausend Kamele, etwa fünfzig von ihnen sind in Broome, am Cable-Strand, im Einsatz.

»Als Letzter nahm mich ein junger Lkw-Fahrer mit«, kam ich langsam zum Ende meiner Erlebnisse. »Und nun bin ich hier bei euch.«

»Puh!«, seufzte Keveen. »Seitdem wir uns das letzte Mal gesehen hatten, ist bei dir viel passiert.«

»Weitere Pläne?«, fragte Gina.

»In ein paar Tagen fliege ich nach Kuala Lumpur, um mein Visum verlängern zu lassen, und dann kehre ich nach Australien zurück. Ich möchte versuchen, noch ein bisschen Geld zu verdienen, bevor ich das Land endgültig verlasse«, antwortete ich. »Ursprünglich wollte ich nach Neuseeland und von dort vielleicht mit einem Schiff Richtung Amerika fahren. Der Plan scheiterte aber, weil ich vier Monate auf ein Touristenvisum für Neuseeland hätte warten müssen und eine Seefahrt über den Pazifik so gut wie unmöglich ist. Die Route Richtung Osten ist nicht gerade beliebt, und die Flüge sind ein teures Vergnügen.«

»Afrika?«, schlugen sie vor.

»Hmm, Afrika«, wiederholte ich nachdenklich.

Ich warf einen Blick auf eine Karte des afrikanischen Kontinents und schaute mir die Visumregeln einiger Länder an. Die Situation war gar nicht schlecht, die meisten Visa für die Staaten im Osten und Süden Afrikas kann man an der Grenze bekommen.

Poseidon war mir auch geneigt. In einem Monat würden zahlreiche Segelboote den Indischen Ozean von Südostasien oder Australien nach Südafrika durchqueren. Wenn ich kein Boot finde, das ein unerfahrenes Besatzungsmitglied aufnimmt, bleibe ich eben ein bisschen länger in Australien, versuche, etwas Geld zu verdienen und dann nach Afrika zu fliegen. Die Flüge sind halb so teuer als wie nach Nord- und Südamerika.

Der neue Plan war also da: Ich reise nach Afrika.

Tag 1000

»Nach meinem Aufenthalt in Perth und einem Kurztrip nach Kuala Lumpur kehrte ich wieder nach Australien zurück und landete in Melbourne«, setzte ich meinen Vortrag fort. »Ich habe beschlossen, dort eine gewisse Zeit zu bleiben. Es ist schon ein Jahr vergangen, seitdem ich mich auf die Reise um die Welt begeben hatte, und ich war schon ein bisschen müde von dem ständigen Ortswechsel. Außerdem fand ich kein Boot nach Afrika und fühlte mich in dieser Stadt sehr wohl und fand sogar einen Job.«

Ich zeigte ein neues Bild, das mich in der Küche eines Restaurants beim Bodenputzen zeigte.

»Eines Tages war ich bei McDonald's und nutzte heimlich – wie sonst jeden Tag auch – das kostenlose WLAN«, wandte ich mich ans Publikum. »Dabei entdeckte ich eine kurze Stellenanzeige: Küchenpersonal gesucht. Vollzeit. Anmeldungen ab sofort. Da das Restaurant ganz in der Nähe war, packte ich schnell meine Sachen und lief sofort los. Zwanzig Minuten später stand ich vor dem Küchenchef, total außer Atem.«

»Ich bin wegen der Stellenanzeige gekommen«, sagte ich.

»Du bist aber schnell!«, antwortete er.

»Meine Freundin sagt mir das oft«, scherzte ich und setzte alles auf eine Karte. So testete ich mit der bekannten That's-what-she-said-Nummer sofort seinen Sinn für Humor.

»Ha, ha, der ist gut!«, lachte er lauthals. »Hast du schon mal in einer Küche gearbeitet?«

»Ja«, antwortete ich, ohne zu zögern. »In Kroatien, in der Türkei und in Indien.«

»Wann kannst du anfangen?«, fragte er schnell.

»Sofort«, antwortete ich noch schneller.

»Super, bitte.« Er reichte er mir eine Gummischürze und zeigte mir, wo die Spüler arbeiteten.

»Und so habe ich meinen zweiten Job in Australien bekommen, als Schwarzarbeiter«, setzte ich fort. »Ich lebte mit neun Menschen zusammen und schlief in einem drei Quadratmeter großen Zimmer, in dem früher ein Filmprojektor gestanden hatte. Das Zimmer hatte kein Fenster, und man konnte nur hinein, wenn die Matratze an die Wand gelehnt war. Die Miete musste ich nicht in Geld bezahlen, sondern in Speiseresten, die ich vom Restaurant mitbrachte.«

»Ich lief zu Fuß kreuz und quer durch die Stadt, fuhr mit der Straßenbahn – schwarz, genauso wie zu Hause. Ich erkundigte mich nach Möglichkeiten, mein Visum zu verlängern, traf Menschen auf einen Kaffee oder ein Bier sowie neue und alte Freunde in den Parks. Ich besichtigte Sehenswürdigkeiten in der Umgebung. Eines Tages, als ich gerade beschloss, ein gebrauchtes Fahrrad anzuschaffen, wurde ich von einer E-Mail überrascht.«

Tom,
unerwarteterweise hat ein Besatzungsmitglied seine Pläne geändert, sodass ich dir jetzt eine Stelle auf dem Segelboot nach Afrika anbieten kann. Bist du immer noch daran interessiert? Wenn ja, holen wir dich auf der Weihnachtsinsel in genau drei Wochen ab.

Kapitän Mike

»Ich fragte mich, was ich tun sollte. In Melbourne bleiben, arbeiten, vielleicht auch genug Geld verdienen, um all meine Schulden zurückzuzahlen, oder mich in das größte Abenteuer meines Lebens stürzen und auf einem Segelboot den Indischen Ozean überqueren. Ich musste lange und gründlich darüber nachdenken. Und nach vier, fünf …« hier atmete ich tief durch und machte absichtlich eine kurze Pause »… Minuten wusste ich, was ich tun muss.«

Die Leute lachten über mein »langes« Nachdenken und sahen in diesem Moment das Foto eines dreizehn Meter langen Segelboots, das vor Anker lag.

»Ich habe noch drei Wochen gearbeitet, genug Geld für das Flugticket zur Weihnachtsinsel verdient und dort auf meinen Kapitän und zwei weitere Besatzungsmitglieder gewartet.«

Tag 420

»Im Leben eines Bootsbesitzers gibt es zwei Tage, die am schönsten sind«, sagte mir der Kapitän, als wir den Motor ausmachten und die Segel hissten. »Der Tag, an dem er das Boot gekauft, und jener, an dem er es verkauft hat. Nicht unbedingt in dieser Reihenfolge.«

Daraufhin musste ich von Herzen lachen, und es fiel mir ein, dass meine Einstellung zu diesem Segelboot sehr ähnlich war. Ich war überglücklich, als ich die Einladung zum Mitfahren bekam, wäre aber noch viel glücklicher gewesen, wenn wir schon in Afrika angekommen wären.

Ich zog mein schwarzes Heftchen heraus, um diese Weisheit des Kapitäns aufzuschreiben. Und dann schrieb ich einfach weiter, über alles, was in diesem Monat auf hoher See passiert ist.

Auf der Weihnachtsinsel, wo die billigste Übernachtung über hundert Dollar kostete, musste ich ein paar Tage verbringen und auf das Boot und seine drei Besatzungsmitglieder, meine neue Familie, warten. Vom Flughafen bis zum Haupthafen nahm mich ein Fahrer mit, von dem ich erfuhr, dass auf einem Hügel, etwa zehn Gehminuten vom Hafen entfernt, verlassene Militärbaracken standen. In eine davon habe ich mich sofort einquartiert. Ich schob meine aufblasbare Matratze hinein und hatte eine neue Unterkunft.

In der Nähe meiner Baracke befanden sich auch Duschen, eine kostenlose öffentliche Toilette, ein Supermarkt, und das war's. Ein kleiner Ort, von dem ich dennoch schon viel gehört hatte. Australische Politiker redeten in letzter Zeit immer wieder über illegale Einwanderer, die auf Schiffen aus Indonesien nach Australien komen und dort einen Asylantrag stellen. Die meisten von ihnen landeten nach einer mehrmonatigen Reise auf der Weihnachtsinsel. Eines dieser Schiffe prallte im Dezember 2010 gegen die steilen Felsen der Küste, dabei kamen fünfzig Menschen ums Leben. Eine Gedenktafel stand zehn Meter von meinem Häuschen entfernt.

Am nächsten Morgen konnte ich selbst beobachten, wie so etwas abläuft – ein halb zerfallenes Fischerboot mit etwa fünfzig Menschen in Signalwesten an Bord lief von einem Furcht einflößenden Militärschiff begleitet in den Hafen ein. Die Flüchtlinge kamen überwiegend aus Sri Lanka, manche auch aus dem Irak, dem Iran, aus Pakistan oder Afghanistan. Sie legten Tausende Kilometer von ihrer Heimat bis nach Indonesien zurück, wo man sie auf Booten zusammenpferchte, um sie nach Australien zu schleusen. In den meisten Fällen kostete diese Kreuzfahrt ziemlich viel Geld. Die Reisenden wurden von ihren Familien gesponsert, damit wenigstens einer von ihnen auf diese schwere Reise gehen und ein besseres Leben finden könnte.

Die Geschichte wird noch trauriger, wenn man aus erster Hand die Kommentare ausländerfeindlicher Australier mitbekommt – ausgerechnet diejenigen schimpfen über illegale Einwanderer und sagen, dass sie wieder dorthin zurücksollen, wo sie hergekommen sind, die gleichzeitig von den Aborigines dazu aufgefordert werden, das Gleiche zu tun. Das Ganze wäre zum Lachen komisch, wenn es nicht so traurig wäre.

Von der Weihnachtsinsel habe ich nicht viel gesehen. Dort leben knapp tausendfünfhundert Menschen, siebzig Prozent davon chinesischer Herkunft. Die Insel wurde an Weihnachten im Jahr 1643 entdeckt und stand die letzten fünfzig Jahre unter australischer Hoheit. Das bis zum Ende des neunzehnten Jahrhunderts unbewohnte Eiland ist für seine vielfältige Tier- und Pflanzenwelt bekannt (zwei Drittel der Insel sind zum Nationalpark erklärt worden). Am bekanntesten ist die Wanderung der roten Landkrabben, die nur wenige Wochen nach meiner Abreise einsetzte. Man schätzt, dass etwa hundert Millionen Krabben unterwegs sind.

Neben der Krabbenwanderung bietet die Insel noch ein paar andere Sehenswürdigkeiten. Da sie aber für eine Erkundung zu Fuß doch zu groß ist (insbesondere bei +40 Grad), kein Auto zum Trampen in Sicht war und ein Motorroller fünfzig Dollar pro Tag gekostet hätte, gab ich diese Idee schließlich auf. Die Zeit verbrachte ich mit dem Beobachten des Meeres, wartete auf das Boot und kam mir vor wie die Frauen, die auf ihre seefahrenden Männer warten. Die Nächte verbrachte ich mit Rumtrinken, wobei ich mir dabei wieder so vorkam wie die Seefahrer, die sich auf das baldige Wiedersehen mit ihren Frauen freuen.

Am vierten Tag, frühmorgens, lief ein Segelboot in den Hafen ein. Das erste, seitdem ich auf der Insel angekommen war. Ein seltsames Bauchkribbeln – das könnte mein Boot sein! Ich packte meine Sachen, verließ die kleine Baracke und ging hinunter zum Hafen. Je näher ich kam, desto deutlicher war der Name des Bootes zu lesen. This Side Up. Es war meins! Während ich ungeduldig darauf wartete, dass die Besatzung ein Gummiboot aufs Meer setzte, freute ich mich immer mehr, wurde aber auch nervöser. Mit diesen drei Menschen sollte ich die nächsten eineinhalb Monate auf kleinstem Raum zusammenleben. Das Boot würde außerdem ständig wanken, links, rechts, vor und zurück. Und immer weiter so. Schließlich

lernte ich den Kapitän Mike (USA), Sebastien (Belgien) und Li Ti (China) kennen. Sie schienen mir nicht wie Leute, die einen mitten im Ozean ins Wasser werfen und den Haien ausliefern würden.
Nachdem wir die zollamtlichen Formalitäten erledigt hatten, brachte ich mein Gepäck aufs Boot und erhielt die wichtigsten Informationen – wie die Toilette funktionierte, wo die Lebensmittel standen, wie man kochte und Ähnliches. Da der verfügbare Raum auf einem dreizehn Meter langen Segelboot ziemlich begrenzt ist (nur zwei Kabinen mit Betten – im Heckraum schlief der Kapitän, im Vorderteil schliefen Seb und Li Ti), musste ich auf einer kleinen Bank im Flur schlafen. In diesem Moment verabschiedete ich mich für die bevorstehenden vielen Tage von jeder Form von Privatsphäre und Bequemlichkeit. Hätte ich für die Reise bezahlt, hätte ich jetzt mein Geld zurückgefordert. In diesem Fall hatte ich jedoch keine Wahl. Eine der Regeln für meine Weltreise, die nun auch für die Bootsfahrt galt, lautete: In der Not schmeckt jedes Brot.
Der Kapitän fragte mich nach meinen Erfahrungen in der Seefahrt. Ich schummelte ein bisschen und behauptete, ich sei in Kroatien ziemlich viel auf dem Meer gewesen, sei jedoch noch nie so weit hinausgefahren, dass ich das Land aus den Augen verloren hätte. Auf diese Antwort lächelte er nur. Ich kannte ihn noch nicht und wusste nicht, ob dieses Lächeln etwa bedeutete: Kleiner, du hast keine Ahnung, was dir bevorsteht. Oder ob er es vielleicht schon zutiefst bereute, dass er mit einem völlig unerfahrenen Besatzungsmitglied den zweitgrößten Ozean der Welt zu durchqueren beabsichtigte.
Seb und Li Ti fragten mich, ob ich jemals seekrank gewesen wäre. Als hätten sie erraten, worüber ich in den letzten zwei Wochen nachgedacht hatte. Von der Seekrankheit hatte ich nur das Schlimmste gehört, und sie schien mir das einzige unlösbare Problem auf dieser Seefahrt zu sein (über Stürme und Zusammenstöße mit anderen Schiffen dachte ich gar nicht erst nach). Sie beide seien die ersten zwei Tage seekrank gewesen, ihr Zustand hätte sich dann aber wieder gebessert. Da es mir nach einigen Minuten in der Kabine ein wenig schwindlig wurde, hoffte ich, dass ich nur die ersten zwei Tage seekrank sein würde. Ich wollte wirklich nicht enden wie der Mann aus einer Geschichte, der sich in den Ozean stürzte, um seinem Leiden ein Ende zu setzen.
Ich führte die Besatzung ans Land, wo sie zum ersten Mal nach fünf Tagen duschen konnte, dann gingen wir zum Supermarkt und füllten unsere Vorräte auf (die Kosten für ein Viertel der gekauften Nahrungsmittel waren meine einzigen Ausgaben für das Überqueren des Ozeans). Danach

gingen wir in ein Internetcafé, von wo aus ich meine Mutter benachrichtigte, dass ich mich in den nächsten fünf bis sechs Tagen, bis wir die nächste Insel erreicht hätten, nicht melden würde. Ich dachte mir, vielleicht könnte ich ein Video als Testament aufnehmen, für den Fall, dass mich der Ozean verschlingen sollte, ich wollte aber mein Schicksal nicht herausfordern. Es war ja auch nicht so, dass ich etwas Besonderes hinterlassen hätte können.

Die Nacht verbrachten wir im Hafen. Nach dem morgendlichen Spaziergang im nahe gelegenen Wald duschten wir noch einmal, und nach dem Mittagessen an Bord holten wir den Anker ein, hissten die Segel und fuhren in die untergehende Sonne, in die Richtung unseres ersten Ziels: den tausend Kilometer entfernten Kokosinseln.

Beim Segeln gibt es drei Hauptregeln: an Bord bleiben, gegen nichts stoßen und dafür sorgen, dass der Mast immer gen Himmel ausgerichtet ist. Der letzten Regel verdankte unser Boot seinen witzigen Namen This Side Up, *was übersetzt »Diese Seite nach oben« heißt. Neben dem Namen waren, für den Fall der Fälle, auch zwei in den Himmel zeigende Pfeilchen angebracht. Zeigt der Mast nach unten, bedeutet das in der Regel nur eines: Evakuierung. Wenn noch Zeit dafür ist, natürlich.*

Das Ausfahren vom Hafen der Weihnachtsinsel war easy – die Insel schützte uns vor Wind, und der Sonnenuntergang war wunderschön. Sobald wir auf hoher See waren, bereitete ich mich auf die erste Aufgabe meiner Seemannskarriere vor: das Hissen der Segel. Es war mir peinlich, zu fragen, wie man das genau machte, weil ich dadurch zu erkennen gegeben hätte, dass ich keinerlei Ahnung vom Segeln hatte. So machte ich einfach das nach, was die anderen taten. Merkwürdigerweise wurden das Hauptsegel und die Fock erfolgreich hochgezogen, der Wind spannte die Segel ordentlich auf, sodass wir eine Geschwindigkeit von sechs bis sieben Knoten erreichten. Übrigens: Die Geschwindigkeit von einem Knoten bedeutet, dass man in einer Stunde eine Seemeile zurücklegt. Eine Seemeile ist etwas weniger als zwei Kilometer.

Die Segel waren hoch, die Motoren aus, der Zielkurs im Autopiloten gespeichert, und wir konnten uns nun ausruhen, nach vier Minuten anstrengender Arbeit. Ich wartete auf einen neuen Befehl vom Kapitän, der sagte aber nur, dass er die erste Nachtschicht übernehmen würde und dass wir nun schlafen gehen könnten.

Leichter gesagt als getan. Jedes Mal, wenn es mir gelang, auf meinem neuen Schlafbänklein kurz einzuschlafen, wurde ich durch ein Wanken geweckt, das ich zum ersten Mal in meinem Leben spürte. Nach einem heftigen Wellenstoß gegen den Bootsrumpf sprang ich panisch von meiner Bank auf und lief schnell zum Kapitän. Ich wollte fragen, ob wir nun mit der Evakuierung beginnen sollten, er blieb aber total gelassen und sagte: »Die Geschwindigkeit ist gut, das Meer ist relativ ruhig.« Ruhig? Die Wellen waren zwei bis drei Meter hoch, unser Segelboot wankte in alle Richtungen, die Lebensmittel rollten auf den Regalen hin und her, und er behauptete einfach, das Meer sei ruhig? Verdammt.

Nach dem Kapitän war ich dran. Die Wachdienste waren auf dreistündige Schichten zwischen 7 Uhr abends und 7 Uhr morgens verteilt. Unsere Aufgabe war es, während unserer Schicht nach sich eventuell nähernden Schiffen Ausschau zu halten. Erkennen konnte man sie entweder mit bloßem Auge oder auf dem Radar. Nach meiner Schicht gelang es mir endlich, einzuschlafen. Ich bin noch ein paarmal aufgewacht, in der Hoffnung, dass das einem anderen Besatzungsmitglied vielleicht auch passieren würde, daraus ist aber nichts geworden.

Der nächste Morgen brachte uns einen etwas schwächeren Wind und niedrigere Wellen. Ich war aber der Einzige, der sich darüber freute. Die anderen bevorzugten starken Wind, der uns so schnell wie möglich zu unserem nächsten Ziel bringen würde. Niemand kümmerte sich um meine Paranoia. Genug gejammert, sagte ich zu mir selbst. Ich war auf einem Segelboot, das mich kostenlos nach Afrika bringen würde und dessen Kapitän mir ein paar Dinge über das Segeln beibringen könnte. Diese Gelegenheit musste ich nutzen!

Kapitän Mike war ein cooler Typ, er hatte viel Geduld mit uns Anfängern, erklärte uns alles, was uns interessierte, und beantwortete geduldig unsere oft dummen Fragen. Er zeigte uns, wie man Seemannsknoten machte und dergleichen. In seiner Jugend war er ein bekannter amerikanischer Rockstar, spielte und sang in mehreren Bands und war der Einzige, der auf seiner Harley vom südlichsten bis zum nördlichsten Punkt der USA gefahren war. Und er war Millionär. Er hatte alles, aber dann erkrankte er an Arthritis und musste seine Karriere aufgeben. Dann kaufte er sich dieses Boot und brach zusammen mit seiner Frau zu einer Weltreise auf. Sie kehrte aber nach Hause zurück, weil sie auf dem Weg zu den Galapagosinseln so heftig von der Seekrankheit heimgesucht wurde, dass sie sich nicht richtig erholen konnte. Da ihre Lebensersparnisse zu jener Zeit fast vollständig von der Finanzkrise aufgefressen wurden, beschlossen sie, das Boot zu verkaufen. Aufgrund der Krise fanden sie aber weit und breit keinen Käufer. Aus diesem Grund reiste der Kapitän in den letzten Jahren allein und nahm ab und zu Streuner wie mich an Bord, die ihm dann bei der Arbeit halfen und mit etwas Glück sein Boot nicht versenkten. Hoffentlich nicht.

Sebastien war ein belgischer Polizist. Er kündigte seinen Job, als ihm bewusst geworden war, dass er damit nicht glücklich werden würde, und zog dann nach China, wo er die meiste Zeit mit seiner Liebsten, Li Ti, verbrachte. In China wurde ihnen langweilig, und deswegen entschlossen sie sich, genauso wie ich, zu diesem außergewöhnlichen Abenteuer – mit einem Segelboot den Indischen Ozean zu überqueren. Sie hatten genauso wenig Erfahrung auf hoher See.

Ich begriff sofort, dass unsere Ernährung ziemlich eintönig sein würde. Der Kühlschrank funktionierte nicht, Obst und Gemüse gab es nur in konservierter Form in Dosen, das Brot reichte für zwei Tage, und zum Dessert gab es nur billige indonesische Kekse, die sie auf Bali gekauft hatten. Viel Nudeln, Reis und Tomatensoße. Zugegeben, meine Ernährung war auch sonst nicht vielfältiger gewesen.

Das Hauptproblem in den ersten Tagen war allerdings die Seekrankheit. Genauso wie meine Unkenntnis beim Segelhissen, wollte ich auch diesmal aus Stolz nicht zugeben, dass mir ununterbrochen übel war. Seb und Li Ti hatten sich an das Leben auf See schon gewöhnt, für mich war alles total neu. Ich testete meinen Körper und beobachtete die Ergebnisse. Wenn ich in der Kabine mit geschlossenen Augen lag, ging es mir gut. Wenn ich aber saß, stand oder die Augen öffnete, bekam ich dieses komische Kribbeln im Bauch – aber nicht die angenehme Art. Wenn ich draußen auf dem Deck war und den Horizont betrachtete, ging es mir gut. Bücher lesen, am Laptop arbeiten – schon wieder Probleme. Nachdem ich nun alle Varianten ausprobiert hatte, zog ich es nach der Auswertung der Testergebnisse vor, entweder zu schlafen oder auf dem Deck zu essen und ins Blaue nach oben und unten zu starren.

Eine intensivere Auseinandersetzung mit der Seekrankheit war dennoch unvermeidbar, als ich an der Reihe war, meine kulinarischen Fähigkeiten zu zeigen. Ich musste in unserer winzigen, stickigen und schwankenden Küche Spaghetti mit Tomatensoße zubereiten. Gerade als ich über das Übelkeitsgefühl in meinem Bauch und die Qualität des Mittagessens nachdachte, wurde ich von einem plötzlichen Wellenstoß überrascht und purzelte zusammen mit dem Topf voller Wasser auf den Boden, wobei ich nebenbei noch gegen einige Schränke und Holzverschläge stieß. Der Schaden beschränkte sich auf einige Prellungen, die ich in den darauffolgenden

Tagen nach und nach entdeckte, und auf verschüttetes Wasser. Zum Glück war es nicht heiß.

Das Mittagessen war fertig, schmeckte aber so schlecht, dass ich einige Minuten später den Drang, mich übergeben zu müssen, nicht im Geringsten bedauerte. Meine Kollegen Matrosen waren mir die ganze Zeit eine große Unterstützung. Weder kritisierten sie die Qualität des Essens (im Gegenteil, sie aßen alles auf), noch machten sie sich darüber lustig, dass ich mit meinen halb gekauten Nudeln und der Soße, die nun etwas mehr Säure hatte, die Fische fütterte.

Während der Überfahrt hatte ich viel Zeit zum Nachdenken. Das war meine eigentliche Hauptbeschäftigung. Die Segel mussten lediglich hoch- oder runtergezogen beziehungsweise anders positioniert werden, und das nur einige Male pro Tag, wenn überhaupt. Die Nachtschicht umfasste drei Stunden pro Nacht, und das war's dann auch. Den Rest der Zeit hatte man frei. Man konnte viel schlafen, lesen – und nachdenken.

Ich dachte auch daran, wie ich jemandem, der noch nie über den Ozean gesegelt ist, das beschreiben könnte. Allerdings denke ich, dass es vielleicht besser ist, es vorher nicht zu wissen, weil sonst viele es gar nicht versuchen würden. Also, ich versuche es mal so: Erlebnispark. Flugsimulator. Da gehst du rein, drückst auf »Start«, drehst die Turbulenzen auf etwa sechzig Prozent – und da hast du es, das Segeln. Nur musst du vierundzwanzig Stunden drinbleiben und darin kochen, essen, trinken, auf Toilette gehen sowie schlafen. Tagein, tagaus. Tagein …

Am dritten Tag klang die Seekrankheit etwas ab, sofort war ich besser gelaunt. Ich konnte sogar mehr als drei Sätze mit meinen Mitreisenden wechseln. Einmal haben wir ein Frachtschiff in der Ferne entdeckt und unterhielten uns über Funk ein bisschen mit der Besatzung. Das war zugleich auch der einzige Kontakt mit der Außenwelt in den fünf Tagen, die wir bis zu den Kokosinseln brauchten.

Die letzten zwölf Stunden waren die schlimmsten. Wir mussten die Segel einholen, um langsamer zu werden und das Einlaufen in den Hafen mitten in der Nacht zu vermeiden. Ohne Segel waren wir starken Strömungen und drei Meter hohen Wellen auf Gedeih und Verderb ausgeliefert. Das Boot schaukelte wie ein Papierboot. Die Lebensmittel fielen von den Regalen herab, Li Ti verschüttete die Soße auf den Boden, Seb versuchte zu helfen, verteilte dabei aber selbst seine Spaghetti über die halbe Küche. Wie bei einem anhaltenden Erdbeben.

Starkem Wind folgten heftige Regenschauer, und wir entdeckten bald einige undichte Stellen am Deck, durch die Wasser nach unten ins Boot

drang – zwei davon genau über meinem Schlafbänklein. Das Positive daran: Der untere Teil des Bootes war dicht. Wäre das Gegenteil der Fall gewesen, hätten wir ein viel größeres Problem gehabt.
Als wir uns der Insel näherten, wurde der Himmel heiterer. Der Regen hörte ganz auf, der Wind legte sich, und die Natur beschloss auf einmal, sich in ihrer ganzen Farbenpracht zu zeigen.
Die Besatzung wurde still, schaute sich gegenseitig an und lächelte. Man konnte ihre Gedanken lesen: Wir waren im Paradies angekommen.
Als wir vor Anker gingen, bemerkten wir kleine Haifische, die hier auf der Suche nach Essensresten herumschwammen. Wir setzten uns aufs Deck, genossen den Blick auf die Farben des Meeres, auf die Palmen in der Nähe sowie den weißen Sand und warteten auf die Zollkontrolle. Wir bemerkten ein kleines Boot unweit von uns, das mit bunten Sponsoraufklebern bedeckt war. Die Zollbeamten erzählten uns, dass das Boot nur ein Besatzungsmitglied habe, einen Holländer, der auch an diesem Morgen von Osten hierher angerudert kam.
Wir lachten und bekundeten unseren Respekt für dieses Unterfangen, zumal das schon der dritte Ozean war, den er auf diese Weise überquerte. Die Zollbeamten zeigten uns mit unmissverständlichen Gesten, dass sie den Typ ein bisschen verrückt fanden, und erzählten uns eine Anekdote. Vor ein paar Tagen, als der Mann noch mitten im Ozean war, bekam er Besuch: Einige riesengroße Haie kreisten um sein Boot herum und stießen mit ihren Schnauzen dagegen, wohl sehr neugierig auf das unbekannte Tier, das sich in ihren Gewässern tummelte.
Und wir dachten, wir wären die großen Abenteurer.
Den Rest des Tages verbrachten wir auf weichen Stränden der unbewohnten Direction Island. Das war eines der vierundzwanzig Inselchen in diesem ringförmigen Korallenriff, auf dem unzählige Kokospalmen sowie andere exotische Pflanzen wuchsen. Nur zwei Inseln sind bewohnt und zählen ganze sechshundert Einwohner.
Am nächsten Tag besichtigten wir Home Island und West Island, wo wir auf Einheimische trafen, die auf diesen tropischen Inseln wohnen. Sie unterscheiden sich überhaupt nicht von den Menschen auf dem australischen Festland. Keine Topless-Tänzerinnen, keine Blumenkränze um den Hals, keine Fruchtcocktails – ziemlich enttäuschend. Wir füllten unsere Vorräte auf, kauften aber kaum frisches Obst und Gemüse, weil es manchmal fünf Dollar pro Stück kostete! In einem Internetcafé schickte ich meinen Eltern die Nachricht, dass ich gut angekommen wäre und ungefähr

die nächsten drei Wochen, bis zum nächsten Festland, kein Internet haben würde.
Ich kann mir gar nicht vorstellen, was meine Eltern durchleben mussten, während ich auf See war, besonders, weil sie bisher verwöhnt waren und ich mich jeden Tag ohne Ausnahme gemeldet hatte.
Als wir nach drei Tagen Richtung Westen aufbrachen, war ich traurig. Nicht weil wir einen der schönsten Orte, die ich je gesehen hatte, verlassen mussten, sondern aus einem ganz anderen Grund – weil ich nämlich erstaunlicherweise von diesem Ort nicht besonders begeistert war. Zugegeben, die Kokosinseln waren vielleicht der schönste Ort, den ich bisher besucht hatte, man gewöhnte sich aber sehr schnell an diese Art von Schönheit. Nach einer gewissen Zeit wird sie zu etwas Gewöhnlichem, ja langweilt sogar. Das hätte ich nicht erwartet.
Ich war auch deswegen traurig, weil wir drei Wochen Seefahrt ohne einen Zwischenstopp vor uns hatten.

Es sind noch viele Fische im Meer, sagt eine Volksweisheit, wenn man von seinem Partner verlassen wird.
Uns gelang es, diese Theorie zu widerlegen. Nach unserer Abfahrt fingen wir während der gesamten Überfahrt zwei Plastiktüten und einen einzigen Fisch aus dem Meer, den wir – ohne Kühlschrank – sofort zum Abendessen verspeisten. Wohin sind denn die Fische verschwunden? Wo halten sie sich versteckt? Keine Delfine, keine Wale, keine Haie. Ab und zu landete mal ein fliegendes Fischlein auf unserem Deck, manchmal verfehlte uns eines um wenige Zentimeter.
In ruhigen Nächten schlief ich draußen, im Cockpit. Es war schön an der frischen Luft, ich musste nur auf die Wellen aufpassen, die manchmal heftig über uns hinwegrollten. Außer wegen der wunderschönen Sterne – für meinen verwöhnten Geschmack immer noch nicht schön genug – schlief ich im Cockpit (und verbrachte den ganzen Tag dort), weil sich im Inneren des Bootes ein unerträglicher Gestank ausbreitete. Die Ableitungspumpe war kaputt, alles war verstopft, und es stank zum Himmel. Und mein Schlafbänklein befand sich ausgerechnet neben der Quelle des Gestanks.
Zehn Tage plus die fünf, die wir bis zu den Kokosinseln brauchten. So lange brauchte ich, um mich mit der See anzufreunden. Wir fanden einen gemeinsamen Rhythmus, fingen an, miteinander zu sprechen, und wurden eins. Ich betrachtete sie nicht mehr als ein notwendiges Übel, als Hindernis, das ich zu überwinden hatte, sondern als einen großen Bruder, der mir den Weg zeigen und mir bis zu meinem Reiseziel Gesellschaft leisten will.

Das Stockholm-Syndrom. Ich freundete mich mit meinem Entführer an, mit dem Ozean. Denn die Seefahrt erinnert in vielerlei Hinsicht an ein Gefängnis. Ich war nie in einem, kannte es aber aus dem Fernsehen. Letzten Endes entwickelte ich eine Theorie darüber, dass ein Gefängnis viel besser sei als eine Ozeanüberfahrt. Von einem Schiff kommst du nicht weg, genauso wenig wie aus einem Gefängnis. Du teilst den Raum mit Menschen, die du dir nicht ausgesucht hast, genauso wie im Gefängnis. Du zählst die Tage, die dich von der Freiheit beziehungsweise dem Festland trennen, genauso wie im Gefängnis. Auf einem Schiff musst du selbst kochen, im Gefängnis nicht. Ein Pluspunkt für den Knast! Im Gefängnis wird öfter mal Fisch gegessen, also zwei Pluspunkte. Das Gefängnis wackelt nicht ständig, drei Punkte. Kein Sturm, bei dem du dich fragst, ob du lebend davonkommst. Vier Pluspunkte. Kein Blitz, der das Schiff treffen und einen Schaden anrichten könnte, bei dem man das Schiff – hier zitiere ich meinen Kapitän – ruhig mitten im Ozean lassen kann. Auf dem Schiff gibt es keine Besuche. Keine Kommunikation mit der Außenwelt. Duschen kannst du durchschnittlich einmal in fünf Tagen, meistens mit salzigem Wasser, sodass die Seife ziemlich nutzlos ist. Jetzt haben wir schon acht Pluspunkte. Etwas Positives gibt es aber, es lauert keiner hinter deinem Rücken, wenn du nach der Seife greifst. Ein Pluspunkt für das Leben auf einem Schiff!

Es ist eigentlich gar nicht so schwer, auf einem Schiff zu leben, es ist eher eintönig. Obwohl sich die Überquerung eines Ozeans nach dem Abenteuer deines Lebens anhört, dem Abenteuer überhaupt, nach etwas Romantischem – ist sie das jedoch nicht. Müsste ich diese Erfahrung mit einem Wort beschreiben, fällt mir als Erstes Monotonie ein. Ich las Herr der Ringe *zu Ende, dazu noch einige vom Kapitän geliehene Bücher, und trotzdem blieb mir noch Zeit für die Redaktion meiner Videoclips.*

Es waren lange achtzehn Tage vergangen, als wieder Land in Sicht kam. Mauritius! Wir liefen in den Hafen ein, erledigten die Zollformalitäten, und ich bekam einen Stempel in meinen Pass, mit dem ich maximal fünfzehn Tage bleiben durfte. Während ich mir die Stempel verschiedener Staaten anschaute, fiel mir etwas auf, was ich mir früher nie vorstellen konnte, dass es einmal passiert: Bald gab es keine leere Seite mehr in meinem Reisepass.

Mit dem Reisepass fiel mir zuerst ein, dass ich meine Eltern anrufen musste. Zum ersten Mal war achtzehn Tage lang Funkstille. Mein Rekord waren bis dahin fünf Tage, während der ersten Etappe von der Weihnachts- zu den Kokosinseln.

Das Handy meiner Mutter klingelte einige Male zu oft. Mein Vater hob ab. Früher meldete er sich nie auf ihrem Handy. In Sekundenschnelle schossen dunkle Gedanken durch meinen Kopf. Was mag in dieser Zeit bloß passiert sein? Sehr schnell, bereits nach einigen Worten, vermutete ich, dass meine Mutter einfach eine unbekannte Nummer auf ihrem Handy gesehen hatte und aus Angst nicht abheben wollte. Und so drückte sie ihr Handy meinem Vater in die Hand. Der verlorene Sohn, der Seemann, ist heil und gesund! Sie hatten sich gerade Sorgen gemacht, weil ein heftiger Sturm die Küste der USA verwüstet hatte. Dass ich auf einem ganz anderen Ozean war, kam ihnen nicht in den Sinn.

Nach unserem Telefonat erfüllte ich mir meinen zweitgrößten Wunsch und schlug mir den Bauch mit Essen und Getränken voll. Immerhin lebte ich achtzehn Tage lang von Spaghetti mit Tomatensoße. Also mussten jetzt Fast Food, frisches Obst und Gemüse, kaltes Wasser und Eis her. Ich fühlte mich wie ein Kind im Spielzeugladen.

Ich kehrte zurück an Bord. Wir drei Laufburschen putzten das Boot, während der Kapitän zu einer Werkstatt ging, um unsere Segel reparieren zu lassen, bevor wir weiterfuhren. Die Entscheidung war gefallen, wir würden mindestens eine Woche auf Mauritius bleiben.

Sobald das Boot sauber war, vielleicht sogar schon ein wenig früher, schnappte ich meinen Rucksack, verabschiedete mich von meiner Bootsfamilie und machte mich auf den Weg zu meiner neuen Couchsurferfamilie. Maja und ihr Mann Xavier, ein serbisch-mauritisches Paar, waren meine Gastgeber. Wir lächelten zur Begrüßung, umarmten uns und gingen zum nächsten Supermarkt Bier kaufen – ich fühlte mich sofort wie zu Hause. Dann gab es Brot und Käse. Ich ging mit zur Geburtstagsparty von Xaviers Schwester. Am Abend legte ich mich in ein großes, nicht wackelndes Bett. Unendliches Glück.

Am nächsten Tag zogen wir in das Haus von Xaviers Großeltern um. Es lag direkt am Strand, und dort ruhte ich mich die nächste Woche aus, ab und zu machte ich einen Ausflug, zum Beispiel mit dem Kajak zu einer Insel, die zum Naturpark erklärt wurde. Ich ging mit ihren Freunden zum Abendessen, zu einer Strandparty mit Trommeln und Lagerfeuer und Ähnliches. Mauritius erkundete ich nicht besonders, über die Geschichte und Kultur dieses Inselparadieses informierte ich mich kaum. Höchstwahrscheinlich hätte es auch nichts Neues zu sehen gegeben.

Ein Spaziergang durch die Stadt versetzte mich ins altbekannte Chaos. Ich fühlte, dass ich in Afrika war, keine Spur von der Ordnung und Sauberkeit Australiens, die Straßen bunt, mit mehr oder weniger verlocken-

den Düften und laut. Die Menschen starrten mich neugierig an, man sprang in die fahrenden Busse ein und aus, alle verkauften irgendetwas. Das hatte ich doch schon einmal gesehen. Ich begriff, dass Afrika eine Kopie von Asien mit minimalen Unterschieden war. Plötzlich war ich wieder ein reicher weißer Tourist, im Unterschied zum Penner, als der ich auf Reisen durch Europa und Australien galt. Ein Image, das ich zu schätzen lernte.
Ich war mir aber nicht ganz sicher, ob ich wieder ein reicher weißer Tourist sein wollte. Auf Mauritius bekam ich das Angebot eines anderen Kapitäns, auf seinem Katamaran von Südafrika in die Karibik zu fahren, nur wenige Wochen nach der Ankunft auf dem afrikanischen Kontinent. Dort würde man mich nicht unbedingt für einen reichen weißen Touristen halten. Ich könnte innerhalb von wenigen Monaten meine Spanischkenntnisse verbessern, und Sprachkenntnisse kann man ja immer gut gebrauchen. Andererseits bedeutete das einen Verzicht auf eine Reise durch Afrika. Und mindestens weitere anderthalb Monate auf dem Ozean. Am wichtigsten war aber, dass ich in diesem Fall auch meine Verabredung in Kenia absagen müsste.
Ich dachte einige Tage darüber nach und traf eine endgültige Entscheidung. Ich würde einige Monate in Afrika verbringen und diesem Abenteuer eine Chance geben. Ich hatte keine Lust auf eine lange Seereise, auch wenn ich so wahrscheinlich die Chance verpassen würde, den zweiten Ozean zu überqueren. Genauso wie die Chance, auf jenen Kontinent zu gelangen, der mich immer schon am stärksten angezogen hat. Alles würde sich schon irgendwie so ergeben, wie es sein soll – so wie immer.
Die Segel waren repariert, unsere Nahrungsmittelvorräte aufgestockt, und ich hatte einen neuen Stempel in meinem Reisepass. Nun waren wir wieder auf offener See. Bis Durban, zur Ostküste Südafrikas, würden wir wohl zwei Wochen brauchen. Vor dieser Etappe fürchtete sich unser Kapitän am meisten. Er meinte, südlich von Madagaskar würden wir wie in der Trommel einer Waschmaschine herumgewirbelt werden.

Ich schloss mein schwarzes Heftchen und dachte darüber nach, wie ich gerade den letzten Monat auf wenige Seiten Text reduzierte, die jemand in nur zehn Minuten gelesen haben wird.

Was für eine Illusion, eigentlich. Fotos von der Reise, Filme, Blogs und ein Status in Facebook – das ist alles. Die Fotos kannst du bearbeiten, die Videoaufnahmen editieren, die Geschichten verkürzen und nur die interessantesten Teile erzählen. Aber nie kannst du den Augenblick fotografieren, in dem du etwas zum ersten Mal gesehen hast, nie dein Gefühl in diesem

Moment festhalten. Du kannst kein authentisches Video machen, weil die Tatsache, dass etwas gefilmt wird, den ganzen Kontext der Situation ändert und so Freiheit und Natürlichkeit verloren gehen. Ich werde keine einzige Geschichte so erzählen und vermitteln können, wie sie sich tatsächlich abgespielt hat, mit der Intensität und den Gefühlen, die ich in diesem Moment verspürte.

Die echte Wahrheit und die echte Schönheit sind Dinge, die sich zwischen diesen Fotos, Filmen und Erzählungen abspielen. Alles, was man mit einem Fotoapparat, einer Kamera oder einem Kugelschreiber nicht erfassen kann. Alles, was man nicht erzählen kann.

Ich legte mein Heftchen zur Seite und beobachtete den Ozean.

Tag 1000

Meine Erzählungen von der Überquerung des Indischen Ozeans hielt ich knapp und zeigte lieber ein kurzes Vierminutenvideo, das viel besser verdeutlichte, wie das Ganze eigentlich aussah. Immerhin brauchte ich auch eine Pause von der ganzen Rederei.

Ich schaute kurz auf mein Handy und sah, dass ich eine E-Mail bekommen hatte. Von Chloe.

Ohne sie zu lesen, steckte ich das Handy zurück in meine Hosentasche, nahm noch einen Schluck Wasser und machte mich für die Fortsetzung meines Vortrags bereit.

»Fünfundvierzig Tage nach der Abreise von der Weihnachtsinsel kam ich in der Südafrikanischen Republik an«, sagte ich und zeigte mein nächstes Foto, auf dem ich den Boden küsse. »In Südafrika hielt ich mich nicht allzu lange auf, nur einige Tage, doch lange genug, um meinen Aufenthalt in einem luxuriösen Schwulenhotel zu genießen, das ich über CS gefunden hatte. Normalerweise werden dort ausschließlich Homosexuelle aufgenommen, aber ich war wohl sympathisch genug, um eine Ausnahme zu machen.«

Für immer und ewig werde ich mich an meine Ankunft in dem kleinen Hotelzimmer und an das saubere weiche Bett erinnern. An die Dusche im Badezimmer aus Marmor nach sechs Wochen, in denen ich mich nur mit Salzwasser auf dem Schiffsdeck abspritzte. Diese Erfahrung blieb mir als einer der Höhepunkte meiner ganzen Reise bis heute im Gedächtnis. Was das Fehlen von für uns grundlegenden Dingen wie einem Bett oder einer Dusche mit einem Menschen machen kann. Wir freuen uns darüber, und es lehrt uns zugleich, die kleinen Dinge zu schätzen.

»Nach Südafrika besuchte ich Swasiland, ein kleines Königreich, das kurz zuvor dank eines neuen Gesetzes weltweit bekannt wurde. Laut diesem Gesetz wurde Hexen das Fliegen über fünfhundert Fuß untersagt, um den Luftverkehr nicht zu behindern.«

Von meiner Gastgeberin, der einzigen weißen Freiwilligen in Ngomaneu, einem kleinen Dorf im Nordosten des Landes, erfuhr ich viele andere interessante Fakten aus dem Alltag in Swasiland. Zum Beispiel ist es ein Land mit einer der schrecklichsten Statistiken, von der ich je gehört habe. Mehr als ein Viertel der Bevölkerung ist mit HIV infiziert.

Als einzige weiße Frau in der Nachbarschaft steht sie natürlich immer im Rampenlicht. Mindestens zehnmal wöchentlich bekommt sie Heiratsanträge, und jeder von ihren Verehrern verspricht ihr eine Kuh mehr. Bei jeder Eheschließung muss der Vater des Bräutigams nämlich eine bestimmte Anzahl an Rindern abgeben, um seinem Sohn eine Frau zu kaufen.

Bis jetzt nahm sie kein Angebot an und verriet mir einen ihrer Gründe. In der Nacht vor der Hochzeit lädt der Mann seine zukünftige Frau zu sich nach Hause ein, aber wenn sie einschläft, schleicht er sich aus dem Haus, und an seiner Stelle kommen die Frauen aus seiner Familie. Sie ziehen das arme Mädchen aus, stecken es in die traditionelle Kleidung, geben ihm einen Speer und bemalen sein Gesicht. Dann bringen sie das Mädchen an einen Ort, an dem die Tränke für die Rinder steht, und misshandeln es, bis es in Tränen ausbricht. Denn sobald sie verheiratet ist, sind keine Tränen mehr erlaubt. *Ich hab meine Schulden beglichen, bin wieder in Schulden*. Diese Worte muss die zukünftige Frau ununterbrochen wiederholen, das symbolisiert das Verlassen ihrer Familie und das Ankommen in einer neuen. Mit diesem schönen Brauch begrüßen die Frauen gemeinsam die Dämmerung, und am nächsten Tag kann die Hochzeit beginnen.

Im Zusammenhang mit der Ehe gibt es noch eine weitere interessante Sache in Swasiland: das jährliche Festival der Jungfrauen. Tänzerinnen tanzen oben ohne jedes Jahr vor dem König, der am Ende der Parade eine von ihnen zu seiner neuen Frau nimmt. Der König, der als der letzte absolute Monarch in Afrika bekannt ist, hat derzeit vierzehn Frauen, denen er ständig nette Geschenke kauft, teure Reisen ins Ausland spendiert oder dergleichen bezahlt. Ein bisschen verschwenderisch für ein Land, in dem zwei Drittel der Bevölkerung in Armut und Elend leben. Doch das hindert die Mädchen und jungen Frauen nicht daran, sich jedes Jahr in einer beeindruckenden Anzahl zu versammeln (2012 waren es achtzigtausend) und Rufe zu skandieren wie *Ich bin eine Jungfrau, komm und überprüfe meine Reinheit!* oder *Wir wollen keine politischen Parteien in Swasiland!*

Die krasseste Gehirnwäsche, die es je gab.

»Nach Swasiland besuchte ich Mosambik, wo ich auch nicht lange blieb«, wandte ich mich an mein Publikum und zeigte das Foto eines Lastwagens, unter dem ich eine Nacht verbracht hatte.

»Das passierte nach einem Tag, an dem ich fast tausend Kilometer zurückgelegt hatte, den Großteil mit einem Fahrer, der nur halb wach war, da er die letzten vierzehn Stunden ununterbrochen auf Achse gewesen war. Um ihn wach zu halten, stellte ich ihm unzählige Fragen, unterhielt ihn mit Geschichten und wiederholte sein Lieblingslied auf der CD. Er ließ mich in der Mitte eines Dorfes um Mitternacht aussteigen und gab mir eines mit auf den Weg: ›Seien Sie vorsichtig!‹«

»Die Straßen waren staubig, es gab kein Licht, man hörte nur einheimische Volksmusik aus einer lokalen Bar. Ich vermied neugierige Blicke der vorbeilaufenden Leute, die meisten mit einem Bier in der Hand, fand die Polizeistation und lernte den Wachmann kennen. In der Nähe bemerkte ich einen liegengebliebenen Lkw, dessen Anhänger ideal für meine selbstaufblasbare Schlafmatte war, und schlief schnell ein. Kurz darauf weckte mich ein leichter Nieselregen, so verkroch ich mich unter den Anhänger, wo es bis zur Morgendämmerung mit Ausnahme eines neugierigen Hundes keine weiteren störenden Faktoren gab.

Ich liebe dieses Foto aus einem bestimmten Grund«, fuhr ich mit der einzigen Geschichte fort, die ich aus Mosambik hatte. »Leute fragen mich oft, wo die originellsten oder die gefährlichsten Orte sind, an denen ich während der Reise schlief. Meine häufigste Antwort ist: unter einem Lkw in Mosambik. Klingt gefährlich, nicht wahr? Die meisten Menschen reagieren so: *Ich könnte so was nie.*« Die Sache ist, dass dies alle könnten, wenn sie es müssten. Wenn mir jemand fünf Jahre davor dieses Foto gezeigt hätte, hätte ich wahrscheinlich genauso reagiert und gesagt, dass ich so was nie tun könnte. Beim Reisen gibt es kaum etwas, einschließlich des Schlafens unter einem Lkw, was besonderen Mut erfordert. Man muss nur unfreiwillig mitten in der Nacht in einem Dorf stehen und pragmatisch die einfachste und sicherste Lösung zum Übernachten finden.

»Danach reiste ich nach Malawi weiter, wo ich endlich etwas länger blieb.«

Tag 463

»Mister Kanyenya!«, begrüßten mich meine Freunde fröhlich, als ich sie auf der Straße traf.

»Hallo, alle zusammen!«, sagte ich, als ich neben der großen Zinnwanne stand, in der Ziegenfleischstücke brieten. Ich deutete auf ein Stück Fleisch, das ich gerne wollte. Der Koch holte es aus der Mitte der Wanne, legte es auf den Rand, schnitt es in kleinere Stücke, bestreute es mit Salz und gab mir eine Gabel.

Jeden Tag, ohne Ausnahme, sammelte sich auf der staubigen Straße, nur einige Meter vom Feriencampeingang entfernt, eine Menschentraube, um mit einem Gespräch und Snacks in den Tag zu starten. Das Morgenmenü bestand immer aus Lebensmitteln, die schnell verderben, also aus Innereien, aber im Laufe des Tages kamen auch die anderen Teile des frisch geschlachteten Tieres an die Reihe.

Dieses Fleisch, oder genauer gesagt die Art der Zubereitung, wurde *Kanyenya* genannt. Da ich jeden Tag zu diesem Ort kam, nannten sie mich bald *Mister Kanyenya*. Es war mein erster afrikanischer Name. In Wirklichkeit mein zweiter. Bis dahin nannten sie mich, wie jeden Weißen, einfach *Muzungu*. Mit einem exklusiven Namen fühlte ich mich in Afrika zum ersten Mal wohl. Als ob ich, zumindest teilweise, auch dazugehörte.

Bis zur Ankunft in Cape Maclear war mein größter Wunsch, schwarz zu sein. Wo auch immer ich hinkam, richteten sich die Augen der Einheimischen auf mich. Ich kannte es schon aus Asien, aber dort gibt es unzählig mehr weiße Touristen, sodass helle Haut dort kein so sensationelles Phänomen ist wie in weiten Teilen Afrikas.

Auf meinen Reisen versuchte ich immer, mich anzupassen und wie ein Einheimischer zu sein. Ich wollte mich in der neuen Umgebung selbst zurechtfinden und unauffällig bleiben. Hier war das so gut wie unmöglich. Du bist immer etwas Besonderes, bist immer anders und auffällig, bist immer ein reicher weißer Tourist. Der Unterschied ist mehr als offensichtlich, und die einzigen Orte, an denen man das Gefühl hat, dazuzugehören, sind Orte, wo sich Angehörige deiner Rasse befinden oder zumindest Menschen, die deine Sprache sprechen. Ansonsten gibt es, wo auch immer du auftauchst, eine Reaktion. Selbst wenn es eine positive Reaktion ist, bleibt es dennoch eine Reaktion, und dir ist glasklar, dass du hier nicht hingehörst.

Eine Ausnahme ist, wenn du länger an einem Ort bleibst. Du lernst ein bisschen die Sprache, mit der Zeit kleidest du dich wie ein Einheimischer, isst lokale anstatt westliche Speisen und fängst an, die dortige Alltagsroutine zu übernehmen.

Das war genau das, was ich am Ufer des Malawisees versuchte. Ich meisterte die Grundlagen der Sprache Chichewa, jeden Tag trug ich dieselbe Kleidung und aß *Kanyenyu*. Ich hörte sogar auf, Antimalariatabletten zu schlucken. Die können die Krankheit nicht verhindern, können jedoch schreckliche Nebenwirkungen haben – um es milde auszudrücken. Da die Einheimischen auch keine Tabletten schlucken, solange sie nicht mit Malaria infiziert sind, entschied ich mich, es genauso zu machen.

Neben all diesen Bemühungen, zum Einheimischen zu werden, spielte ich sogar *Bao*.

»Gehen wir spielen?«, fragte mich Moses, einer meiner *Kanyenya*-Freunde, nachdem wir uns satt gegessen hatten.

Ich folgte ihm ins Camp und setzte mich an den Tisch. Vor uns lag ein Holzbrett mit zweiunddreißig Löchern und vierundsechzig Steinen. Da ich im Dorf Einheimische sah, die den ganzen Tag *Bao* spielten, war ich entschlossen, es zu lernen und jeden Tag ein bisschen besser zu werden. Alles nur, *um mich heimisch zu machen*. Und, natürlich, um die Zeit totzuschlagen, die im typischen afrikanischen Tempo verging – sehr langsam.

Moses war mein Lehrer, der mit seinen Bewegungen und seinem Körperbau unleugbar an Kareem Said aus der Serie *Oz* erinnerte. Er war geheimnisvoll, ruhig und bescheiden, ständig nippte er an einem Importbier, was ein Zeichen dafür war, dass er kein gewöhnlicher Einheimischer war. Die meisten anderen tranken das einheimische Bier aus Kartons, die vor Gebrauch geschüttelt werden mussten. Moses lehrte mich die verschiedenen Taktiken des Spiels und verbrachte Stunden in meiner Gesellschaft. Wir sprachen über das Leben in Kroatien, über das Leben in Malawi und über das Leben in Cape Maclear.

»Manchmal bedauere ich, dass der Tourismus in unserer kleinen Stadt angekommen ist«, sagte er, während er zum wiederholten Male gewonnen hatte und die Steine wieder in die Ausgangsposition legte.

»Warum?«, fragte ich neugierig und überrascht. Für mich sah es so aus, als ob der Tourismus diesem Dorf eine Menge guter Dinge gebracht hätte. Die örtliche Wirtschaft hat sich weiterentwickelt, und der Lebensstandard der einfachen Menschen ist besser geworden.

»Ich gebe dir ein Beispiel«, führte er aus und machte den ersten Spielzug des neuen Spiels. »Du kennst die Kinder, die auf improvisierten Instrumenten spielen und mit putzigen Versionen westlicher Songs Touristen unterhalten?«

»Natürlich, sie kommen jeden Tag hierher«, sagte ich. »Sie sind großartig, singen und spielen gut, bemühen sich, sind kreativ. Ich gab ihnen ein paar Münzen, damit sie sich ein anständiges Mittagessen kaufen konnten.«

»Diese Kinder gehen wegen dir und Menschen wie dir nicht zur Schule«, sagte er.

»Wie meinst du das?«

»Wer würde denn zur Schule gehen, mit der man erst nach zehn Jahren fertig sein wird, wenn man schon jetzt mehr als die Erwachsenen um einen herum verdienen kann, allein dadurch, dass man für reiche Touristen den Narren spielt?«, argumentierte er. »Kurzfristig gesehen, ist es nicht schlecht, dass sie auf diese Art und Weise Geld verdienen und ihre Familie unterstützen, aber auf lange Sicht zerstören sie so ihre eigene Zukunft. Nach einigen Jahren werden sie keine süßen Kinder mehr sein, die Touristen unterhalten, sondern ungebildete Erwachsene, höchstwahrscheinlich alkoholsüchtig, und trauern beim warmen Bier aus Kartons den guten alten Zeiten nach. Wie diese *Beach Boys* da.«

In diesem Augenblick gingen zwei Einheimische an uns vorbei, die ihren Lebensunterhalt damit verdienen, dass sie den ganzen Tag den Strand entlangspazieren und Touristen belagern. Sie warfen einen Blick auf den Strand und suchten nach Ausländern, die aber alle noch im Reich der Träume waren. Sie bemerkten Moses und mich, sprachen kurz miteinander und gingen dann weg. Sie waren gut organisiert, aufgeteilt in zehn Gruppen mit je zehn Personen. Da es in Cape Maclear zehn Ferienanlagen gibt, wechseln sie jede Woche durch und arbeiten vor jeder Anlage. Sie sind ausgezeichnet geschult, aber schrecklich langweilig. Obwohl ich schon seit einigen Tagen hier war, versuchten sie ständig, mir die gleichen Sachen zu verkaufen.

»Diese Kinder sind nur ein Beispiel, vielleicht banal und unschuldig«, setzte Moses fort. »Aber das Geld aus dem Tourismus kommt nur bei wenigen Menschen an, die ihren Gewinn dann doch für Alkohol oder Prostituierte ausgeben. Der Großteil vom Rest der Bevölkerung betrachtet den Tourismus mit wenig Begeisterung. Oft bringt er mehr Schaden als Nutzen.«

»Wie könnte man das ändern?«, hakte ich nach einem weiteren schnellen Spiel und einer Niederlage nach.

Seine Theorie gab mir zu denken. Schadet unser Verhalten ihrer Gemeinschaft, auch wenn unsere Absicht gut ist? Wenn wir einem Bettler auf der Straße Geld geben, entmutigen wir ihn so, einen Job zu suchen, oder finanzieren wir dadurch sogar die Mafia, die oft dahintersteckt? Wenn wir Geld für eine humanitäre Aktion sammeln, ist das dann für den Staat, der eigentlich für die Lösung solcher Probleme zuständig wäre, ein Zeichen, nichts tun zu müssen, weil ja wir einfachen Menschen schon versuchen, etwas zu tun? Wenn wir Geld für wohltätige Zwecke oder die Kirche spenden, wissen wir genau, wohin es fließt? Können wir uns sicher sein, dass es für einen guten Zweck verwendet wird?

»Nur durch eine Änderung der Denkweise«, antwortete er schlicht. »Auch wenn es nicht immer einfach ist, müssen die Menschen über ihr Tun nachdenken und versuchen vorauszusehen, was für Reaktionen sie dadurch auslösen.«

»Wie würde das am Beispiel von Cape Maclear aussehen?«, fragte ich und wollte einen konkreten Vorschlag hören.

»Sehr einfach«, sagte er. »Wir sollten direkt den Menschen helfen, die in der Regel nur kleine Krümel des Gewinns aus dem Tourismus abbekommen, und andere ermutigen, das Gleiche zu tun.«

»Warum machen das die Leute hier nicht und stellen zusammen was auf die Beine?«, fragte ich weiter.

»Der Wettbewerb wäre schlecht fürs Geschäft«, lachte er, und mit dem Blick zum nächsten *Beach Boy*, der vom Strand kam, gab er mir zu verstehen, was er damit meinte.

Am nächsten Tag sprach ich mit den Gästen des Camps über das gleiche Thema. Ich ermutigte sie, ihr Geld bewusster auszugeben, und wies auf all die Läden und Orte hin, die sie während des Aufenthalts besuchen könnten, und gab ihnen Tipps, wie viel sie wofür bezahlen sollten.

Angeregt durch meine gute Beziehung zu den Gästen, aber auch durch die Schwierigkeiten im eigenen Unternehmen, bot mir die Campbesitzerin die Stelle eines Assistant Managers an, im Austausch für freie Kost und Logis. Ohne nachzudenken, nahm ich das Angebot an. Ich wollte Dinge verändern, und jetzt bekam ich eine Chance. Ich trommelte sofort das Camppersonal zusammen, wie damals am Gymnasium, und fragte sie nach ihren Vorschlägen zur Verbesserung der Geschäftssituation. Vielleicht könnten wir den Touristen Dienstleistungen und Produkte in einem eigenen Laden anbieten und so die Vermittlung durch die *Beach Boys* vermeiden? Wie könnte man die Zusammenarbeit zwischen Inhabern und Mitarbeitern verbessern? Das Hauptproblem war allerdings, dass von Zeit zu Zeit Geld, Bierkisten, Lebensmittel, Früchte und dergleichen verschwanden. Alle waren zurückhaltend und vorsichtig mit ihren Vorschlägen. Die Probleme mit der Chefin rechtfertigten sie mit mangelndem Vertrauen in sie.

Und so drehten sich die Dinge im Kreis.

Die Tage vergingen. Je mehr ich versuchte, die Situation zu ändern, umso schwieriger wurde meine Beziehung zum Personal des Camps. Distanzierter, ja sogar feindlicher. Ich nahm an, dass sie mit der aktuellen Situation ganz zufrieden waren, sie konnten immer wieder etwas stehlen und der alten Chefin die unterschiedlichsten Geschichten auftischen, weil diese völlig machtlos war. Doch ich wollte nicht nachgeben. Ich beschloss, so lange wie möglich zu bleiben und wenigstens einige Änderungen durchzubringen. Ich konnte mir auch vorstellen, jemanden bei einer Lüge oder einem Diebstahl zu erwischen, ihm zu kündigen und von Grund auf mit neuen Leuten und neuen Regeln von vorn anzufangen.

Und es ging bis zu jenem Morgen, als ich auf schmerzhafte Art und Weise auf den Boden der Tatsachen zurückgeholt wurde.

»Mister Kanyenya!«, rief mir einer der *Beach Boys* beim Frühstück zu. »Komm, reden wir ein wenig miteinander.«

Sie standen am Strand, zehn in der Reihe, und warteten auf mich. Ich hätte ahnen können, was jetzt kommen würde.

Ich stand vom Tisch auf, nahm den Teller mit meinem Frühstück mit und ging, immer noch kauend, auf sie zu. Gemächlich, entspannt und sorglos. Soweit ich es konnte.

»Wir haben gehört, dass du beschlossen hast hierzubleiben, das Camp zu führen und einige Dinge zu ändern«, begann der hinterlistige Anführer der Gruppe.

»Ja, die Besitzerin gab mir einen Job, um das Geschäft des Camps zu verbessern«, antwortete ich lächelnd – mit dem Frühstück zwischen den Zähnen. »Und ich mag Cape Maclear und die Menschen hier.« Ich sah sie an, um klarzumachen, dass ich dabei auch an sie dachte. Mein Sarkasmus blieb hoffentlich verborgen. Ich wollte kein Öl ins Feuer gießen.

»Schau, Junge«, setzte der Anführer fort. »Wir machen hier seit Jahren Geschäfte. Wir verdienen unseren Lebensunterhalt und ernähren unsere Familien damit, dass wir Souvenirs, Bootsfahrten, Barbecue-Partys am Strand und Ähnliches an Touristen verkaufen. Und auf einmal kommst du, *Muzungu*, willst ein Einheimischer werden und verdirbst uns, wenn du mit deinem kleinen edlen Projekt weitermachst, unsere Jobs. Wir haben uns hier versammelt, um mit dir darüber zu sprechen und dich höflichst zu bitten, damit aufzuhören.«

Sein Sarkasmus blieb mir nicht verborgen.

»Ihr verlangt von mir, dass ich meine Arbeit als Assistant Manager schlecht mache?«, fragte ich. »Ich soll meinen Arbeitgeber sabotieren und die Touristen belügen, wenn sie mich nach fairen Preisen für bestimmte Produkte und Dienstleistungen fragen?«

Für einen Moment dachte ich darüber nach, wie es wäre, mit ihnen zusammenzuarbeiten. Vielleicht könnte ich *auf die dunkle Seite* wechseln. Was würde geschehen, wenn ich mich ihnen anschließen würde, wir gemeinsam das Geschäft mit den Touristen machen und ich meinen Anteil bekommen würde? Sie bekämen einfacher neue Kunden, weil die Touristen eher einem von ihnen glauben. Wir wären die ideale Kombination und könnten gemeinsam das einfach verdiente Geld für Alkohol und Prostituierte ausgeben.

»Nein, wir verlangen nichts von dir«, antwortete der Mann beschwichtigend. »Wir wollen dir nur sagen, wie die Dinge in Cape Maclear laufen. Wir sind diejenigen, die hier die Fäden ziehen. Wir kontrollieren alles. Übernachtungsplätze, die lokalen Geschäfte, die Polizei. Es wäre eine Schande, wenn wir gezwungen wären, einige unschöne Schritte zu tun, um unsere Arbeitsplätze zu schützen.«

Er zwinkerte mir zu, gab seiner Gruppe ein Zeichen, ihm zu folgen, und ging hinunter zum Strand. Der Übergang vom Sarkasmus zur Bedrohung war schnell und schmerzhaft.

Ich setzte mich in das verlassene Boot am Strand und drehte mir eine Zigarette. *Malawi Gold*, eines der Produkte, das die *Beach Boys* in kleinen Beuteln zu hohen Preisen anbieten, obwohl sich mit etwas Aufwand und ein paar Kontakten auch diese Vermittlung vermeiden ließe.

Es dauerte nicht lang, bis ich es verstand. Ich hatte dort nichts zu suchen. Ich konnte dort nichts ändern. Ich war nur ein Durchreisender. Egal, welche Ideen ich entwickeln würde, edle oder revolutionäre, bald würde ich ohnehin wieder verschwinden. Um Dinge zu ändern, benötigt man viel mehr. Mehr Anstrengung, mehr Zeit, bessere Kenntnis der tatsächlichen Probleme und mögliche Lösungen. Hier, in der Mitte des Schwarzen Kontinents, wäre eine Tracht Prügel das Einzige, was ich bekommen könnte. Im besten Fall. Im schlimmsten Fall könnten es ein Anruf bei der örtlichen Polizei und kostenfreie Unterkunft hinter Gittern sein.

Und wegen des baldigen Treffens in Kenia konnte ich mir das wirklich nicht erlauben.

Tag 1000

»Neben Cape Maclear besichtigte ich noch andere Orte in Malawi«, führte ich meinen Vortrag fort. »Ich besuchte abgelegene Dörfer, blieb bei Einheimischen hängen, spielte mit süßen Kindern auf der Straße.«

Die letzten Tage in Malawi verbrachte ich in meinem Zelt, in Gesellschaft unzähliger Glühwürmchen, und wartete auf ein Boot, mit dem ich auf die Ostseite des Sees, nach Tansania, übersetzen konnte. In einer nahe gelegenen Herberge traf ich einen Israeli, der dort schon seit mehreren Monaten das tat, was ich in Cape Maclear tun wollte. Er führte die Herberge gegen freie Kost und Logis.

»Wie kommst du mit all den Herausforderungen klar?«, fragte ich ihn eines Abends, als wir *Bao* spielten, nachdem ich ihm von meiner kurzen Managerepisode erzählt hatte.

»Nicht so gut«, antwortete er mit einem schiefen Lächeln. »Kurz nachdem ich angefangen hatte, bat ich einen Kellner, etwas häufiger zu den Gästen zu gehen und zu fragen, ob sie etwas trinken wollten. Da er aber faul war, habe ich ihn nach einigen Verwarnungen gefeuert. Einige Tage später stand die Polizei vor meiner Tür. Sie durchsuchten das Zimmer, fanden drei Samen Marihuana und nahmen mich fest.«

»Drei Samen?«, fragte ich.

»Drei Samen«, wiederholte er. »Es war ihnen egal, dass ich zu diesem Zeitpunkt gerade durch die Hölle ging, da ich Malaria hatte. Sie wollten mich erst dann gehen lassen, wenn ich versprach, zwanzigtausend Kwacha zu zahlen, was hier durchaus eine bemerkenswerte Summe ist.«

»Gut, dass ich rechtzeitig gegangen bin«, sagte ich erleichtert und atmete tief durch.

Während meiner Wartezeit spielte ich *Bao* mit dem neuen Kellner in der Herberge, lernte ein Paar kennen, das von Kapstadt nach Kairo zu Fuß unterwegs war (bis nach Malawi brauchten sie zehn Monate), und begegnete einem Mädchen, das provokativ an einem Lutscher leckte. Als ich es nach dem Weg und der Entfernung zu einem Ort fragte, bekam ich zur Antwort: »Zweitausend.« Vermutlich war ihr Englisch nicht besonders gut, aber ich verstand sofort, was mit »Zweitausend« gemeint war.

»Die Grenze zwischen Malawi und Tansania überquerte ich in einem Boot«, ging ich zum nächsten Bild über. »Und zwar illegal, in der Gesellschaft von Zuckerschmugglern.«

Es war mein erster Kontakt mit Swahili und einem Ausdruck, der Afrika vielleicht am besten beschreibt: *Pole pole*. Die Übersetzung wäre in etwa folgendermaßen: Langsam, nur ein bisschen, es hat Zeit, hab Geduld.

Als ich am Samstag mit meinem Rucksack am Grenzübergang stand, bereit, den See zu überqueren, war kein Zollbeamter im Dienst. Das bedeutete, dass ich weder einen Stempel in den Pass bekommen noch Malawi verlassen konnte. *Pole pole*. Der Sonntag war kein Arbeitstag – weder für Zollbeamte noch für Schmuggler. *Pole pole*. Am Montag konnte ich mit einer Abfahrt sowie einem Zollbeamten im Dienst rechnen. Dann kam aber ein Sturm, begleitet von einem heftigen Regenguss. *Pole pole*.

Am Dienstag gelangte ich endlich auf die tansanische Seite des Sees. Das Ufer war voller Menschen, die damit beschäftigt waren, im Schutz der Nacht die Lastwagen mit Zucker zu beladen. Es gab keine Spur von einer Behörde, geschweige denn von einem Zollbeamten, der mir ein Visum ausstellen konnte.

Pole pole.

Tag 496

Ich denke, dass es Zeit ist, nach Hause zurückzukehren.

Ich lag noch immer auf einem Bett irgendwo in der Mitte Tansanias, und der Satz hat mich geschockt, obwohl ich ihn selbst geschrieben habe.

Und ich schrieb weiter.

Ich habe keine Lust mehr zu reisen. Ich möchte keine neuen Plätze mehr entdecken. Ich möchte nicht mehr nur schlampig und im Vorbeigehen neue Leute kennenlernen. Ich möchte nicht mehr in Afrika bleiben, wo ich zu offensichtlich ein Ausländer bin. Ich habe keine Energie mehr. Keine Motivation. Keine Inspiration. Nichts macht mehr Sinn.

Ich habe vier Kontinente bereist. Bin über den Indischen Ozean gesegelt. Ich fand einige Orte, die ich ein Zuhause nennen könnte. Ich besiegte meine eigenen Ängste, lernte unglaubliche Menschen kennen. In dieser Zeit lernte ich viel mehr als in den acht Jahren meines Studiums. Ich kostete die unterschiedlichsten Speisen und Getränke, von denen ich nicht einmal wusste, dass es sie überhaupt gibt. Ich brachte Ordnung in meinen Kopf sowie in mein Herz.

Auf einem Lkw-Anhänger erlebte ich einen Moment der Selbstgenügsamkeit.

Gibt es einen Grund, der mich auf Reisen halten sollte? Wenn wir ignorieren, dass ich meine Reise unter das Motto »1000 Tage Sommer« gestellt habe, gibt es sonst keinen. Nur mein Ego. Mein Ego, das eine vorzeitige Rückkehr als Niederlage empfinden würde. Ich bin in meiner eigenen Freiheit gefangen. Die gesamte Philosophie meiner Reise ist: frei zu sein. Jederzeit die Möglichkeit, die eigene Wahl zu haben. Kein Schaf zu sein. Nicht auf das zu hören, was andere sagen.

Wenn ich weiterhin nach meinen eigenen Regeln spielen möchte, werde ich nicht mehr der Mensch sein, der geplant hatte, tausend Tage am Stück durch die Welt zu reisen. Ich würde ein anderer Mensch werden. Deshalb habe ich keinen Grund, auf ihn zu hören.

Ich möchte etwas tun. Etwas Konkretes. Etwas schaffen, bauen, die Welt zum Besseren verändern. Und ich habe nicht das Gefühl, dass ich es täte. Nicht mehr. Nicht hier in Afrika. Ich versuchte, etwas in Malawi zu tun, was eher unrühmlich endete. In einem Waisenhaus in Tansania fing ich an, mit niedlichen Kindern als Freiwilliger zu arbeiten, erkannte aber bald, dass ich dort völlig nutzlos war. Was hätte ich ihnen außerdem zu bieten? Ich könnte mit ihnen spielen, das könnten sie aber auch miteinander. Ich könnte mit ihnen sprechen und ihnen Englisch beibringen, doch sie hatten Lehrer, die dafür ausgebildet waren und das viel besser konnten als ich. Ich könnte sie lieben, sie könnten mich lieben, aber ich würde bald wieder weiterziehen – und was dann?

Was blieb mir noch? Den Rest von Afrika zu bereisen? Über einen weiteren Ozean zu segeln? Mit einem Flugzeug per Anhalter fliegen? Die beiden Amerikas bereisen? Noch ein paar magische Orte entdecken? Noch mehr wunderbare Menschen treffen?

Alles scheint mir jetzt total überflüssig. Es ist keine Herausforderung mehr. Ich glaube, ich kann meine Zeit besser nutzen.

Es ist Zeit, nach Hause zurückzukehren.

Tag 514

»Und wenn du in Tansania bleiben würdest?«, fragte mich Benjamin, während wir zusammen wieder einmal ein Abendessen zubereiteten. Ich hatte ihm meine Reiseleiden und die Gedanken an eine Rückkehr nach Hause offenbart. »Und mir im Geschäft helfen würdest?«

Im Iran geboren und in Schweden aufgewachsen, zog er vor drei Jahren nach Tansania. Obwohl er in Nordeuropa ein bequemes Leben gelebt hatte, tauschte er alles gegen ein Dreizimmerhaus, in dem es außer einem Bett kaum Möbel gab. Man sagt, dass die Dinge, die du hast, am Ende dich selbst besitzen – Benjamin verinnerlichte diese Worte. Er kaufte Lebensmittel von kleinen Einzelhändlern in der nächsten Straße, war über CS Gastgeber für zahlreiche Reisende, sprach fließend fünf Sprachen und hatte sein eigenes Reisebüro in Arusha, am Fuße des Kilimandscharo.

Ein Reisebüro, das sich von allen anderen unterschied.

»Genau wie du schloss ich ein Wirtschaftsstudium ab, war erfolgreich in meiner Arbeit, gewann hunderttausend Kronen in einer TV-Game-Show, aber das war es nicht«, erzählte er die Nacht zuvor seine Geschichte. »Ich bin viel gereist, und während einer Reise nach Tansania fiel mir etwas auf: Die hohen Preise der Pauschalreisen passten nicht zum niedrigen Lebensstandard der Menschen vor Ort, die in der Tourismusbranche beschäftigt waren. Es dauerte nicht lange, bis ich herausfand, wo der Haken war: Die Gewinne aus dem Tourismus kommen selten den einfachen Menschen zugute.«

Das erinnerte mich sofort an meine Erfahrungen in Cape Maclear, die ich ihm kurz erzählte.

»Die gleiche Situation herrscht in ganz Afrika«, bestätigte er. »Bei den meisten Touren in Tansania, zum Beispiel bei der Besteigung des Kilimandscharo, erhält das Begleitpersonal nur den Mindestlohn und oft noch weniger. Sie sind von der Freundlichkeit der Besucher und dem Trinkgeld abhängig. Mir gefiel das überhaupt nicht, und ich beschloss, wiederzukommen, meine betriebswirtschaftlichen Kenntnisse zu nutzen und die Spielregeln zu ändern. Ich sammelte wie ein Wilder Informationen. Ich war fest entschlossen, so viel wie möglich über Tansania und seine schönen Ortschaften zu erfahren. Über die Geschichte, die Menschen, ihre Sitten und Traditionen. Ich entschied mich, hier eine Agentur zu gründen, die sich von den anderen unterscheidet.«

»Und was genau heißt das?«, war ich neugierig.

»Es ist ganz einfach«, lächelte er. »Der Plan war, dass die Agentur ihren gesamten Gewinn in die örtliche Gemeinschaft und in für sie nützliche Projekte investiert.«

»Du hast beschlossen, ein Non-Profit-Reisebüro zu gründen?« Ich war überrascht. Ich kramte in meinem Gedächtnis und versuchte mich zu erinnern, ob ich im Studium jemals etwas über Non-Profit-Reisebüros gelernt hatte – ohne Erfolg.

»Exakt«, sagte er mit einem Grinsen im Gesicht.

»Was für Vorteile bringt dir das?«, war meine erste Frage. »Du würdest dein eigenes Unternehmen haben, würdest arbeiten, aber du erzielst ja keinen Gewinn?«

»Ich habe ein monatliches Gehalt«, sagte er. »Natürlich sollte es nicht viel höher als die üblichen Gehälter in der Branche sein. Derzeit bekomme ich zweihundert US-Dollar im Monat und, ehrlich gesagt, viel mehr benötige ich nicht, das reicht.«

Ich traute meinen Ohren nicht. Die Sache musste doch einen Haken haben. Dass jemand in der Tourismusbranche tätig ist, seine eigene Firma hat, Werbung macht, um Menschen aus der ganzen Welt hierherzubringen – und am Ende des Jahres keinen Gewinn für sich herausholt? Das konnte ich einfach nicht verstehen.

»Du denkst sicher gerade über Geld und Profit nach«, las er meine Gedanken. »Versuche, für einen Augenblick den größeren Zusammenhang zu sehen. Meine Agentur hat Mitarbeiter, die weit über dem Durchschnitt in Tansania bezahlt werden, mein Personal hängt nicht vom Trinkgeld ab. Meine Mitarbeiter sind glückliche Mitarbeiter. Wir verstoßen nicht gegen die strengen Regeln der Nationalparks, um die Touristen zu motivieren, uns höheres Trinkgeld zu geben. neunundneunzig Prozent aller finanziellen Mittel geben wir in Tansania aus, das Geld bleibt also hier. Wir sind kohlenstoffneutral.«

»Hört sich gut an«, bestätigte ich.

»Und wo führt das alles hin?«, fragte er.

»Zu zufriedenen Kunden?«, platzte ich heraus.

»Genau«, lächelte er. »Ein zufriedener Kunde wird uns seinen Freunden weiterempfehlen. Da unser Hauptziel kein zusätzlicher Gewinn ist, haben wir wettbewerbsfähige Preise. So werden Touristen in ein paar Jahren, wenn sich unser guter Ruf herumspricht, selbst entscheiden können, ob sie für den gleichen Preis von gut bezahltem Personal betreut werden wollen, das nicht von Trinkgeld abhängig ist, und können sicher sein, dass alle Unternehmensgewinne der einheimischen Bevölkerung und ihren Projekten zugutekommen. Oder ob sie eine weitere Villa für einen reichen Ausländer oder einen stinkreichen Einheimischen mitfinanzieren wollen. Im Laufe der Zeit werden auch die anderen Unternehmen, um wettbewerbsfähig zu bleiben beziehungsweise zu werden, ihre Geschäftspolitik ändern und sich uns anpassen müssen.«

»Das klingt nach einem großartigen Plan!«, pflichtete ich ihm bei. »Du tust nicht nur das, was du magst …«

»… sondern ich tue etwas Sinnvolles für diese Welt«, beendete er meinen Gedanken. »Stell dir vor, dass die ganze Welt nach diesem Prinzip funktionieren würde. Dass wir alle neben dem, was wir tun und was wir lieben, auch etwas machen, das für die Gemeinschaft und die Welt von Vorteil ist. Dass wir vom strengen kapitalistischen Denken und Handeln wegkommen und nur das tun, was wirtschaftlich gerechtfertigt ist. Wäre dann die Welt nicht ein wunderbarer Ort? Dass wir als Gesellschaft beispielsweise entscheiden, keine tödlichen chemischen Waffen mehr zu produzieren, sondern beschließen, dass unsere Wissenschaftler, die gern mit Reagenzgläsern im Labor spielen, ihre Arbeit für edlere Zielen nutzen. Dazu braucht man eigentlich nur den gesunden Menschenverstand und eine Entscheidung.«

»Den gesunden Menschenverstand und eine Entscheidung«, wiederholte ich.

»Deshalb habe ich diese vernünftige Entscheidung getroffen und mein eigenes gesellschaftlich nützliches Reisebüro gegründet«, sagte er. »Ich beschloss, ein Unternehmen zu gründen, das mir nicht unbedingt ein schönes Haus mit Swimmingpool und ein neues Auto ermöglicht, aber dennoch genügt, um mir all meine Bedürfnisse zu erfüllen. Zur selben Zeit hat die lokale Gemeinschaft manche Vorteile von meiner Arbeit, was uns alle viel mehr miteinander verbindet. Der Unterschied in der Lebensweise zwischen mir, dem Inhaber der Agentur, und den anderen Menschen, wie meinen Mitarbeitern, wird nicht sehr groß sein. Dank dessen bleiben wir mehr verbunden und werden glücklicher und zufriedener sein.«

Es machte Sinn, in jeder Hinsicht. Immerhin ist jeder von uns auf der Suche nach Glück. Egal, ob in der Liebe, in der Arbeit, auf Reisen, wo auch immer. Aber was, wenn wir unser Ziel erreichen, können wir das Glück halten? Was passiert, wenn wir auf einem Berggipfel mit einer schönen Aussicht stehen und begreifen, dass wir bekommen haben, was wir wollten? Was ist, wenn wir die Liebe unseres Lebens gefunden haben? Was passiert, wenn wir einen Job haben, den wir lieben, und alles Geld der Welt – was dann?

Ich hoffe, dass jeder einmal reich werden kann und dann alles hat, was er sich jemals erträumt hat, sodass er erkennt, dass dies nicht die Antwort ist.

Das sagte Jim Carrey, ein berühmte Komiker. Ich glaube, das ist genau das, worüber Benji und ich sprachen. Das ist der Sinn seines Reisebüros, und vielleicht des Lebens im Allgemeinen. Den Reichtum mit anderen zu teilen. Auch die Figur aus dem Buch *In der Wildnis* schrieb kurz vor ihrem Tod das Gleiche: *Glück ist nur echt, wenn es geteilt wird*.

Wenn du der Erste, der Sieger, ein reicher Mann, einer der wenigen bist – wie kannst du das genießen, wenn alle um dich herum die Zweiten, die Verlierer, die Armen sind? Wenn alle um dich herum leiden? Wie kannst du dein Glück mit ihnen teilen, wie wird es jemals jemand verstehen?

Ich nahm mein Heftchen und schrieb Folgendes:

Drei Schritte zu einem glücklichen und erfüllten Leben:

1. *Finde heraus, was du gern tust.*
2. *Tue das, was du nicht magst, um zu dem zu kommen, was du gern tust.*
3. *Finde die Art und Weise heraus, wie deine Arbeit für die Welt nützlich sein kann.*

P. S. Bemühe dich, nicht zu viel Zeit auf den zweiten Punkt zu verschwenden.

Schließlich antwortete ich auf die Frage von Benjamin: »Vielleicht könnte ich von Kenia wieder nach Arusha zurückkehren und dir in deinem Unternehmen helfen. Etwas lernen, sehen, wie es im wirklichen Leben aussieht, neue Erfahrungen sammeln, die mir in der Zukunft helfen werden. Vielleicht könnte ich wirklich für eine Weile hierbleiben.«

Er lächelte und begann das Abendessen zuzubereiten.

Da kommt die E-Mail meiner Mutter:

Bist du auf Skype? Es ist ein Notfall!

Fieberhaft versuchte ich, eine Verbindung herzustellen, erst beim sechsten Versuch schaffte ich es. Das Bild war verschwommen, ich sah nur die Umrisse einer linken Hand. Und den Ring.

Den Ring!

Die lächelnden Gesichter meines Bruders und seiner Freundin, frisch verlobt, sagten mir alles. Im Hintergrund standen die glücklichen Eltern. Sie hatten nur eine Frage: »Kommst du zur Hochzeit deines Bruders?«

»Ich fürchte, aus Kenia werde ich doch nicht wieder hierherkommen«, teilte ich Benjamin kurzerhand mit, der, wie üblich, nur lächelte.

Tag 1000

»Von Tansania reiste ich weiter nach Kenia. Dort fand eines der wichtigsten Ereignisse der ganzen Reise statt«, erzählte ich meinem Publikum und zeigte das nächste Foto. »Mein Vater Mirko besuchte mich.«

Mein Vater reiste sonst nie. Wenn wir einen Besuch innerhalb des ehemaligen Jugoslawiens mitzählen, hatte er nur einmal die Grenze überschritten und war nur einmal geflogen, im Jahr 1991 von Zagreb nach Split. Doch von klein an hatte er einen Wunsch, einen Traum: Er wollte in Afrika auf Safari gehen. Jedes Mal, wenn wir Dokumentarfilme über Afrika ansahen, besonders über Wildtiere, sagte er immer: »Oh, lasst mich auf Safari gehen, dann kann ich in Frieden sterben.«

Bei jedem Vortrag schnürt es mir die Kehle zu, wenn ich diesen Satz ausspreche, und ich kann kaum weiterreden. Dafür gibt es eigentlich keinen besonderen Grund. Nicht dass mein Vater gestorben wäre und ich seinen letzten Wunsch erfüllt hätte oder etwas Ähnliches.

Als mir klar wurde, dass ich nach Afrika reisen würde, rief ich ihn an und lud ihn ein, mir nachzureisen, damit wir gemeinsam eine Safari machen könnten. Ich hatte noch einige Ersparnisse von meiner Arbeit in Australien sowie Geld von meinen Sponsoren, und so konnte ich es mir leisten, ihn einzuladen. Ich wusste, dass er selbst es sich niemals leisten könnte. Auf meinen Vorschlag antwortete er nur: »In Ordnung!« Einige Monate später kam er in Nairobi an.

Tag 523

Entlang der Landstraße verfolgten mich neugierige Blicke zahlreicher Zebras, Antilopen und Gnus. Es war ein schöner, sonniger, aber nicht zu heißer Tag. Nirgendwo war ein Zeichen von Zivilisation zu erkennen. Es war einfach fantastisch, diese Stille zu genießen.

Nach meinem Aufenthalt bei Benjamin in Arusha war ich in Nairobi angekommen, um auf meinen Vater zu warten, der in wenigen Tagen landen sollte. Zur selben Zeit erreichte mich über Facebook das Angebot einer unbekannten jungen Frau, die einen Gutschein für einen organisierten Besuch im Maji Moto Eco Camp, in einem Dorf der Massai-Krieger, zu vergeben hatte. Das konnte ich nicht ablehnen. Als sie vor einigen Monaten dort gewesen war, hatte sie an einer Verlosung teilgenommen und einen kostenlosen zweitägigen Aufenthalt für zwei Personen gewonnen. Nun beschloss sie, mir die Hälfte des Preises zu spenden.

Die Freundlichkeit eines Fremden.

Die Idylle wurde jäh unterbrochen, als ein Gnu etwa hundert Meter vor mir in der Mitte der staubigen Straße einfach stehen blieb und sich nicht mehr vom Fleck rührte. Ich blieb auch stehen und versuchte, mich an das zu erinnern, was ich über Gnuangriffe gehört hatte. Mir fielen zwar keine Warnungen oder Horrorgeschichten ein, aber ich war dennoch nicht in der Lage, ganz unbeschwert weiterzugehen. Feige wartete ich, dass das Tier weggehen würde, und überlegte mir verschiedene Möglichkeiten von Flucht bis Selbstverteidigung, falls es doch auf mich losging. Meine einzige Verteidigungswaffe war eine halb leere Flasche Wasser.

Als das Gnu nach einigen Minuten ohne jegliches Interesse an mir seiner eigenen Wege ging, dankte ich ihm und versprach, niemandem zu erzählen, dass ich es todesmutig angegriffen hätte. Ich hätte geschrien, sei in seine Richtung gerannt und hätte es so zur Flucht gezwungen. Ich würde niemandem verraten, dass es ein Weichling war. Es wäre nicht fair.

Zwei Stunden später, nach einem kurzen Besuch der Thermalquelle, der Maji Moto (maji = Wasser, moto = Feuer) seinen Namen verdankt, einem Lächeln zur Begrüßung eines splitternackten Einheimischen, der mir den Weg beschrieb, fand ich das Camp und meine Unterkunft.

»Wie hast du uns gefunden?«, fragte das Oberhaupt Sankale sichtlich überrascht.

»Ganz einfach, ich ging zehn Kilometer zu Fuß und bat die Leute im Dorf, mir den richtigen Weg zu zeigen«, antwortete ich mit einem Lächeln.

»Kein Weißer ist je allein und zu Fuß hierhergekommen, so wie du«, antwortete er und zeigte wieder seine großen, schneeweißen Zähne. »Erhol dich ein wenig, du bist nun zu Hause angekommen.«

Ich tat so, wie mir geheißen wurde.

Eine Weile später kam eine Familie aus den Niederlanden hinzu, die hier auch die nächsten zwei Tage verbringen wollte. Wir wurden sofort Freunde, in einem improvisierten Restaurant, aus dem sich eine bewundernswerte Aussicht auf die Savanne eröffnete. Sie spendierten mir ein Bier – und damit kauften sie mich. Ich bin ziemlich billig. Abgesehen davon, war das Bier auch noch warm.

Als die Sonne allmählich zu sinken begann, kam die Zeit für einen Rundgang durch die Natur. Unser Führer, einer der Massai-Krieger, zeigte uns, wie man aus Baumzweigen eine Zahnbürste macht, welche Pflanze gegen Albträume hilft, welche Blätter welches Busches Deo oder Toilettenpapier ersetzen, welche Vorteile Aloe vera hat und so weiter.

Ich sog alles in mich auf, begeistert von dieser Zusammenarbeit mit der Natur, dieser Koexistenz. Vom entgegengebrachten Respekt. Von einer Fähigkeit, die in den hoch entwickelten Industrieländern verloren gegangen ist und die man dort nur noch belächelt.

»Die Massai sind nicht religiös«, begann unser charmanter Führer seinen Vortrag. »Wir glauben an Mutter Natur. Sie gibt uns alles, was wir brauchen. Sie ist die Einzige, auf die wir uns verlassen. Und sie hat uns noch nie im Stich gelassen. Die Sonne erfreut uns jeden Morgen. Ohne Ausnahme.«

Wir hörten zu und nahmen seine Worte auf. Wenn ich darüber nachdenke, waren sie logisch und exemplarisch für alle sogenannten primitiven Völker auf allen Kontinenten. Alle haben denselben Gott, Mutter Natur, weil es sogar dem dümmsten Mitglied des Stammes klar ist, dass sie alles ist. Ohne sie würden wir nicht existieren, alles andere ist unwichtig.

Die Frage ist, wer eigentlich primitiv und wer entwickelt ist. Kann man die Völker als primitiv bezeichnen, die bescheiden und in Harmonie mit der Natur leben, die unter extremsten Bedingungen überleben können? Oder doch eher uns, die sogenannten entwickelten Nationen, die diese Natur zerstören und ohne Strom und einem nahe gelegenen Supermarkt binnen weniger Tage krepieren würden? Sind die entwickelten Nationen primitiv, die das Bedürfnis haben, ihrem unsichtbaren Gott einen Namen zu geben, ihn über alles zu stellen und zu behaupten, dass er der Einzige und Beste sei? Oder die anderen, die nur den Gott respektieren, der jeden Tag bei ihnen ist, für jeden sichtbar?

»Die Massai sind polygam«, klärte uns das Oberhaupt Sankale am Lagerfeuer auf, nachdem er die gemeinsame Vorführung traditioneller Lieder beendet hatte. »Aus einem ganz einfachen Grund: Die Tiere um uns herum sind es auch.«

Wir lachten alle, wohl wissend, dass an diesen Worten etwas Wahres dran war, aber auch, dass der Hauptgrund Pragmatismus ist. Die hohe Sterblichkeit von Kindern und Kriegern in der Vergangenheit ist ein Hauptgrund für Polygamie, aber auch die Zusammenarbeit der Frauen – bei mehrere Frauen im Haushalt gibt es weniger Arbeit für die Einzelne. Wenn eine von ihnen krank ist oder ein Kind bekommt, können andere für sie da sein und ihr helfen.

»Wir machen keinen Unterschied zwischen den einzelnen Frauen, genauso wenig, wie wir einen Unterschied zwischen den Tagen der Woche kennen«, war eine weitere Weisheit von Sankale. »Der einzige Unterschied zwischen ihnen ist, die Anzahl der Kühe, die wir für jede von ihnen zu zahlen hatten.«

Die Kühe sind dort, so wie in Swasiland, die Hauptwährung, und bei einer Eheschließung muss der Mann seine Braut ihrem Vater in dieser Währung abkaufen. Der durchschnittliche Preis für eine Frau sind sieben Kühe. Ohne Geld könnte man noch leben, ohne Kühe unvorstellbar. Liebe, die irrationalen, eigentlich idiotischen Schmetterlinge im Bauch, existieren genauso wenig wie Eifersucht bei den Mitgliedern dieses Massai-Stammes. Oder zumindest sagen sie es so.

Wir saßen stundenlang am Lagerfeuer und tauschten Geschichten über unsere beiden Extreme aus.

Sankale sprach darüber, wie sie ausschließlich das Fleisch von Kühen, Schafen und Ziegen essen und nur Suppe, Milch und Rinderblut trinken, was ihnen seiner Behauptung nach Kraft gibt. Obst essen sie hier und da, wenn sie die Früchte direkt von den Bäumen pflücken. Da sie kein Ackerland bewirtschaften, essen sie überhaupt kein Gemüse. Ich erzählte ihnen, wie es in unserer Welt immer mehr Vegetarier gibt, die ausschließlich Obst und Gemüse essen.

Das konnte der Massai-Krieger überhaupt nicht verstehen.

Er sagte, dass sie nur vier Stunden am Tag schlafen und kreuz und quer bis zu hundert Kilometer pro Tag zu Fuß gehen müssen, um eine gute Weide für ihre Herde zu finden. Sie schlafen nie nach dem Mittagessen, weil Löwen eine Kuh reißen könnten. Ich sprach darüber, dass Menschen in unserer Welt nicht viel zu Fuß gehen, und diejenigen, die es tun, tun es häufig in geschlossenen Hallen auf einem Laufband. Ich sprach darüber, dass sie nicht genug Zeit in der Sonne verbringen, aber dass sie, um braun zu werden, in Sonnenstudios gehen, die die echte Sonne imitieren. Ich sprach darüber, wie sie entweder zu viel essen und übergewichtig sind oder sich durch verschiedene Diäten aushungern.

Das konnte er überhaupt nicht verstehen.

Er erzählte, wie sie die ganze Zeit etwas tun und wie jede Arbeit gerecht verteilt ist. Männer führen die Herde auf die Weide und gehen auf die Jagd, während sich die Frauen um Haus, Kinder und die im Gehege verbliebenen Tiere kümmern. Ich sprach darüber, wie bei uns immer mehr davon die Rede sei, dass die Arbeit von Männern und Frauen den gleichen Wert haben soll, was fast, aber doch noch nicht ganz erreicht worden ist.

Das konnte er überhaupt nicht verstehen.

Was er aber wirklich absolut nicht nachvollziehen konnte, war, als ich ihm sagte, wie viele Menschen arbeitslos sind.

»Es gibt einfach keine Arbeit«, behauptete ich.

»Blödsinn«, sagte er. »Wieso gibt es keine Arbeit? Es gibt immer genug Arbeit, wenn jemand arbeiten will.«

Hat Sankale recht? Gibt es tatsächlich immer etwas zu tun, und die Leute wollen nur nicht arbeiten? Sind wir, die Menschen der modernen westlichen Welt, wählerisch und faul geworden? Ich kannte die Statistiken über die hohe Arbeitslosigkeit in Kroatien, ich wusste, dass meine Kommilitonen von der Uni arbeitslos sind, dass vielen Leuten heute eine Ausbildung fehlt, die für die offenen Stellen notwendig wäre. Aber ist das alles eine ausreichende Entschuldigung dafür, keinen Job zu haben?

»Jeder, der keine Arbeit hat, kann hierherkommen, ich gebe ihm genug zu tun«, sagte Sankale laut lachend.

Er sprach davon, wie er drei Löwen erlegt hatte und wie gerade er unter sechsunddreißig Brüdern zum Oberhaupt ausgewählt worden war. Er sprach davon, wie die Löwenjagd heutzutage immer seltener stattfindet, da es immer weniger von diesen Tieren gibt. Die Massai-Krieger halten aber nach wie vor an dieser Tradition fest. Wer einen Löwen tötet, genießt großes Ansehen in seinem Stamm. Er erzählte, dass Männer, wenn sie zu Kriegern werden wollen, sieben Jahre lang eine Ausbildung in der afrikanischen Wüste durchstehen müssen. Für Frauen sind es nur vier Jahre. Die Beschneidung wird auch als eine Art Initiation verstanden. Während der Beschneidung dürfen sie weder einen Laut von sich geben noch blinzeln, um ihr Gesicht nicht zu verlieren.

»Wenn sie die Angst vor dem Messer überwinden, gibt es nichts mehr, was sie erschrecken könnte«, begründete er dieses Ritual.

»Was ist mit der Beschneidung von Mädchen?«, fragte ich.

»Ja, bei uns gehört der Brauch der Beschneidung von Mädchen immer noch zum Leben. Auf diese Weise wird der Übergang vom Mädchen zur Frau markiert«, sagte Sankale mit ernstem Ton. »Aber auch hier ändern sich die Regeln langsam. Jetzt dürfen die Mädchen selbst entscheiden. Meine älteste Tochter war die Erste in unserem Stamm, die die Beschneidung abgelehnt hatte. Sie war eine der Ersten, obwohl die meisten Mädchen immer noch darauf bestehen, um die Tradition zu bewahren. Aber wir haben inzwischen begriffen, dass es gut und normal ist, Nein zu sagen.«

»Darüber hinaus gibt es eine zunehmende Zahl junger Menschen, die in die Schule gehen«, fuhr er fort. »Als Oberhaupt entscheide ich, wer in die Schule geht und wer ein Krieger wird. Wenn eine Familie vier Kinder hat, werden zwei zur Schule geschickt und zwei zu Kriegern ausgebildet. Würde man sie selbst fragen, würde sich jeder dafür entscheiden, Krieger zu werden. Es ist eine Frage des Prestige.«

»Fehlt euch etwas im Leben?«, fragte ich. »Gibt es etwas, was ihr von uns Westlern gern übernehmen würdet?«

»Nein«, antwortete er ohne zu zögern. »Es ist wahr, dass wir einige von euren Dingen benutzen, um uns das Leben leichter zu machen, aber wir sind voll und ganz mit dem zufrieden, was wir haben.«

»Was würdest du tun, wenn du einen Ausflug nach Europa machen könntest?«, ließ ich nicht locker.

»Ich würde in einen Zoo gehen«, sagte er. »Ich würde verlangen, dass wir die Löwen zurückbekommen. Löwen gehören nicht in den Zoo, sie gehören in die Wildnis. In unsere afrikanische Wildnis. Nachdem wir die Löwen zurückbekommen haben, würden wir das Gleiche mit den Kühen versuchen.«

Die Europäer haben nach ihrem Verständis den friedlichen Massai-Stämmen außer den Kühen auch die Löwen geklaut. Sie glauben, dass alle Kühe in der Welt tatsächlich ihnen gehören. Für einen Moment zögerte ich, und als mein anfänglicher Drang loszulachen langsam nachließ, versuchte ich, ihnen zu sagen, dass dies keine gute Idee wäre.

»Warum nicht?«, fragten sie mich.

Ich fing an, ihnen die Bedingungen, unter denen Kühe bei uns leben, zu erklären, sowie die überwiegende Mehrheit der anderen Haustiere. Ich fing an, ihnen zu erklären, dass jede Kuh auf engstem Raum ihr kurzes Leben fristet, sodass sie sich kaum um die eigene Achse drehen kann. Als mir die plötzliche Stille und das traurige Unverständnis in ihren Blicken auffielen, verstummte ich schnell.

Wirklich, was ist los mit uns Menschen? Warum verhalten wir uns wie echte Arschlöcher gegenüber der Umwelt, den Tieren sowie anderen Menschen? Warum haben wir eine Welt geschaffen, an deren einem Ende Menschen täglich an Unterernährung und am anderen Ende an Fettleibigkeit sterben? Warum müssen Menschen in einem Teil der Welt an vermeidbaren Krankheiten und einem Mangel an Medikamenten und in einem anderen Teil an einer Überdosis der gleichen Medikamente sterben?

Manches stimmt auf diesem Planeten nicht. Das wurde mir kristallklar im Gespräch mit diesen primitiven Menschen, die Rinderblut trinken, weil sie glauben, dass es ihnen besondere Kräfte gibt.

»Hast du Lust auf afrikanisches Jacuzzi?«, fragte mich Sankale, als die Holländer in ihr Zelt gingen.

»Wann?«, fragte ich.

»Jetzt«, sagte er und warf mir ein Handtuch zu.

Wir gingen zur Thermalquelle hinunter, in der mitten in der Nacht kein Mensch war, legten unsere Kleider ab, tauchten in das natürliche heiße Bad und blickten auf die unzähligen Sterne, die endlich in ihrer vollen Pracht leuchteten.

Tag 541

»Uuund?«, forderten mich alle mit neugierigen Gesichtern auf zu erzählen, als wir uns zum Kaffeetrinken setzten. »Wie war es? Erzähl!«

Ich bestellte ein Bier, obwohl es erst früh am Nachmittag war. Ich habe viel zu lange kein Bier getrunken, um mich jetzt zurückhalten zu können.

Ich war in Zagreb. Es waren keine tausend Tage vergangen, aber es schien, als ob sie es wären. Vielleicht sogar noch mehr. Meine Mutter, meine Tanten, die Großmutter, mein Bruder und seine Verlobte – alle saßen um meinen Vater und mich herum. Eine Stunde zuvor waren wir aus Afrika zurückgekehrt und wurden am Flughafen mit einem großen Banner begrüßt. Es war seltsam, sie alle versammelt zu sehen, auch wenn wir einander oft über Skype gesehen hatten.

Die Sonne schien, aber es war kühl. Nach dem Aufenthalt in Afrika südlich der Sahara war es eine willkommene Erfrischung.

»Lasst Papa erzählen«, sagte ich kurz und nahm den ersten Schluck. Ich hatte keine Lust, mit der Geschichte anzufangen, weil ich wusste, dass ich in den kommenden Wochen das Gleiche wahrscheinlich noch eine Million Mal erzählen müsste. Außerdem wusste ich, dass mein Vater voller Eindrücke war, womöglich sogar noch mehr als ich, und dass er mit Begeisterung das Wort übernehmen würde. Es war angenehm und entspannend, sich zurückzulehnen und alles ruhig zu beobachten.

»Ach, was soll ich euch erzählen«, begann mein Vater wie erwartet. »Das Wichtigste war für mich zunächst, endlich heil nach Kenia zu kommen, davor fürchtete ich mich am meisten. Zum Glück war da in Istanbul einer unserer Kumpel, der merkte, dass ich völlig verloren war. Der half mir dann, den Anschlussflug zu finden. Der Flug selbst war halt wie ein Flug so ist, das Essen war nichts Besonderes, alles irgendwie klein und winzig, Rauchen ist verboten, und so weiter.«

»Wurdest du so richtig durchgeschüttelt?«, fragte meine Mutter.

»Nö«, antwortete er, und eine Qualmwolke waberte aus seinem Mund. »Gerade genug, um dich in den Schlaf zu wiegen.«

»Ich würde sterben«, meldete sich meine Mama wieder.

»Deswegen habe ich ja auch nicht dich nach Afrika eingeladen«, sagte ich als Rechtfertigung.

»Das größte Problem hatte ich nach der Landung in Nairobi«, setzte mein Vater fort. »Im Flugzeug drückten die mir einfach ein Stück Papier in die Hand und zeigten mir, dass ich es ausfüllen muss. Der Teufel soll sie holen, wie hätte ich es ausfüllen sollen, ich verstehe doch kein einziges Wort Englisch. Wie ein Narr hielt ich es die ganze Zeit in der Hand, ein leeres Blatt Papier, und lief kreuz und quer durch den Flughafen. Zum Glück kam ein Schwarzer auf mich zu. Oh, ich sag's euch, schwarz wie Kohle war der. Er sagte etwas, nahm das Stück Papier und begann es auszufüllen. Ich gab ihm einfach meinen Pass in die Hand, er schrieb alles ab und streckte mir dann seine rechte Handfläche entgegen. Der Kerl wollte Kohle haben!«

Wir brachen in Gelächter aus.

»Was soll's, dachte ich und gab ihm einen US-Dollar, alles, was ich an Kleingeld hatte. Er wollte mehr, ich gab ihm aber nicht mehr! Ich kam zum Zoll. Die fragten etwas, ich lächelte nur, wie ein Dummkopf«, schilderte Vater sein Erlebnis. »Sie ließen mich armen und verlorenen Tropf weitergehen, ich weiß nicht mehr, wie ich mein Gepäck und den Ausgang fand, wo dieser Hanswurst da auf mich wartete.« Er deutete auf mich.

»Und was war das für ein Gefühl?«, fragte meine Tante neugierig.

»Ach, wie soll ich es sagen, es war schön, echt schön«, sagte Papa. »Wir haben uns fast eineinhalb Jahre nicht mehr gesehen, wie sollte es denn sonst sein?«

Nun, ich erinnerte mich sehr gut, wie dieses Treffen war. Vor allem nach dem letzten, als wir uns in Tränen und mit großer Trauer und Schuld im Herzen trennten, in der Nacht vor meiner Abreise. Die Ankunft meines Vaters in Nairobi ist vielleicht einer der größten Erfolge meines Lebens, aus mehreren Gründen.

Ich habe es endlich geschafft, ihm einen Traum zu erfüllen, nachdem dieser Mann seit fast dreißig Jahren ausschließlich dafür gelebt hatte, die Träume von mir und die meines Bruders zu erfüllen. Mir gelang es, dass dieser Mann, der seit Jahren mit Händen und Füßen versucht hat, mich von dieser Weltreise abzubringen, zu sich selbst fand und eine unvergessliche Wanderung durch Afrika gemacht hat. Ich konnte beweisen, dass mein Lebensstil, egal, wie sehr er sich von seinen eigenen Vorstellungen unterscheidet, nicht zum Scheitern verurteilt war.

Das alles war mir gelungen, als ich sein Gesicht vor dem Flughafen in Nairobi sah und seine feste Umarmung spürte. Die stärkste jemals.

»Wir setzten uns in ein Taxi und fuhren zum Hotel«, erzählte er weiter. »Mir kam es vor, als wäre alles auf den Kopf gestellt, die fuhren auf der anderen Straßenseite! Aber das Hotel war schön, da konnte man nichts sagen. Nach einem Nickerchen machten wir einen Spaziergang durch die Stadt. Er ging wie ein Aufpasser einige Schritte vor mir und half mir über die Straße.

Wir schauten uns an, was an den Ständen mit Kleinkram zu kaufen war, aber ich durfte nichts kaufen – zu teuer, sagte Tomislav. Wir würden es später bei den Massai kaufen, wenn wir auf Safari sind. Am nächsten Tag trafen wir uns mit unserer Gruppe. Wir stiegen in ein Gefährt, das eine Mischung aus Lastwagen und Bus war, und fuhren auf Safari.«

»Wie war es?«, fragte meine zweite Tante.

»Ich weiß nicht, wie ich es euch erklären soll«, schaute er in den Himmel und suchte nach Worten. »Es schien so unwirklich. Als ob ich wieder ein Kind wäre. Der Rest der Gruppe sprach nur Englisch, unter den vierzehn war ich der Einzige, der nur lächelte. Ich konnte nur dann mit jemandem sprechen, wenn Tomislav neben mir saß und für mich übersetzte.«

»Ich kann immer noch nicht glauben, dass du in Afrika warst«, sagte mein Bruder. »Bist du dir jetzt bewusst, dass du Tomislav nie mehr schimpfen darfst, weil er herumreist?«

»Deshalb habe ich ihn gebeten, nach Afrika zu kommen«, fuhr ich mit ernster Miene dazwischen.

»Und die Tiere?«, diese Frage hatte Gabi gestellt.

Aus meiner Tasche zog ich die bei Kindern beliebteste Schokolade in Kroatien, eine *Životinjskog carstva* (Tierreich), die mir Gabi gleich am Flughafen geschenkt hatte. Sie wussten, wie sehr ich diese Schokolade mochte. Ich warf einen schnellen Blick auf die Rückseite, um zu sehen, was für ein Bild darauf war. Nummer 220. Ein Lama. Im Hintergrund waren die Anden zu sehen. Machu Picchu.

»Gabi, das ist ein Zeichen«, flüsterte ich ihr zu. »Vielleicht wird das mein nächstes Ziel sein.«

»Das war wirklich das Unglaublichste«, erzählte mein Vater weiter. »Alles, was ich im Fernsehen in all den Jahren gesehen habe, war auf einmal direkt vor mir. Zebras, Antilopen, Gnus, Giraffen, Affen, die rosa Vögel auf dem Wasser, Leoparden, wir sahen sogar zwei Löwen. Wir fuhren auch an sechs Nashörnern vorbei. Die Reiseleiterin meinte, sie hätte sie noch nie so nah gesehen. Die meisten Tiere beobachteten wir aus dem Bus, aber einigen, die uns nicht fressen würden, konnten wir uns auch zu Fuß nähern. Wenn wir uns keine Tiere anschauten oder mal nicht im Bus herumfuhren, hatte jeder seine Aufgaben. Wir waren in vier Gruppen aufgeteilt und wechselten uns in der Küche, beim Geschirrspülen oder beim Busreinigen ab. Wir mussten auch unsere Wäsche selbst waschen, mit der Hand.«

»Wann war das letzte Mal, dass du deine Wäsche mit der Hand gewaschen hast?«, fragte ich meinen Vater, als wir im provisorischen Camp unsere Hemden und Unterhosen im Wasser mit dem Reinigungsmittel einrieben.

»Bevor ich geheiratet habe«, sagte er. »Das dürfte dreißig Jahre her sein.«

»Kannst du mir bitte etwas erklären«, fragte ich. »Wie schaffte Mutter es, uns drei Flegel zu erziehen, zugleich Vollzeit zu arbeiten, aufzuräumen, zu kochen, zu putzen und den ganzen Quatsch rund ums Haus zu erledigen? Filip und ich waren ja nicht bereit, ihr zu helfen.«

»Ehrlich gesagt, ich habe keine Ahnung«, gab er zu.

»Ihr wart echt gute Eltern«, fuhr ich fort. »Ihr habt stets darauf geachtet, es für uns einfacher zu machen, damit wir ohne viel Mühe alles haben, was wir brauchen. Gleichzeitig ist das aber der Grund, dass wir keine Ahnung von Hausarbeit haben, nicht kochen können und zu faul sind, etwas Sinnvolles zu tun. Hoffentlich verstehst du jetzt, warum ich gehen musste. Um erwachsen zu werden. Um unabhängig zu werden. Um zu sehen, wie ich in der Welt ohne die Hilfe der Eltern, weit weg von allem Bekannten, zurechtkomme.«

Er schwieg und dachte über meine Worte nach. Innerlich stimmte er ihnen zu, er wollte es nur nicht offen sagen. Ich hatte recht.

»Schau, Papa, das ist einer der Gründe, warum ich reise.« Ich deutete auf den Waschzuber, wrang das letzte T-Shirt aus, lachte und ging zum Camp zurück.

»Wir schliefen die ganze Zeit in Zelten«, setzte er fort.

»Du vielleicht, aber ich bin mir nicht sicher, ob die anderen schlafen konnten«, sagte ich schnell. »Du hast so laut geschnarcht, dass ich nicht wusste, wovor ich mehr Angst haben sollte: Dass die anderen aufwachen und kein Auge mehr zumachen können oder dass ein Löwe kommt, weil er dich auf der anderen Seite der Savanne hört.«

»Nun siehst du, wie es mir jede Nacht geht«, konnte sich meine Mutter nicht verkneifen.

»Sei es, wie es war, schließlich besuchten wir die Massai-Krieger in ihrem Dorf«, berichtete mein Vater weiter und ignorierte unsere Einwürfe. »Sie nahmen uns überall mit, erzählten uns von ihren Gewohnheiten sowie ihrer Lebensweise, zeigten uns, wie sie einzelne Pflanzen bei bestimmten gesundheitlichen Problemen verwenden, und brachten uns bei, wie man mit einem Speer einen Löwen töten kann, falls uns einer in die Quere kommt. Aber das Beste, oder besser gesagt, das Schlimmste war, als sie uns in ein Gehege einpferchten, in dem sie ihr Vieh halten. Und dann kamen ihre Frauen, alle bunt gekleidet und reichlich geschmückt, bildeten einen Kreis und begannen zu singen. Eh, und die Fliiiiiiiegen um uns herum, Gott behüte!«

Er unterbrach seine Schilderung und versuchte, das Gesicht zu verziehen, um den Ekel vor den Fliegenschwärmen in dem Gehege zu verdeutlichen, aber ihm gelang es einfach nicht.

»Alles in allem, das Leben dieser Massai unterscheidet sich nicht so sehr von dem, wie es hier auf dem Land vor ein paar Jahrzehnten war«, sagte mein Vater. »Eine Frau hat dort genauso wie bei uns ihren Platz im Haus und drum herum, während ein Mann Geld verdient, um sie alle ernähren zu können. Sie sind mit ihrer Savanne verbunden, genauso wie wir mit unserem Karst verbunden sind. Seit Jahrhunderten haben wir von ihm alles bekommen, was wir brauchten: Lebensmittel, Kleidung, Schuhe, Medikamente, alles. Sie springen in die Luft, um untereinander zu wetteifern und Frauen zu erobern, bei uns warf man eben Steine über die Schulter. Sie haben ihre eigenen Klagelieder, und wir haben unseren Ganga (traditioneller mehrstimmiger Gesang im ländlichen Raum an der Grenze zum westlichen Herzegowina, im dalmatinischen Hinterland und im südwestlichen Bosnien). Obwohl wir anders aussehen, eine andere Sprache sprechen, an einen anderen Gott glauben, unser Essen anders ist und wir unterschiedliche Traditionen haben, sind wir überhaupt nicht so verschieden.«

Mir gefielen Vaters Geschichten genauso wie seine Schlussfolgerungen. Er bestätigte, was ich seit Langem wusste. Auch ich könnte ihm von Reisen und Lektionen erzählen, die ich unterwegs gelernt hatte. Von der Gastfreundlichkeit von Fremden, von übertriebener Angst vor unbekannten Ländern, von Ähnlichkeiten zwischen allen Menschen auf der Welt, aber wenn du dort vor Ort bist und alles am eigenen Leib erfährst, dann verstehst du das erst richtig. Eigene Erfahrungen.

»Und so nach acht Tagen auf Safari kamen wir nach Subuku zu Pater Miro«, erzählte er weiter. »Und bis dorthin fuhren wir per Anhalter.«

»Womit?«, meldete sich meine Oma zum ersten Mal, seitdem wir beisammensaßen.

»Per Anhalter, Oma«, antwortete ich. »Siehst du, wie Papa mir den Kopf wäscht und dann selber per Anhalter fährt!«

»Ja, ja, der Kleine hat mich ganz schön reingelegt«, seufzte er. »Er sagte mir, wir werden am Straßenrand auf einen Bus warten, und ich soll so tun, als ob ich per Anhalter fahren wollte. Er will einige Bilder von mir machen. Nach einigen Minuten tat mein Arm weh, er aber stellte immer noch etwas auf der Kamera ein. Dann begriff ich, dass das hier ein teuflischer Trick war. Und dann hielt ein Auto an.«

»Und?«, fragten alle wie aus einem Munde.

»Ja, nichts«, sagte er. »Tomislav sprach kurz mit dem Fahrer, erfuhr, dass er in unsere Richtung fährt, und sagte mir, dass der Bus wer weiß wann komme. Dann setzten wir uns ins Auto und fuhren zu Bruder Miro.«

Ich erinnerte mich an das Lächeln von Bruder Miro bei der Begrüßung und an die Fahrt in seinem Land Rover, die die letzten zwanzig Kilometer über eine nicht als solche erkennbare Straße führte, die sich bei Regen angeblich in ein Flussbett verwandelt. Begleitet von kroatischen Melodien – im Kassettenrekorder liefen Oliver Dragojević und Gibonni –, spürte ich sogar ein bisschen Heimweh.

Ich dachte über diese holprige Fahrt nach, während Papa erzählte, wie wir in einem Haus untergebracht wurden, das in Wirklichkeit ein Franziskanerkloster war. Bruder Miro Babic leitet es und war bereits die letzten zehn Jahre als Missionar in Afrika tätig. In diesem für afrikanische Verhältnisse untypisch prächtigen Gebäude begegneten wir mehreren Freiwilligen, die alle das gleiche Ziel hatten: im Waisenhaus Kleines Heim zu helfen, in dem immer einige Dutzend Kinder mit gesundheitlichen Problemen wohnten.

Bruder Miro konzentrierte sich, neben dem Gebäude des Waisenhauses und dem Halten von Messen in den umliegenden Dörfern, auf das vielleicht wichtigste Projekt – die Ausbildung der einheimischen Kinder. Er hatte die Schule renovieren lassen, Geldmittel für Lehrbücher beschafft und half in einer nahe liegenden Klinik aus, die auch ohne ständiges Ärztepersonal am Laufen gehalten wurde.

»Bruder Miro hat sechzehn Kirchen in seiner Pfarrei«, erzählte mein Vater weiter. »In jeder dieser Kirchen findet die Messe nur einmal im Monat statt. Mit ihm arbeitet ein anderer Priester zusammen, sodass jeder jeden Sonntag zwei Messen abhält. Das Interessanteste ist, dass die Messen zu keinem bestimmten Zeitpunkt anfangen, sondern erst wenn der Geistliche ankommt. Während der Regenzeit kann das einige Stunden dauern.«

Pole Pole.

»Es war schön. Wir besuchten das Waisenhaus und spielten mit den Kindern. Endlich konnte auch ich mit jemandem reden, der mich verstand. Jeden Abend wurde gesungen und Musik gespielt, wir spielten Indoorfußball und feierten sogar Miros Geburtstag«, beendete mein Vater seine afrikanischen Erlebnisse. »Und dann sagte mir dieser Kleine hier, zwei Tage, bevor ich zurückfliegen sollte, dass er mit mir zurückfliegt.«

»Wieso hast du dich umentschieden?«, fragte mich mein Bruder.

»Einfach so, ich wollte Vater nicht allein zurückschicken, er hatte eine ganze Nacht Aufenthalt in Istanbul, wer weiß, wie das ausgegangen wäre«, antwortete ich.

Es war nur einer, eigentlich der unwichtigste Grund für meine Rückkehr. Es ging auch um meine Müdigkeit vom Reisen, die baldige Hochzeit meines Bruders, aber auch um eine E-Mail von meiner Freundin Darija.

Nun … Am Montag werde ich operiert, drück mir die Daumen, dass ich wieder aufwache!

Nach dieser E-Mail ging ich die staubige Straße entlang, setzte mich unter einen Baum, und ich traf meine Entscheidung – ich kehre nach Zagreb zurück. Ich werde nicht durch Äthiopien, den Sudan und Ägypten trampen, wie ursprünglich geplant, nur um gerade noch rechtzeitig zur Hochzeit meines Bruders zu kommen. Ich nehme den einfachsten und schnellsten Weg – einen Flieger.

»Was machst du jetzt?«, fragte mich mein Bruder, während wir in der Heinzlova-Straße warteten, bis die Ampel grün würde. Wir hatten vorhin Darija besucht und waren auf dem Weg nach Hause, wo ich nach fast achtzehn Monaten endlich wieder in meinem Bett in Zagreb schlafen konnte.

»Ich weiß es nicht«, antwortete ich ehrlich. »Ich habe bisher überhaupt nicht darüber nachgedacht.«

BOOM!

Wir sahen uns mit Panik in den Augen an, es klang wie ein Schuss.

Wir stiegen aus dem Auto und bemerkten einen großen Stein, der noch immer die Straße herunterrollte. Jemand hatte uns mit dem Stein getroffen, der einen deutlichen Abdruck auf dem Dach des Autos hinterlassen hatte. Wir sahen uns entsetzt an, stiegen wieder in den Wagen und fuhren langsam bis zur nächsten Ampel zurück. Vor einem Garageneingang blieben wir stehen und sahen zwei Typen, die sich, sobald sie uns bemerkten, aus dem Staub machen wollten.

Filip sprang aus dem Auto, ich folgte ihm. Wir jagten die Flüchtenden.

Wir wussten nicht, wer sie waren, warum sie unser Auto mit Steinen bewarfen, wir wussten gar nicht, ob sie die Steine auf uns werfen wollten, aber wir jagten sie durch die dunklen Tiefgaragen. Alles schien so unwirklich. Einige Tage zuvor war ich noch in Afrika. In Nairobi, einer Stadt mit einem weniger guten Ruf, und alles war in Ordnung. Ich kam nach Hause zurück, in meine Heimatstadt, ins geliebte Zagreb, und noch bevor ich mich schlafen legen konnte, lief ich bereits hinter zwei Pennern her, die ohne ersichtlichen Grund in der Heinzlova-Straße Steine auf Autos werfen.

Würde es uns gelingen, sie zu stellen? Wenn wir es schaffen würden, was dann? Wer garantiert uns, dass nicht gleich um die Ecke eine ganze Horde mit Messern auf uns wartet, um uns zu begrüßen? Wer garantiert uns, dass das nicht zwei Jiu-Jitsu-Meister sind, die uns alle Knochen brechen könnten? Vielleicht ist dies ein Ablenkungsmanöver, eine Taktik der Zagreber Autodiebe? Wo sind die Schlüssel? Wenn nichts von dem genannten zutrifft, was dann? Treibe ich sie gegen die Garagenwand und versuche, sie zu schlagen? Ich, ein Pazifist, ein Hippie, ein Reisender, der alle Menschen in der Welt liebt?

Die Situation war völlig unwirklich.

Zum Glück – oder auch nicht – schafften sie es, uns zu entkommen. Sie sprangen über eine Mauer und verschwanden in der Nacht.

»Ist das nicht komisch?«, fragte ich meinen Bruder, als wir im Auto mit einer Delle im Dach nach Hause fuhren. »Ist das nicht irgendwie verdammt komisch?«

»Willkommen zu Hause!«, antwortete er kurz.

Tag 1000

»Ich kam nach Zagreb zurück, feierte die Hochzeit meines Bruders, aber bald setzte ich meine Reise fort«, fasste ich meinen Heimaturlaub in meinem Vortrag zusammen.

Die Wahrheit war, dass ich zum damaligen Zeitpunkt keine Lust mehr auf Reisen hatte. Ich war erschöpft und dachte über Alternativen nach. Ich wollte etwas Neues anfangen, etwas tun, ich hatte einen Haufen Ideen, aber es stand auch ein großes Hindernis im Weg. Die Schulden aus meinen Maklertagen waren zwar seit dem Beginn meiner Reise um die Hälfte geschrumpft, drohten aber immer noch im Hintergrund. Ich schuldete nach wie vor hunderttausend Kuna.

Bevor ich in neue Projekte einsteigen konnte, musste ich mich von dieser Last befreien. Hierfür gab es zwei Möglichkeiten. Ich konnte in Kroatien oder im Ausland arbeiten und eine Zeit lang sparen, um die Schulden eines Tages endlich zurückzahlen zu können. Auf der anderen Seite gab es einen einfacheren Ausweg aus dieser Situation: weiter zu reisen. Wenn ich meine Reise fortsetzen würde, bekäme ich weiterhin Sponsorengelder, mit denen ich meine Schulden tilgen könnte.

Doch das klang für mich nicht in Ordnung. Reisen des Geldes wegen. Dadurch würde der Sinn meiner Geschichte, meine Glaubwürdigkeit, alles, wofür ich stehe, verloren gehen. Ich wollte das tun, was ich liebte, komme, was wolle. Und frei sein.

Ich erinnerte mich an mein Notizheft und las, was ich unter Nummer zwei schrieb.

Tue das, was du nicht magst, um zu dem zu kommen, was du gern tust.

Vielleicht sollte ich doch reisen oder etwas tun, das ich nicht mochte, um an Geld zu kommen. Das würde mir in Zukunft ermöglichen, das zu tun, was ich liebte.

»Einige Monate nach der Rückkehr nach Kroatien kaufte ich mir ein Flugticket nach Peru«, teilte ich meinem Publikum mit.

Ich fand die goldene Mitte. Ich würde weiterhin reisen, aber gleichzeitig meinen Reisestil und die Taktik ändern. Die schönsten Erinnerungen und Erfahrungen aus den ersten fünfhundertvierzig Tagen Sommer erlebte ich an Orten, wo ich eine längere Zeit geblieben war, zumindest einige Wochen. Das bedeutete, dass ich mich verlangsamen musste. Eine Weile bleiben. Etwas tiefer eintauchen.

Ich entschied mich für Südamerika. Das Ticket nach Peru war am billigsten. Ich dachte eine Weile darüber nach, über den Atlantischen Ozean zu segeln, da ich ja wertvolle Erfahrungen im Segeln gesammelt hatte. Die würden es mir erleichtern, ein Boot zu finden, aber nur ein Blick auf das Video, das ich auf dem Indischen Ozean aufgezeichnet hatte, nahm mir jegliche Lust auf so etwas. Ich dachte auch an Nordamerika, aber da meinen Pass zahlreiche Visa aus Pakistan, dem Iran und dem Irak schmückten, war ich irgendwie sicher, dass mich die US-amerikanischen Grenzbeamten auf keinen Fall mit offenen Armen empfangen würden.

Die Sprache war auch ein Grund. Obwohl ich an meinen Reisen nach Asien und Afrika eigentlich nur gute Erinnerungen hatte, fühlte ich mich dort fast immer wie ein Fremder. Wie einer, der dort nicht hingehört. Neben dem unübersehbaren optischen Unterschied zwischen den Einheimischen und mir war die Sprache ein weiteres großes Hindernis. Mit Spanisch hatte ich keine großen Probleme (dank *Marisol* und *Usurpadora*; zwei in Kroatien vor einiger Zeit sehr beliebte mexikanische Seifenopern). In Südamerika würde dieses Problem also eine kleinere Rolle spielen. Es gibt dort außerdem viele Länder, in denen dieselbe Sprache gesprochen wird, im Gegensatz zu Indien oder Afrika, wo jede Provinz ihren eigenen Dialekt hat. Das erschwerte die Kommunikation zusätzlich.

Der Amazonas. Der Dschungel. Einer der wenigen Orte, der mich immer schon angezogen hat und wo ich schon immer hinwollte. Vielleicht könnte ich dort eine Weile mit einem Stamm zusammenleben, mich vollständig in die Hände von Mutter Natur begeben und einige spirituelle Erfahrungen sammeln.

Dies alles waren gute Gründe, um meine Heimat wieder zu verlassen. Da ich nicht wirklich reisen wollte, würde ich versuchen, in einem fremden Land zu sein, ohne zu reisen. Etwas Ruhe finden.

All diese Gründe wurden noch verlockender, als ich begriff, dass ich diese Reisen mit jemandem teilen könnte.

»Nach Südamerika fuhr ich nicht allein«, sagte ich und wechselte das Bild.

Tag 662

Der Flughafen in Lima, Ankunft am Terminal.

Ich bin schon seit einer Woche in der Hauptstadt von Peru, obwohl es mir hier gar nicht gefällt. Es ist kalt, neblig und düster. Die Stadt ist groß, voll und laut. Ich wäre schon längst woanders, wenn nicht jede Minute ihre Maschine landen würde.

Es ist eigentlich komisch, wie ich am anderen Ende der Welt stehe und jetzt auf eine Frau warte, die ich nur einen Monat zuvor neben dem Manduševac-Brunnen auf dem Zagreber Hauptplatz kennengelernt habe. Mit Kopfhörern in den Ohren spiele ich mit meiner Songliste herum und bin gespannt, welches Lied wohl läuft, wenn ich sie sehe. Dabei ließ ich die automatische Schiebetür nicht aus den Augen.

Ein Lied nach dem anderen lief. Und dann ging die Playlist wieder von vorn los.

Das neue Lied beginnt mit einem vertrauten Akkord. Einer meiner Favoriten. Die Erinnerung an die Weihnachtsinsel und das Beobachten des Meeres. An das Warten, wie jetzt. Nur dass ich damals auf ein Segelboot wartete, mit dem ich den Indischen Ozean überqueren wollte, und jetzt auf eine Frau, mit der ich durch Südamerika reisen wollte.

Any minute now, my ship is coming in …

Natürlich, dass sich gerade in diesem Augenblick die Tür öffnete und hinter ihr ein bekanntes Gesicht zum Vorschein kam. Der Blickkontakt. Sie trug eine Brille. Zum ersten Mal, seit ich sie kenne. Sie ist zu groß für ihr kleines Gesicht, aber sie sieht gut aus. Zuerst lächelte sie, dann ich. Das Lächeln wird breiter, wenn ich an den Songtitel denke. Dann die Umarmung. Wir setzten uns in ein Taxi, das uns zu unserem ersten südamerikanischen Zuhause fuhr.

»Wie geht es dir?«, beschloss ich, das Gespräch mit der originellsten Frage der Welt zu eröffnen.

»Ich fühle mich verloren. Verwirrt«, antwortete sie, offensichtlich müde von zwei Tagen Herumlaufen in Flughäfen und Sitzen im Flugzeug.

»Wieso denn das bitte?«, fragte ich mit gespielt ernster Stimme. »Schau mal, wir haben uns vor einem ganzen Monat kennengelernt, und du hast sogar zehn Tage Zeit gehabt, um dein Leben in Kroatien aufzugeben, ein One-Way-Ticket zu kaufen, an Bord eines Flugzeugs zu gehen und ans andere Ende der Welt zu einem unbekannten Mann zu fliegen, nur mit einem Rucksack als Gepäck.«

Sie lachte. Das ist immer ein gutes Zeichen.

Ich wusste, dass trotz des Lachens ihre Gedanken weit weg waren. Heute auf den Tag genau vor einem Monat war unser Treffen. Sie fügte mich als Freund auf Facebook hinzu, ich bestätigte automatisch und warf einen kurzen Blick auf ihre Fotos, nur um zu sehen, ob ich sie kenne. Oder ob sie eine von denen war, die mich nur als Freund zu ihrer Liste hinzufügen, weil sie meinen Blog lesen. Sie kam mir irgendwie vertraut vor, aber ich konnte mich nicht erinnern, woher ich sie kennen könnte. Als ich die Fotos sah, auf denen sie barfuß, mit Dreadlocks, als kleine Streunerin irgendwo in Südamerika zu sehen war, musste ich einfach genauer wissen, wer sie ist.

Nach ein paar Klicks fand ich heraus, dass es Iva aus *Verbotene Liebe* (einer der ersten kroatischen Seifenopern) war. Nicht, dass ich diese Sendung bewusst gesehen hätte (und wenn, würde ich es nie zugeben), aber es war fast unmöglich, während all dieser Jahre beim Zappen durch die Programme nicht über sie zu stolpern.

Dann kam die erste Facebook-Nachricht.

Yo! :) Ich sehe, dass du vor einigen Jahren in Südamerika warst. Ich gehe bald nach Peru und plane, mindestens ein Jahr lang in der Region zu bleiben. Gibt es da etwas, das man auf keinen Fall verpassen sollte? Irgendeinen Platz, irgendeinen Menschen, irgendetwas? Tschüß, T.

Am selben Tag kam die Antwort.

Die ganze letzte Woche denke ich darüber nach, ob ich mich bei dir melden soll, um dich kennenzulernen. Es kommt mir so vor, als ob ich dich irgendwie schon kenne. Das sind die Gedanken, die aus irgendwelchen Untiefen hervorkommen und sogar Dinge vorwegnehmen, bevor sie passieren :) Nur Peru oder ganz Südamerika? Ich könnte dir eine lange Mail schreiben, wenn ich alles zusammenfasse, aber wir könnten uns auch einfach treffen, obwohl ich ja am liebsten selbst wieder dorthin fahren würde ...

Wir trafen uns neben dem Manduševac-Brunnen, nahmen einen Drink in einer Bar an der Hauptbushaltestelle und redeten über das Leben.

»Werde ich dich wiedersehen?«, fragte ich sie, als wir uns trennten und ich ihr meinen Regenmantel gab, damit sie mit dem Fahrrad trocken nach Hause kam.

»Und warum sollten wir uns wiedersehen?«, fragte sie, beinahe schroff.

»Nun, du musst mir meinen Regenmantel zurückgeben«, sagte ich. »Und vielleicht könnte ich dich überreden, mit mir nach Peru zu kommen.«

»Ich bin seit dreieinhalb Jahren mit jemandem zusammen«, sagte sie und sah auf den Boden. »Es ist was Ernstes, wir leben zusammen.«

»Meine längste Beziehung dauerte auch genau dreieinhalb Jahre«, sagte ich scherzhaft.

Sie lachte, drehte sich um und ging nach Hause.

Achtzehn Tage später, in der Nacht vor meinem Flug, lagen wir im Zrinjevac, dem beliebtesten Stadtpark in Zentrum von Zagreb.

»Und gehst du mit mir oder nicht?«, fragte ich und wollte endlich eine definitive Antwort. Seit wir uns kennengelernt hatten, gingen wir fast jeden Tag auf den Straßen von Zagreb spazieren und vermieden das Thema.

»Gib mir zehn Tage, und warte auf mich in Lima«, sagte sie und schaute in den Zagreber Sommerhimmel.

Tag 664

»Nein!«, schrie Mare, als drei Typen hinter uns herschlichen und blitzschnell die Rucksäcke schnappten, die wir ahnungslos auf der Bank haben liegen lassen.

Instinktiv sprang ich auf und lief ihnen nach – wie einige Monate zuvor, in jener Nacht in Zagreb. Ich verstand nicht, was los war, ich wusste nur, dass ich in einer fremden Situation war, dass ich ein schlechtes Gefühl im Magen hatte und dass ich hinter drei Typen herlief, die hatten, was uns gehörte.

»Hellooo!«, schrie ich mit lauter Stimme, ein Schrei, der in jeder Sprache verstanden wird. Ich dachte, dass vielleicht ein zufälliger Beobachter mir helfen würde, die Diebe zu stoppen oder irgendetwas tun würde.

Nichts. Wir sprinteten durch den halb verlassenen Markt, die drei Diebe und ich. Es sah so aus, als ob ich sie einholen könnte.

»Du Scheißkerl!!!«, platzte es aus mir heraus, so instinktiv, spontan, kraftvoll und vor allem natürlich.

Das Beste von allem war, dass es funktionierte! Einer der Diebe, der langsamste der drei und derjenige, der den Rucksack von Mare hatte, warf offenbar aus Angst vor meinen lauten, saftigen Flüchen in einer unbekannten Sprache die Beute auf den Boden, bog plötzlich links ab und trennte sich von seinen Kumpanen.

»Ein Anfänger«, geht mir durch den Kopf. »Wenn er mit dem Rucksack in der Hand abgebogen wäre, hätte ich ihn nicht erwischen können. Ich würde immer noch hinter meinem Rucksack herlaufen, in dem Glauben, dass im Rucksack von Mare nur Bücher und Gemüse ist, das sie zuvor auf demselben Markt gekauft hatte. In meinem war ein kleines Vermögen – Laptop und Kamera.

Ich lasse ihren Rucksack liegen in der Überzeugung, dass sie hinter mir war und ihn in einigen Sekunden selbst aufheben würde. Die Hälfte der Arbeit ist immer noch nicht erledigt. Ein Dieb ohne Beute bog nach rechts ab und ließ mich im aufgewirbelten Staub des Schnellsten von ihnen zurück. Des Anführers der Gruppe. Des Bosses. Des Chefs. Und er, der andere Scheißkerl, hatte offenbar keine Absicht, meinen Rucksack fallen zu lassen. Er war ungefähr zehn Meter vor mir.

Ich schrie immer noch mit lauter Stimme, in der Hoffnung, dass ihn jemand stoppen würde. Scharf rechts. Ich folgte ihm.

Ich kann mich nicht an das letzte Mal erinnern, als ich so gelaufen bin. Wann denn auch? In dem Moment, als ich auf der Straße eine scharfe Bewegung nach rechts machte, verlor mein elender Körper, der diese Fußarbeit nicht gewöhnt war, das Gleichgewicht und schlug mitten auf der Straße hin, in voller Breite und Länge. Und lang bin ich. Und breit.

Es war ein sensationeller Sturz. Hätte es jemand gefilmt und im Internet veröffentlicht, gäbe es viele Lacher. Eine Menge Leute würden das Video zurückdrehen, in Zeitlupe abspielen und meine Eleganz bewundern. Während ich versuchte, vom Asphalt aufzustehen, richtete ich den Blick nach vorn und sah diesen Kleptomanen in irgendeiner Tür verschwinden.

Humpelnd, erschöpft und unter Schock ging ich hinter ihm her, und plötzlich öffnete sich die blaue Blechtür. Hinter der Tür war ein kleines Mädchen. Es war ungefähr zehn Jahre alt. Es müsste gesehen haben, wohin er geflohen war.

»*¿Dónde está?*«, fragte ich langsam und sanft.

Das Mädchen brach in Tränen aus. Vielleicht fragte ich nicht langsam und sanft genug, vielleicht schrie ich ein wenig und hatte ein verrücktes Funkeln in den Augen.

Ich ließ das Mädchen stehen und fiel in das nächste Haus ein, immer noch mit dem verrückten Funkeln in den Augen.

»*¿Dónde está?*«, schrie ich.

»*¿Quién?*«, antworteten die Leute schockiert.

Ich ging wieder aus dem Haus und auf das nächste zu. Einerseits wegen ihres Gesichtsausdrucks, der mir sagte, dass sie wirklich nichts wussten, und teilweise wegen meiner schlechten Spanischkenntnisse. Ich wusste nicht, was Dieb oder Rucksack auf Spanisch hieß oder irgendetwas anderes, das zu dieser Situation gepasst hätte.

Durch den nächsten Eingang kam ich in einen Hof, der rundherum von drei bis vier Häusern und einem Haufen halb verfallener Hütten eingeschlossen war. Der Dieb hatte etwa fünfzehn Sekunden Vorsprung, er konnte überallhin geflohen sein. Ich gehe in ein paar Zimmer, unterbreche die Menschen beim Nachmittagsschlaf, ohne Ergebnis.

Auf der Straße versammelte sich bereits eine Menschenmenge. Ich sah Mare. Ohne Rucksack. Müde und mit gebrochener Stimme bat ich sie, zurück auf den Markt zu gehen und ihren Rucksack zu suchen, der dort auf dem Boden lag. Ich ging zurück in den Hof. Sie waren alle da. Einige Familien. Das weinende Mädchen. Ich entschuldigte mich bei ihm, diesmal wirklich mit ruhiger und sanfter Stimme. Der Sicherheitsbeamte rief die Polizei. Mare kam zurück, mit ihrem Rucksack auf der Schulter. Jemand hatte den

Rucksack genommen und ihn ihr wiedergegeben. Der Glaube an die Menschheit kam zurück, zumindest ein wenig. Und noch etwas mehr, als ich erfuhr, dass im Rucksack alle ihre Dokumente, ihr Pass und einige Hundert US-Dollar waren, die sie mitgebracht hatte.

Wie erwartet, von dem Dieb und meinem Rucksack keine Spur. Da kam eine ganze Reihe von Polizisten, wir schnüffelten in allen Häusern herum, bestimmt kennt jeder diese Typen, aber was nun? Polizeistation. Berichte. Der ganze Quatsch.

Ich war traurig. Wegen des Verlusts der zwei wertvollsten materiellen Dinge, die ich besaß, und wegen des Benehmens dieser zwei Typen. Ich war wahnsinnig traurig.

»Ein wirklich guter Start für unsere gemeinsamen Abenteuer, nicht wahr?« Mare ging neben mir die Straße hinunter und antwortete mit einem Lächeln. »Es wird schon alles wieder.«

Sie umarmte mich, küsste mich und legte ihre Hand in meine.

Tag 671

»Wenn mir jemand vor einem Monat gesagt hätte, dass ich bald in Peru sein würde, hätte ich ihn für verrückt erklärt«, sagte Mare beim Fensterputzen. »Aber wenn mir jemand vor einem Monat gesagt hätte, dass ich bald in Peru sein und schmutzige Fenster sowie Böden putzen würde, hätte ich ihm geantwortet, dass in diesem Fall ich die Verrückte wäre.«

Ich schaute durch das jetzt saubere Fenster, und mir gefiel, was ich sah. Neben der arbeitenden Mare war da das endlose blaue Meer. Und wo es endete, begannen die Wüste und eine große Menge brauner Sand. Zwischen diesen beiden Extremen standen Palmen.

»Verrückt oder nicht, es ist toll, dass wir gehen können, wann immer wir möchten, und dass uns niemand zu irgendetwas zwingen kann«, antwortete ich und schrubbte weiter den Boden.

Mancora, das am zweithäufigsten besuchte Touristenziel in Peru, hat zwei Gesichter. Die Stadt ist der Treffpunkt der jungen *Gringos* (Ausländer), die wegen Sonne, Strand und Surfen hierherkommen. Und einiger anderer Dinge, die dazugehören. Die kann man sehr leicht mit nur wenigen Sätzen von den örtlichen Jungs bekommen, die lächelnd jeden Passanten gut einstudierte Fragen stellen: Sprichst du Spanisch? Woher kommst du? Kannst du surfen? Kiffst du?

Ein anderes Gesicht von Mancore ist schicker, was gut zu erkennen ist, wenn man die Strecke von außerhalb der Stadt zu unserem Hotel entlangfährt. Auf knapp fünf Kilometer Strand reihen sich unzählige Hotels, Appartements und Ferienhäuser aneinander. Sie haben eine Sache gemeinsam – sie sind teuer und ziehen entsprechendes Publikum an. Familien mit blasser Haut, Männer mit Goldketten und Frauen mit Champagnergläsern, die Flasche neben dem Liegestuhl am Strand.

Wir zwei entschieden uns für die Mitte zwischen diesen beiden Extremen und wollten ein wenig von beidem haben: Wir waren junge *Gringos* im Stadtteil der Reichen. Der Widerspruch wurde deutlich, als wir mit dem Rikschafahrer verhandelten und er es unfassbar fand, dass jemand im Luxusviertel Las Positas zu feilschen anfängt. Als wir ihm erklärten, dass wir in diesem teuren Hotel nicht wohnen, sondern als Freiwillige arbeiten, senkte er den Preis von zehn auf acht. In den folgenden Tagen wurde der Preis auf fünf festgesetzt.

Wir arbeiteten bereits mehrere Tage für einige Stunden am Tag, fünf Tage in der Woche, im Austausch für Essen und Unterkunft. Da wir in einem Haus für Freiwillige wohnten und wir die Ersten waren, die dort ankamen, gab es eine Menge Arbeit am Haus selbst – man musste alle Räume streichen, Fenster putzen, täglich die Fußböden vom Wüstensand reinigen sowie einige andere kleine Hausarbeiten erledigen.

Unsere Arbeitstage bekamen eine gewisse Routine. Nach dem Aufstehen folgte ein Frühstück mit frischem Obst und dann einige Arbeitsstunden im Haus für die Freiwilligen oder im Hotel. Wir bastelten kleine Lampen, verzierten die Wände mit Mustern in außergewöhnlichen Farbkombinationen, bauten einen Holzzaun für die Dusche im Freien oder halfen in der Küche. Die einheimischen Profis, die bereits monatelang in und um das Hotel arbeiteten, wurden schnell unsere Freunde. Obwohl es für sie anfangs seltsam war, dass wir *Gringos* mit ihnen arbeiteten, hörten wir bald zusammen das peruanische Melos aus dem alten Kassettenrekorder, scherzten mit unserem gebrochenen Spanisch und riefen uns jedes Mal beim Vorbeigehen »Maestro!« zu und so weiter. Eine familiäre Atmosphäre auf der Baustelle.

Jeden Tag vor Sonnenuntergang gingen wir am Strand entlang, Richtung Mancora. Neben dem täglichen Schauspiel der großen gelben Kugel, die im Ozean versinkt, sahen wir unterschiedlichste Dinge – ein totes Seepferdchen, das die Wellen an Land gespült hatten, oder die Seelöwen, die einen Zugang zum Strand gefunden hatten und zu sterben schienen, während sie gen Himmel starrten.

Im Zentrum war ständig was los, überall boten Straßenverkäufer etwas an: gebratene Hühner, gekochten Mais, Wachteleier, gebratene Bananen oder Empanadas – mein lokales Lieblingsgericht, das mich an eine Kombination von Omas *uštipci* (kroatische kleine Krapfen ohne Füllung) und *štrukli* (eine Art kroatischer Strudel) erinnert. Wir kauften regelmäßig im *mercado* unsere Lebensmittel für das Abendessen, das wir jede Nacht an einem anderen Ort verspeisten – am Strand, direkt neben der Kirche oder in der Mitte des Hauptplatzes. Wir lernten jede Bank in Mancora kennen.

Je mehr wir Mancora kennenlernten, desto mehr lernten Mare und ich einander kennen. Bis zur Ankunft in Peru hatten wir keine einzige Nacht zusammen verbracht, und jetzt waren wir praktisch unzertrennlich. Nicht freiwillig, aber beim Reisen ist es manchmal einfach so. Man ist nur dann allein, wenn man auf der Toilette ist, obwohl auch das nicht immer der Fall ist. Ein kleines Hotelzimmer, in dem wir übernachteten, bevor wir nach

Mancora kamen, hatte keine Toilettentür. Wenn jemand also mitten in der Nacht auf die Toilette musste, bekam der andere alles live mit.

Auf jeden Fall nicht der klassische Weg, einen Partner kennenzulernen. Kein Make-up, kein Aufhübschen, kein Warten auf den »richtigen« Moment, in dem man zusammenkommt – nur die nackte Wahrheit.

»Vielleicht ist dies der richtige Weg«, dachte ich an einem Abend, als wir auf dem Dach unseres Freiwilligen-Hauses saßen und die Sterne beobachteten. Der Mond war schmal, eine dünne Sichel, die schnell im offenen Meer verloren ging. Alle vorherigen Beziehungen begannen immer auf die gleiche, perfekte Weise. Ich mochte jemanden, dem ich gefallen hatte. Gegenseitig zeigten wir uns im besten und schönsten Licht, und gerade wegen eines solchen Anfangs war unser baldiges Liebesaus unvermeidlich. Wir gaben uns alles und immer das Beste, wir gewöhnten uns daran, was aber in der Regel nichts mit der Realität zu tun hatte. Nach einer Weile ging diese Liebeslust dann irgendwie verloren. Der Begeisterungsrausch wich schmerzhafter Ernüchterung.

Jetzt war die Situation anders. Entspannter. Realistischer. Es war nicht wie in den romantischen Filmen, Liedern und Romanen – es war echt. Wir waren zwei voneinander angezogene Menschen, die ständig darauf bedacht waren, sich in diesem Zusammensein nicht zu verlieren.

»Wird unsere Beziehung überdauern?«, dachte ich mit einem Glas peruanischen Rotwein in der Hand und schloss lächelnd eine Wette mit dem Sternenhimmel ab. »Wenn ich eine Sternschnuppe sehe, bevor sie mit einer neuen Flasche Wein zurückkommt, werde ich sie heiraten!«

Ich liebte es, auf diese Art und Weise zu spielen. Das Universum herauszufordern, um zu sehen, ob es mir eine Nachricht oder einen Rat schickt, mir etwas über die Zukunft verrät. Ich wusste, dass die Chancen für eine Heirat nicht gut waren. Sternschnuppen gab es nicht so viele, und sie wird maximal eine oder zwei Minuten weg sein.

Konzentriert blickte ich auf den Himmel. Ich hörte ihre Schritte auf der Treppe.

»Schau mal, eine Sternschnuppe!«, rief sie begeistert und erschien in meinem Blickfeld.

»Ja, ich sehe sie«, antwortete ich und sah in ihre Augen. Diese Wette hatte ich wohl verloren.

Oder gewonnen.

Tag 714

»Hier, der Film ist fertig!«, sagte Mare und klappte ihren Laptop zu.

»Großartig!«, sagte ich. »Jetzt kommt der schwierigste Teil, nämlich eine gute Internetverbindung finden, um ihn online zu stellen.«

Es sind erst einige Tage vergangen, seit wir nach einer zweitägigen Fahrt in Iquitos angekommen sind. Das ist die größte Stadt im peruanischen Amazonasgebiet, die entweder über den Fluss oder auf dem Luftweg erreicht werden kann. Wir hatten noch keinen Plan für die nächste Zeit, aber die Pläne haben uns gefunden.

Ich schlängelte mich durch Hunderte von Hängematten und begann, mich in Iquitos umzusehen, als mein Handy piepte. Ich las neun fast identische Facebook-Nachrichten von neun verschiedenen Menschen.

Ich weiß, dass du schon auf deiner Weltreise bist, aber bei dieser Sache musst du dich auf jeden Fall bewerben!

Es ging um den Wettbewerb irgendeines Reisebüros. Sie suchten jemanden *für den besten Job auf der ganzen Welt* beziehungsweise jemanden, der auf ihre Kosten ein Jahr lang reisen und darüber einen Blog schreiben, fotografieren und Videoclips aufnehmen würde. Dafür würde man ein gutes Gehalt bekommen – sie boten hunderttausend Dollar an. Alle Bewerber mussten ein einminütiges Video anstelle eines üblichen Lebenslaufs schicken, in dem jeder zeigen sollte, warum gerade er der beste Kandidat für diesen Job ist.

»Lass es, das ist nur ein Werbetrick«, meinte ich zu Mare, als ich ihr zeigte, worum es ging.

»Na und?«, sagte sie. »Du hast doch nichts zu verlieren. Und es ist ja nicht so, dass wir hier im Dschungel etwas Großartiges zu tun hätten.«

Sie hatte recht. Wir waren hierhergekommen, nachdem wir einige Wochen durch die Städte und Dörfer auf unserem Weg gebummelt waren. Wir wollten per Anhalter von Mancora über die Anden in den Amazonas gelangen. Wir überlebten die Fahrt, obwohl es viele Schreckensmomente gab. Beispielsweise überholte unser Fahrer einen Lkw bergauf, bei durchgezogener Linie. Zum ersten Mal spürten wir die Folgen der Höhenkrankheit und probierten ein natürliches Heilmittel dagegen: *Hojas de coca*, Kokablätter. Wir fuhren die sogenannte Todesstraße entlang und saßen mit weiteren peruanischen Familien auf einem Lkw, mit denen wir etwas gemeinsam hatten: Niemand wagte, auf die Straße zu schauen, während wir die ganze Zeit dicht am Abgrund fuhren. Der kleinste Fehler des Fahrers, und wir würden in die tiefe Schlucht stürzen. Wir stiegen auf den Kuelap, den sogenannten Machu Picchu des Nordens, und waren vom Anstieg selbst und der Aussicht vom Gipfel ganz verzaubert, aber von den Felsreihen und Häuserruinen sehr enttäuscht.

Iquitos schien uns isoliert und spannend, so kamen wir hierher. Aber ich hatte einen anderen Plan für den Amazonas, nämlich Ayahuasca zu probieren. Über die Droge habe ich einiges gehört und gelesen. Die Stämme im Amazonas verwenden sie seit Tausenden von Jahren, vor allem für medizinische Zwecke. Doch auch die Schamanen nutzen sie für ihre Zwecke, da der Inhaltsstoff DMT Halluzinationen und Bewusstseinserweiterungen auslöst. All dies zieht natürlich viele Touristen an. Und viele Touristen ziehen zahlreiche Betrüger an, die vorgeben, Schamanen und Experten für Ayahuasca zu sein und reichen Weißen einen Haufen Geld abknöpfen wollen.

»Ich möchte Ayahuasca probieren, aber so, wie es hier Tradition ist«, erklärte ich Mare auf einem der Märkte, die Ayahuasca beziehungsweise ihre zwei Hauptbestandteile völlig selbstverständlich neben dem Kaktus San Pedro, einer anderen bekannten halluzinogenen Pflanze, verkauften.

Zufällig oder nicht, als wir an dem Tag die erste Tasse Kaffee tranken, setzten sich fünf Leute aus Samobor (Kroatien) zu uns.

»Wir fahren morgen nach Tamshiyaca«, sagte uns Zac, der Leiter der Gruppe. »Dort habe ich ein Grundstück mit elf Hektar gekauft, mit einigen Häusern, ein großartiger Ort.«

»Was tut ihr dort?«, fragten wir.

»Wir machen die Ayahuasca-Zeremonie, was sonst?«, grinste er breit. »Kommt ihr mit uns?«

Wir nahmen ihre unerwartete Einladung an, und schon am nächsten Tag waren wir dort. Zuerst drehten wir das Video für den besten Job der ganzen Welt, Mare schnitt es, und dann waren wir bereit für Ayahuasca, die Heilpflanze.

Das Grundstück von Zac war wunderschön. Es hatte einen Bach und einen Teich, dazwischen standen verstreut Palmen und *cabañe*, Häuser mit Strohdächern. Anstelle von Fensterscheiben gab es Netze, die erste Verteidigungslinie gegen die größten Raubtiere im Dschungel: Mücken. Baumstümpfe dienten als Stühle, eine Holzbank war das Sofa, ein Schwamm in der Mitte des Raumes war das Bett, und darüber hing die zweite Verteidigungslinie – ein weiteres Moskitonetz. Es gab keinen Strom, kein Wasser, kein Handynetz, kein Internet.

Es wäre wirklich der Himmel auf Erden, wenn es nicht heiß wie in der Hölle wäre. Und wenn man nicht ständig von den blutrünstigen Mücken belagert würde.

In der Mitte des Grundstücks befand sich der größte Raum, in dem wir uns bei Dämmerung für die Zeremonie vorbereiteten. Jeder hatte seine Matte, auf der sich ein Häufchen *mapacho*-Tabak befand. Und die anderen Requisiten: eine Schale für das Erbrechen, eine Flasche Wasser und eine Taschenlampe, mit der wir den Weg zur Toilette beleuchten konnten. Eine der vielen Wirkungen der Ayahuasca ist, den Körper von verschiedenen Giftstoffen zu reinigen, und so haben wir uns entsprechend ausgerüstet.

Die Vorbereitung für die Zeremonie sollte man ernst nehmen. Man muss eine strenge Diät einhalten, die nur Obst und Gemüse erlaubt, vorzugsweise roh. Man darf weder Kaffee, Zigaretten noch Marihuana konsumieren, auch Geschlechtsverkehr wird nicht empfohlen. Das Ziel ist es, den Körper auf die Reinigung vorzubereiten.

Wir waren sieben Kroaten und Emanuel, ein Schamane des Stammes Shipibo. Er bat uns, auf den Liegestühlen Platz zu nehmen, und bei Kerzenlicht begann er ein altes Lied zu singen, den Rhythmus raschelte er mit den Blättern mit. Einer nach dem anderen ging nun zu ihm, um einen nicht so schmackhaften Schluck aus seinem Becher zu trinken. Jeder legte sich an seinen Platz, die Kerze ging aus, es war still. Nur Emanuel, begleitet von den Geräuschen des Dschungels, brummte sein entspannendes, aber auch unheimliches Lied.

Dann begann das Geduldsspiel.

Minuten vergingen. Das ruhige Liegen wurde gelegentlich durch eine Handbewegung unterbrochen, um lästige Mücken zu vertreiben. Der Schamane summte immer noch sein Lied und raschelte mit den Blättern. Und dann, ganz plötzlich, war es so weit.

Meine Gedanken begannen zu wandern, sich zu verbinden. Wechselten von einem zum anderen. Die Ideen vervielfachten sich. In meinem Kopf war Chaos. Hin und wieder blitzte ein genialer Einfall auf, ich bekam die Antwort auf eine entscheidende Frage, und dann sprang mein Gehirn auf einen anderen, genauso guten Gedanken. Durch das faszinierende Hindurchschießen der Gedanken und die darauffolgende Enttäuschung, als sie wieder weg waren, dachte ich, ich träume. Aber so, als ob alle Träume, die ich je geträumt habe, gleichzeitig in meinem Kopf wären und hundertmal schneller vorbeizögen. Ich wachte ständig auf und versuchte, mich an einen Traum zu erinnern, dann schlief ich wieder wach ein. Und das immer und immer wieder.

So ging es vielleicht zwei Minuten oder zwei Stunden, ich weiß es nicht.

Aber ich machte mir Sorgen um Mare. Ich bekam mit, dass sie still neben mir lag, die Augen geschlossen. Neben der physischen Präsenz fühlte und hörte ich ihre Gedanken, die nicht schön waren. Sie ging in ihrem Kopf verloren und brauchte Hilfe. Ich legte meine Gedanken beiseite und nahm ihre Hand. Sie war verschwitzt, schwach, leblos.

Ich rief mir all die Geschichten über Ayahuasca ins Gedächtnis, dass bisher niemand daran gestorben war und so weiter, und versuchte, mich auf mich selbst zu konzentrieren. Ein kurzer und schwacher Druck ihrer Hand half mir dabei. Aber es war noch lang nicht vorbei. Ich lag neben ihr, in meinem eigenen Chaos verstrickt und versuchte auch noch, ihr geistig zu helfen.

Nun begann die Reinigung. Ich nahm meine Schüssel und erbrach mich. Ich stand auf und torkelte auf die Toilette. Der Boden schwankte, in einem Moment packte mich Euphorie, im anderen Angst. Mein Körper war im Delirium, ich hatte Krämpfe, es war nicht schön. Vielleicht hätte ich meinen Körper mit der Diät und dem ganzen Mist besser vorbereiten sollen.

Aber das wirkliche Grauen begann erst, als ich in den Raum zurückkehrte. Die meisten standen auf ihren Füßen und versammelten sich um ein Mitglied unserer Familie. In dem ganzen Chaos konnte ich nur Gesicht und Lippen des Mannes am Boden erkennen, um die sich weißer Schaum sammelte. Seine Freundin, die ganz bleich war, hielt seine Hand. Der Schamane war ruhig, er sang ein Lied direkt vor seinem Gesicht und versuchte, ihn zurück in unsere Welt zu rufen.

Mare saß am Boden, ganz schockiert wegen der Aufregung auf dem Nachbarbett. Ich wusste nicht, was ihr mehr Angst machte: das eigene Chaos im Kopf oder die Szene um sie herum. Langsam setzte ich mich und nahm wieder ihre Hand.

»Es wird schon alles gut werden«, sagte ich sanft und lächelte.

Ihr Blick sagte, dass sie mir nicht glaubte. Sie sah mir in die Augen, aber zur selben Zeit blickte sie durch mich *hindurch*. Ich konnte mir nicht vorstellen, was ihr durch den Kopf ging.

Die Situation um uns beruhigte sich, unser Freund wurde ins Bewusstsein zurückgerufen. Er hat uns glücklich und mit einem Lächeln auf dem Gesicht gesagt, dass er in die Hosen geschissen hat. Buchstäblich.

»Ist bei euch alles in Ordnung hier?«, trat Zac an uns heran.

»Ich möchte, dass es aufhört«, antwortete Mare schwach.

»Lass einfach los«, antwortete Zac zuversichtlich. »Versuche, deine Gedanken zu kontrollieren, sie zu führen, anstatt dass sie dich führen.«

»Du hast gesagt, man kann in solchen Situationen Salz nehmen, das würde helfen«, erinnerte ich mich. »Um sich zu beruhigen.«

»Ja, aber es wäre eine Schande«, sagte er.

»Zac, gib mir das Salz!« grollte Mare.

Zac brachte Salz, Mare nahm mit zitternden Händen eine halbe Hand voll und stopfte es sich in den Mund. Das Grauen auf ihrem Gesicht wegen des Chaos in ihrem Kopf wurde durch Ekel ersetzt, als sie nun das Salz schluckte. Sie trank etwas Wasser und legte sich wieder hin.

»Ich möchte, dass es aufhört«, wiederholte sie.

»Das wird es«, antwortete ich. »Ich werde hier sein, bis es vorbei ist.«

»Warum ist es so schrecklich?«, fragte sie hilflos.

»Ich weiß es nicht, aber es wird aufhören«, sagte ich. »Niemandem ist durch Ayahuasca etwas Ernsthaftes passiert, denn alles findet nur in deinem Kopf, in deinem Geist statt. Es wird vorübergehen. Wir haben selbst beschlossen, dies hier zu versuchen, und wir müssen bereit sein, die Konsequenzen unserer Entscheidungen zu akzeptieren.«

Sie schloss die Augen.

Ich schloss sie auch und legte mich hin. Ich ließ das nun etwas ruhigere Chaos in meinem eigenen Kopf ungehindert weitermachen.

»Ich war bereit, fünf Jahren meines Lebens zu geben, nur um es zu stoppen«, sagte sie mir, als wir in der Dämmerungssonne zu unserem Haus gingen.

»War es so schlimm?«, fragte ich.

»Noch schlimmer«, sagte sie. »Wie war es für dich?«

»Meinem Körper hat es nicht gefallen«, sagte ich. »Der Geist schwirrte wild herum, ich konnte mich nicht konzentrieren. Aber im Laufe der Zeit, vor allem als die Übelkeit etwas nachließ, schien sich alles irgendwie zu fügen.«

»Wie meinst du das?«

Es ist schwierig, das genau zu erklären. Unter den vielen rasenden Gedanken erschien immer wieder einer, nämlich, dass alles in Ordnung ist. Dass ich auf dem richtigen Weg bin. Dass ich mir keine Sorgen machen muss.

Es war sehr schwierig, meine Gefühle, Gedanken und Erkenntnisse dieses Abends zu erklären. Es war schwierig, sie in Worte, in ein sinnvolles Ganzes zu bringen, sie einfach zusammenzufassen. Es war eine sehr persönliche Erfahrung, die eigentlich nicht dazu gedacht ist, mit anderen geteilt zu werden. Andererseits fühlte ich, dass meine Erfahrung jeden Menschen überall auf der Welt betrifft. Dass wir alle das gleiche Schicksal teilen. Dass wir alle auf dem richtigen Weg sind. Dass es in diesem Leben keine Niederlagen gibt oder dass sie für den größeren Zusammenhang, für das

Erreichen des letztendlichen Zieles, einfach unwichtig sind. Am Ende der Geschichte, die wir alle zusammen erleben, können wir nicht verlieren.

Wir brauchen uns keine Sorgen machen, egal, was passiert.

Tag 754

Hey Tomislav!
Wir sind von deinem Video begeistert und möchten dich darüber informieren, dass du in der zweiten Runde des Wettbewerbs für den besten Job auf der ganzen Welt bist!
Wir laden dich ein, ein weiteres Video von zwei bis drei Minuten zu machen, in dem du deine Heimatstadt oder die Stadt, in der du gerade bist, präsentierst.
Du hast eine Woche, um es an uns zu senden. Viel Glück!

Und ich hatte Glück.

Nicht wegen der E-Mail, dass ich unter die Top 50 der Kandidaten des Wettbewerbs gekommen bin. Das war zu erwarten, nachdem wir das Video vom Amazonas geschickt hatten und es im Internet abgehen würde. Mein einminütiges Lebenslaufvideo entpuppte sich als großer Erfolg, zum Teil weil das Skript einfach war. Ich stellte darüber hinaus noch Szenen auf die Facebook-Seite, auf der die Leute ihre Stimme für mich abgeben konnten. Ich schrieb die kroatischen Medien an, und bald teilten alle die Nachricht: *Der Kroate im Kampf um den besten Job auf der ganzen Welt!*

Es folgten Interviews für Fernsehen, Radio, Zeitungen und Internetportale. Facebook-Likes und -Shares schnellten in die Höhe. Mein Gesicht war überall zu sehen, was zu hunderttausend Stimmen und dem ersten Platz unter einigen Tausend Kandidaten aus der ganzen Welt geführt hat.

Es war kein Glück, sondern ein gut ausgedachter und umgesetzter Plan. Das Glück war, dass wir uns jetzt, als wir eine Woche Zeit hatten, das nächste Video zu drehen, in der schönsten Stadt Perus, in Cusco, befanden. Und dass wir am nächsten Tag den Machu Picchu besuchen wollten.

Wir nahmen die Kamera und machten uns auf den Weg zur Erkundung der Hauptstadt des Inkareichs. Am Morgen setzten wir uns in einen Bus und kamen nach Ollantaytambo.

Ollantaytambo ist eine nette kleine Stadt, ganz aus Stein erbaut. Scharen von Touristen kommen tagtäglich durch diese Stadt, weil hier die letzte Möglichkeit ist, den Zug nach Aguas Calientes zu nehmen (auch bekannt als Machu-Picchu-Dorf). Von dort aus besteigt man den Machu Picchu. Der Zug fährt natürlich auch von Cusco ab, ist aber von dort aus viel teurer. Von Ollantaytambo aus kostet die Fahrt nur etwa siebzig US-Dollar in eine Richtung. Das macht diese Strecke zu einer der teuersten der Welt, wenn man bedenkt, dass es sich um eine Fahrt von etwa dreißig Kilometern handelt.

Ein weiterer Punkt: Man kann in dieser Stadt viele alte Ruinen aus der Zeit der Inkas, wie Terrassen, Minen, Mauern und dergleichen, finden. Auf jeden Fall einen Besuch wert, falls man Zeit hat. Die wir nicht hatten. Unser Plan war, Aguas Calientes zu Fuß zu erreichen. Trotz der Tatsache, dass wir im Internet keinen finden konnten, der es je versucht hätte. Und trotz der Tatsache, dass uns die Tante in der Touristinformation vor Sicherheitsbeamten gewarnt hatte, die uns verfolgen und daran hindern würden, die Schienen entlangzugehen, den einzigen Weg in diese Richtung.

Da wir weder eine Campingausrüstung noch eine Taschenlampe für einen Nachtmarsch mitbrachten und es bis zum Ziel fast dreißig Kilometer (mindestens sieben bis acht Stunden zu Fuß) waren, planten wir, die Nacht irgendwo auf der Mitte des Weges zu verbringen. Mehrere Leute in Ollantaytambo gaben uns den Tipp, dass auf dem Weg einige private Grundstücke lägen, wo wir zwecks Übernachtung fragen könnten. Optimistisch, wie wir waren, tranken wir Kaffee, aßen in Ruhe unser Frühstück, rüsteten uns mit ein paar Liter Wasser aus und machten uns um die Mittagszeit auf den Weg.

Wir fuhren bei einem Kombi nach Piscacucha mit, an dem die Straße entlang der Eisenbahnschienen endet. Der Ort lag bei Kilometer zweiundachtzig. Nach unseren Informationen lag Aguas Calientes bei Kilometer hundertvierzehn, also genau zweiunddreißig Kilometer weit weg.

82. Kilometer

Hier, am Ende der Straße beginnt der berühmte *Inka-Trail* beziehungsweise der Weg, auf dem Wanderer in drei bis vier Tagen den Machu Picchu erreichen. Aber für diesen Weg muss man vorbereitet sein, sowohl physisch als auch organisatorisch. Die Nachfrage ist groß und die Teilnehmerzahl begrenzt, deshalb sollte man mehrere Monate im Voraus einen Platz buchen. Der Preis ist allerdings fast unverschämt hoch, fünfhundert US-Dollar, Minimum.

Wir gingen auf den Schienen oder neben ihnen, machten alle zwanzig Minuten Pause, wenn wir den entgegenkommenden Zug hörten. Wir versuchten, per Anhalter mit dem Zug zu fahren, das funktionierte aber leider nicht. Vorsichtig gingen wir durch den ersten Tunnel, schmal und dunkel. Wir lauschten aufmerksam und passten auf, dass wir keinem Zug begegneten. Neben uns fuhr ein etwas seltsamer Schienenwagen geräuschlos vorbei, den wir nicht einmal bemerkten, geschweige denn mit Daumen hoch versucht hätten, anzuhalten, um mitzufahren.

Die Landschaft war wunderschön. Der große, schnelle Fluss war auf der linken Seite, wir sahen Pferde und Esel an den kleinen Wasserstellen und die Gipfel der Berge in der Ferne. Wir genossen die Ruhe der Natur, weit weg vom Lärm der Städte.

88. Kilometer

Nach mehr als einer Stunde machten wir eine Mittagspause. Wir trafen eine einheimische Lehrerin, die uns nicht viel Hoffnung für die Fortsetzung unseres Abenteuers gab.

»Ihr seid zu spät losgegangen«, meinte sie besorgt. »Ihr habt keine Campingausrüstung, keine Taschenlampe, die euch den Weg nach Einbruch der Dunkelheit leuchten könnte.«

»Kein Problem«, reagierten wir entspannt. »Wir planen, die Nacht bei Leuten zu verbringen, die am Weg wohnen.«

»Ich denke, da werdet ihr kein Glück haben«, fuhr sie in skeptischem Ton fort. »Die Menschen in dieser Region sind nicht gerade gastfreundlich zu Fremden. Außerdem sind bereits viele Menschen auf ihrem Weg durch die Nacht gestorben. Ihr werdet die Hand nicht vor Augen sehen können, und es gibt viele Tunnel, Felsspalten und dergleichen, die euch den Weg versperren. Hört auf mich, geht zurück nach Ollantaytambo oder zumindest nach Piscacucha, schlaft dort, und geht früh am Morgen los, um vor Einbruch der Dunkelheit anzukommen.«

»Vielen Dank für den Tipp«, lächelten wir und verabschiedeten uns.

Sie erschütterte unser Selbstvertrauen ein bisschen, aber es wir gaben nicht auf. Da wir an die peruanische Gastfreundschaft gewöhnt waren, waren wir überzeugt, auf dem Weg eine Unterkunft zu finden.

90. Kilometer

Wir gingen an zwei Reisegruppen vorbei, die gerade von unserem Ziel zurückkamen. Sie deprimierten uns noch mehr mit ihrem besorgten Erstaunen darüber, dass wir nichts im Vorfeld organisiert hatten und weder Campingausrüstung noch Taschenlampe dabeihatten. Über die Menschen, die neben der Straße lebten, verloren sie kein freundliches Wort. Die wollten ihnen nicht mal einen Tropfen Wasser anbieten, als sie danach gefragt hatten.

»Vorsicht vor den Hunden!«, riefen sie uns noch nach, als wir uns schon verabschiedet hatten. »Bewaffnet euch mit Steinen, das müsste sie einschüchtern.«

Zu diesem Zeitpunkt gingen wir schon zwei Stunden zu Fuß. Es waren aber noch mindestens fünf Stunden bis zum Ziel, und die Dunkelheit würde in drei Stunden hereinbrechen. Was sollten wir tun?

93. Kilometer

Wir kommen an einigen Häusern vorbei, die jeweils recht weit auseinanderlagen. Wir näherten uns jedem Haus und versuchten, die Hausbewohner zu rufen. Manche schüttelten nur den Kopf, während hinter dem Zaun Horden von Hunden schrecklich laut bellten. Andere waren nirgendwo zu sehen. Wir suchten weiter. Die Hoffnung, dass wir eine Unterkunft finden würden, verließ uns langsam. Es war zu spät, um zurückzugehen, es wurde bald dunkel.

Wir kamen zu einem Haus auf einem wunderschönen Anwesen. Ein kleiner Bach, Enten, ein gepflegter Garten, Grün überall herum. Wir wollten wieder die Hausbewohner rufen, wir schrien, aber ohne Erfolg. Wir beschlossen, in den Hof hineinzugehen und uns ein wenig umzusehen.

»*¡Hola!*«, riefen wir alle paar Schritte und gingen vorsichtig näher. »*¡Buenos días!*«

Wir kamen an den Ställen vorbei, und um die Ecke sahen wir zwei Frauen, die gerade Hühner rupften. Sie bemerkten uns nicht. Die Hunde neben ihnen jedoch sofort. Mit einem Satz sprangen sie auf und kamen in unsere Richtung, dabei bellten sie ohrenbetäubend. Es waren sechs.

Innerhalb weniger Sekunden kamen sie bis auf einen Schritt an uns heran. Uns gefror das Blut in den Adern. Der Instinkt sagte uns, wir sollten uns so schnell wie möglich umdrehen und Fersengeld geben. Aber der gesunde Menschenverstand befahl uns, stehen zu bleiben, keinen Schritt zu weichen und den Hunden keine Chance zu geben, unsere Angst zu erschnüffeln und zum Angriff überzugehen.

Die Frauen bemerkten uns und machten, ohne aufzustehen und mit den halb gerupften Hühnern in ihren Händen, grobe Gesten. Sie schrien irgendetwas, das wir wegen des dröhnenden Gebells nicht hören und verstehen konnten. Den Hunden trat schon der Schaum aus den Lefzen, es war offensichtlich, dass die Anwesenheit von zwei Fremden in ihrem Hinterhof sie frustrierte. Und wir Fremden waren erschrocken und versuchten, es den Hunden nicht zu zeigen. Wir wechselten stumm Blicke und gingen langsam aus dem Hof und schlossen das Tor hinter uns.

»Das machen wir nicht noch mal«, sagte ich.

»Da bin ich ganz deiner Meinung«, sagte sie. »Was tun wir jetzt?«

Die Möglichkeiten waren nicht berauschend. Wir konnten versuchen, noch anderswo zu fragen, falls wir noch über ein Haus stolpern würden. Doch die Begegnungen mit den scheußlichen Hunden, die es auf fast jedem Grundstück gab, nahmen uns die Lust darauf. Wir könnten den ganzen Weg zurückgehen, dafür würden wir mindestens drei Stunden brauchen. Und in zwei war es dunkel. Wir konnten die Nacht irgendwo auf dem Weg verbringen, aber wir hatten kein Zelt, keine Schlafsäcke.

Wir hatten nur eine Option: die zwanzig Kilometer weitergehen, mit dem Wissen, dass wir die letzten zehn Kilometer in absoluter Dunkelheit gehen müssen. Mit der Hilfe des Mondes konnten wir nicht rechnen, weil er sich erst kurz nach Mitternacht zeigen würde. Wir hatten nur zwei Handys mit schwachen Batterien und schlechter Beleuchtung.

»Beeilen wir uns und versuchen, so viele Kilometer wie möglich zu schaffen, bevor uns die Dunkelheit einholt. Dann gehen wir nur noch ganz langsam«, sagte ich nach einigem Nachdenken. »Wir haben keine andere Wahl.«

»Okay!«, stimmte Mare zu, sichtlich deprimiert.

Wir erreichten die höchste Geschwindigkeit, die möglich war angesichts spitzer Steine und aller möglichen Hindernisse, die alle hundert Meter auftauchten.

96. Kilometer

Wir näherten uns wieder einem Haus, was uns das Bellen von Hunden verriet. Wir nahmen ein paar Steine in die Hand und gingen unbehelligt an ihnen vorbei, obwohl sie sich uns bis auf wenige Meter näherten, wütend knurrten und bellten.

»Was machen wir mit den Hunden nach Einbruch der Dunkelheit?«, fragte Mare, die einige Meter hinter mir ging.

Ich antwortete nicht. Das gleiche Problem ging mir auch durch den Kopf.

98. Kilometer

Wir hatten die Hälfte des Weges hinter uns. Von den zweiunddreißig Kilometern, die wir vorhatten, an einem Nachmittag zu gehen, schafften wir sechzehn. Das dauerte vier Stunden.

Das deprimierte uns noch mehr.

99. Kilometer

Wieder Hundegebell. So wütende Hunde wie die letzten Kilometer hatten wir noch nie gehört. Dazu machte, sich Hoffnungslosigkeit und Verzweiflung breit. Unsere Hände waren voller Steine. Wir hatten Angst vor den

Hunden und Angst vor der bald hereinbrechenden Dunkelheit. Mehr als alles andere fürchteten wir die Kombination dieser beiden Dinge.

101. Kilometer

Wir hatten ein gutes Tempo, und in der vergangenen Stunde legten wir fünf bis sechs Kilometer am Stück zurück. Allerdings traute ich mich nicht, auf die Uhr zu schauen. Das Tageslicht ließ langsam nach. Wieder hörten wir das Bellen von Hunden, aber diesmal auf der anderen Seite des Flusses.

102. Kilometer

Das war's. Die Nacht brach herein. Wir schmiegten uns aneinander und schalteten unsere Handys ein. Der Lichtstrahl, den sie erzeugten, war enttäuschend. So gingen wir Schritt für Schritt weiter.

Ein Zug fuhr vorbei.

Die Straße war schrecklich, wir sahen keine zwei Meter weit, wir mussten endlos viele Scheißlöcher überspringen. Wir überquerten eine Brücke, tapsten über die morschen Holzschwellen zwischen den Eisenbahnschienen, in der Hoffnung, dass kein Zug kommt. Die Dunkelheit um uns herum war so tief, dass wir auf einmal in einem Tunnel waren, ohne es bemerkt zu haben. Nur pures Glück rettete uns vor der Begegnung mit einem Zug.

Ein Rudel Hunde war vor uns. Das wievielte wussten wir nicht, da keiner von uns mehr mitzählte. Unsere Zuversicht sank tiefer und tiefer mit jedem Bellen. In völliger Dunkelheit klang das tausendmal intensiver.

104. Kilometer

Ein weiteres Rudel Hunde. Woher kamen die nur alle, um Gottes willen?

Mare nahm den Laptop in ihre Hände, ging dicht neben mir weiter, ich hielt mich kampfbereit, mit Steinen in den Händen. Hunde bellten und knurrten, wir hörten ihre Schritte in der Nähe. Sie folgten uns. Wir dachten nur daran, vorwärtszugehen.

Wir sprachen uns Mut zu, redeten miteinander, aber nichts half. Unsere Stimmen verrieten es überdeutlich, dass wir ängstlich, erschöpft und deprimiert waren. Wie nie zuvor. Die Zeit verging langsam. Die Kilometer noch langsamer.

105. Kilometer

Wir waren müde. Es war kalt. Meine Turnschuhe drückten. Nach dem Klang von Mares Schritte schloss ich, dass sie hinkte, aber sie wollte es mir nicht sagen, damit ich mir keine Gedanken machen würde. Und ich wagte nicht, zu fragen, um die Situation nicht noch schlimmer zu machen.

»Schau mal, da ist Licht hinter der Kurve!«, sagte ich aufgeregt, ein wenig Hoffnung regte sich in mir.

106. Kilometer

Auf den ersten Blick sah es so aus, als ob wir in ein Dorf kamen, da viele Häuser auf unserer linken Seite waren. Ein tosender Fluss trennte uns von ihnen. Wir erreichten die Brücke. Wir überquerten sie, aber auf der anderen Seite erwarteten uns ein Zaun und ein Vorhängeschloss. Verschlossen.

Wir sahen Leute in der Nähe, sie kamen auf uns zu. Durch das verschlossene Tor erklärten wir ihnen unsere Situation. Wir fragten sie, wo wir eigentlich wären. So erfuhren wir, dass es sich um ein Wasserkraftwerk handelte, dass dort die Arbeiter lebten und dass wir die Nacht keinesfalls dort verbringen könnten. Es gelang uns nicht, sie zu erweichen, allen Versuchen zum Trotz.

Am Ausgang des Geländes trafen wir auf die Arbeiter, die das seltsame Schienenfahrzeug beluden, das wir zu Beginn unserer Wanderung gesehen hatten. Wir wussten, dass dies unsere letzte Chance war.

»Guten Abend!«, näherten wir uns lächelnd. »Fahren Sie vielleicht nach Aguas Calientes?«

»Ja«, antwortete uns der Mann ungerührt mit einem Papier in seinen Händen.

»Können Sie uns, *por favor*, mitnehmen?«, frage Mare. Ich hätte die Frage selbst gestellt, aber irgendwie war ich überzeugt, dass die Frage von einer Frau gestellt besser ankommen würde.

»Nein«, antwortete er kurz und bündig.

»Bitte«, setzte Mare flehend fort. »Wir haben keine Lampen, sind erschöpft, und die Hunde verfolgen uns und bellen.«

»Nein«, wiederholte der Typ, setzte seine Arbeit fort und vermied die ganze Zeit Blickkontakt. »Es ist verboten, Touristen mitzunehmen.«

Wir schauten einander traurig an und zogen weiß Gott zum wievielten Mal erfolglos an diesem Tag weiter.

»Ich denke, dass dieser Typ diesen Weg noch nie im Leben in der Nacht gegangen ist«, jammerte ich, als wir schon um die Kurve gebogen waren. »Denn sonst würde er uns ohne zu zögern mitnehmen.«

Ich hatte den Satz noch nicht zu Ende gesprochen, als wir hörten, wie die Maschine ansprang und in unsere Richtung zu gleiten begann. Wir hielten an, machten unseren Laptop zu und warteten mit nach unten geneigten Köpfen, bis das Gefährt vorbeigefahren wäre.

»Einsteigen!«, schrie der Fahrer und hielt die komische Maschine an. »Bleiben Sie aber bloß unten, damit Sie niemand bemerkt.«

In diesem Moment waren wir die zwei glücklichsten Menschen der Welt. Ungläubig, uns in der Hocke die Hände haltend, betrachteten wir, mit welcher Leichtigkeit wir auf den Schienen vorankamen. Das Licht beleuchtete die alten Schwellen, an denen wir heute Nacht unzählige Male hängengeblieben waren. Die wir so oft verflucht hatten. Jetzt lassen wir sie hinter uns, ohne eine Spur von Anstrengung.

Es war wunderbar. Nach Trauer, Frustration, Hilflosigkeit, Angst und anderen negativen Gefühlen in den vergangenen Stunden überraschte uns das Leben auf unerwartete Weise. Nach dem x-ten Mal wurde das bestätigt, was ich schon lange wusste. Höhen und Tiefen sind vielleicht nicht gleich wertvoll, aber genauso notwendig. Wir würden die Höhen ohne den gelegentlichen Fall nicht zu schätzen wissen.

Ohne das Schwarze wäre das Weiße wertlos.

108. Kilometer

»Wau, wau!«, neben uns lief und bellte der größte Hund, den wir bisher trafen. Wären wir zu Fuß gegangen, wäre er die letzte Mutprobe gewesen.

109. Kilometer

Wir sahen die Lichter in der Ferne.

110. Kilometer

Das Fahrzeug stoppte.

»Wir sind da«, murmelte der Fahrer.

»Wo denn?«, fragten wir, nahmen unsere Rucksäcke und stiegen aus dem Fahrzeug. Wir waren verwirrt, denn das Ziel erwarteten wir bei Kilometer 114.

»Aguas Calientes«, sagte er und verschwand in der Dunkelheit.

Wir waren todmüde, aber stolz, dass wir nach einem langen Wandertag über Schienen, begleitet von Hunden und in pechschwarzer Nacht, lebendig die Ziellinie erreicht hatten. Zu Fuß gingen wir durch Aguas Calientes und suchten nach einer Unterkunft.

Wir wussten, dass wir uns in einer der wohl teuersten Städte Perus befanden. Denn es war unmöglich, daran vorbeizugehen, wenn man zum Machu Picchu, der bekanntesten touristischen Sehenswürdigkeit in diesem

Teil der Welt, gelangen wollte. Es ist die letzte Station vor dem Aufstieg, und wenn die Touristen keine andere Wahl haben, ist klar, was das bedeutet – die Preise für Übernachtungen steigen in den Himmel. Wir schauten uns in den Geschäften um, dort waren die Preise um fünfzig Prozent höher als im bereits vergleichsweise teuren Cusco. Die Hotels waren entweder voll oder unverschämt teuer, und das Essen im Restaurant machte uns klar, dass wir hier entweder von Grundnahrungsmitteln leben oder einfach hungern würden.

Mit letzter Kraft fanden wir ein Zimmer zu einem relativ niedrigen Preis. Beim Feilschen nutzten wir die Tatsache, dass es schon so spät war, sowie eine kurze Schilderung dessen, was wir heute schon durchgemacht hatten, nur um hierherzukommen. Wir genehmigten uns eine kalte Dusche und gingen auf die Suche nach einem Abendessen.

Wir sahen uns die Preise im ersten Restaurant an, auf das wir trafen. Zu teuer. Wir stoppten im zweiten, das Gleiche. Während wir die Speisekarte studierten, verließen vier Personen am Tisch neben uns das Restaurant. Sie ließen sieben Stücke Pizza zurück, auf jeder Platte ein kleines Stück. Ich warf einen kurzen Blick auf den Preis einer Pizza und konnte nicht nachvollziehen, wie sie so viel Essen, das sie so teuer bezahlt hatten, einfach stehen lassen konnten. Ich schaute nach links, ich schaute nach rechts, schließlich richtete ich den Blick zu Mare.

»Wollen wir?«, fragte ich.

»Klar«, kam kurz und eindeutig die Antwort.

Hastig nahmen wir die sieben unberührten Pizzastücke, lächelten die verwundert blickenden Gäste am benachbarten Tisch an und verließen langsam und unauffällig das Restaurant.

Tag 774

Lieber Tomislav,

wir alle in Jauntaroo bedanken uns von Herzen bei dir, dass du Teil der Suche nach dem ersten Chief World Explorer warst. Wir staunen immer noch über das große Interesse, das diese Kampagne hervorgebracht hat. Wir hätten uns im Vorfeld nicht vorstellen können, welche Kreativität, welches Engagement und was für eine Begeisterung alle Bewerber für »den besten Job auf der ganzen Welt« an den Tag legen würden. Das Eingrenzen der Liste auf nur fünf Kandidaten war die schwierigste Herausforderung.

Nach einer gründlichen Überprüfung aller Videos aus unseren Top 50 haben wir schweren Herzens die Entscheidung getroffen, dass du leider nicht bei den letzten fünf Kandidaten für den Job dabei sein wirst. Diese Entscheidung war nicht leicht für uns. Wir können dir gar nicht sagen, wie sehr wir deine Bemühungen zu schätzen wissen. An erster Stelle die beiden tollen Videos, aber auch deine Fähigkeit, online Stimmen zu sammeln und das Interesse der kroatischen Medien zu wecken. Die Menschen begeisterten sich für dich und deine Videos in einer Weise, die wir uns nicht einmal vorstellen konnten. Es macht Spaß, dich vor der Kamera zu sehen, und es ist unterhaltsam. Du warst auf jeden Fall einer unserer Top-10-Kandidaten.

Um dir ein Feedback zu geben, warum du letztendlich nicht gewählt wurdest, können wir nur sagen, dass für uns die Erwähnung unseres Unternehmens und die Art, wie wir arbeiten, wichtig gewesen wären. Da wir in einem ernsthaften und großen Geschäftsfeld tätig sind, wollen wir sicher sein, dass der Chief World Explorer das Unternehmen Jauntaroo fördern und unsere Position im Tourismus festigen wird.

Von ganzem Herzen möchten wir uns bei dir noch einmal bedanken, dass du ein Teil dieser Reise warst. Bewahre die Liebe für das Reisen. Wir möchten, dass du die Welt auch weiterhin zum Besseren veränderst.

Mit freundlichen Grüßen

Jauntaroo, Führungsteam

Ich las die E-Mail noch mal durch. Ich war traurig und enttäuscht. Ich habe viel Zeit und Mühe in dieses Projekt gesteckt, und es hat nicht zum gewünschten Ergebnis geführt. Eine der wenigen Male in meinem Leben habe ich nicht bekommen, was ich wollte, trotz aller Bemühungen.

Ich versuchte, die Fassung wiederzugewinnen und die Situation tiefer zu analysieren. Ich legte mich auf den Rücken und starrte auf den sich langsam drehenden Deckenventilator. Es war früh am Morgen, Mare schlief noch. Was hat mir dieses zweimonatige Projekt Positives gebracht?

In erster Linie war es sehr lustig. Es hat Spaß gemacht, diese beiden Videos zu drehen, die vielen Interviews und Statements an die Medien zu geben, zu beobachten, wie ich der Kandidat mit der bei Weitem größten Zahl der Stimmen in der ersten und in der zweiten Runde wurde und wie ich mich dort halten konnte. Es war toll, die vielen Nachrichten und E-Mails zu lesen, von Menschen, die mich unterstützen wollten, aber noch nie von mir gehört hatten. Allein auf Facebook hatte ich fünftausend neue Fans aus aller Welt.

Und dann habe ich vor einigen Tagen, als ich müde war vom ständigen Warten auf eine Nachricht, ob ich unter den Top-5-Kandidaten wäre, endlich zu schreiben begeonnen, was ich niemals für möglich gehalten hätte: mein erstes Buch.

Viele positive Dinge haben sich aus diesem Projekt ergeben. Und nur eine negative Sache: *Ich habe den besten Job auf der ganzen Welt nicht bekommen*.

Auf der anderen Seite, was würde passieren, wenn ich gewonnen hätte? Ich würde für ein Unternehmen arbeiten und dorthin gehen, wo sie mich hinschicken. Ich würde schreiben, fotografieren und filmen – so wie es mir vorgegeben wird. Die meiste Zeit würde ich von Mare getrennt sein und nicht mehr meine eigenen Entscheidungen treffen können. Wer weiß, wie das ausgehen würde. Ich hätte zwar hunderttausend US-Dollar bekommen, die Summe wäre aber aufgrund verschiedener Steuern und anderem Unsinn halbiert worden. Die Leute würden mich bitten, ihnen Geld zu leihen, wenn ich schon stinkreich wäre. Ich würde Freunde, denen ich Geld leihen würde, verlieren, und für diejenigen, denen ich es verweigert hätte, würde ich der arrogante Geizige sein.

Enttäuschung und Traurigkeit waren jetzt praktisch verschwunden. Es blieb nur die Frage: »Was nun?«

»Ich bin nicht unter die Top 5 gekommen«, flüsterte ich Mare zu, als sie die Augen öffnete. Schweigend kam sie zu mir und umarmte mich.

»Was tun wir jetzt?«, fragte sie nach einer Weile.

»Ich bin müde vom Bummeln durch Peru«, sagte ich. »Lass uns einen Platz finden, wo wir für ein paar Monate bleiben werden und wo ich mein Buch schreiben kann.«

»Santa Marianita?«, flüsterte sie.

»Santa Marianita«, bestätigte ich.

Es gab eine Möglichkeit, an der Küste von Ecuador in einem Hotel als Freiwilliger zu arbeiten und sich vom Reisen zu erholen. Die Möglichkeit, sesshaft zu werden und mich dem hingeben zu können, was ich fühlte, war mein jetziger Weg und die schwierigste Herausforderung.

Ich packte den Laptop, öffnete meine Facebook-Seite und schrieb den neuen Status.

Hallo Leute!

Leider wurde ich nicht in die Top-5-Kandidaten für den »besten Job auf der ganzen Welt« gewählt.
Gerade hat mir mein Leider-nicht-Arbeitgeber eine E-Mail geschickt, mit einem großen Dankeschön. Sie sagten, dass ich in meinen Videobeiträgen sowie beim Sammeln von Facebook-Likes ausgezeichnet war, aber leider nicht derjenige sei, den sie suchen. Der Grund dafür ist, dass ich in meinem Video ihre Firma und die Art und Weise, wie sie funktioniert, nicht erwähnt habe.
Egal, wir haben unser Bestes gegeben. Hinter uns liegen zwei spannende Monate. Ich kann euch nicht genug dafür danken, dass ihr die ganze Zeit dabei gewesen seid. Danke für all die Likes, Shares und das Daumendrücken. Vielen Dank an alle Medien, die diese Geschichte so begleitet haben, wie ich es nicht zu träumen gewagt hätte. Danke meinem Shale, der mich auf den ersten Platz in der zweiten Runde katapultierte, und meiner Tante, die schlaflose Nächte wegen des großartigen Jubelns verbrachte.
Das Leben geht weiter, diese Seite geht weiter, unser Abenteuer geht weiter. Das Schicksal wollte es, dass Mare und ich vor ein paar Tagen ein Angebot bekommen haben, in einem Hotel an der Küste von Ecuador zu arbeiten. Wer weiß, vielleicht wird das für uns der beste Job auf der ganzen Welt sein!
Und ich werde die Zeit haben, an meinem Buch zu arbeiten.

Küsse an alle von uns beiden!

Tag 1000

»Eine der letzten Stationen in Peru war Huacachina«, wandte ich mich wieder an mein Publikum und wechselte das Dia. Das Foto zeigte eine wunderschöne Oase mitten in der peruanischen Wüste. »Huacachina zieht viele Touristen an, einerseits durch seine natürliche Erscheinung, aber auch mit einer Reihe von Aktivitäten, wie zum Beispiel Sandboarden, Buggyfahren oder Entspannen im heilenden Wasser oder Schlamm.«

In Huacachina haben wir keines von den oben genannten Dingen gemacht, obwohl wir das Surfen auf den Sanddünen versucht haben. Es war ein Fehlschlag. Entweder hatten wir einfach kein Talent, oder es gab ein Problem mit dem Board oder zu wenig Wachs. Aber wir haben genug von der schönen Wüstenlandschaft, ausreichend Dünen, Sonnenaufgänge und Sonnenuntergänge gesehen. Es war das erste Mal, dass ich nach Jahren des Reisens in einer echten Wüste war.

»Nach vier Monaten Peru gingen wir nach Ecuador«, erzählte ich weiter. »Über eine Website, die Arbeit für Freiwillige anbot, fanden wir ein kleines Hotel an der Küste und verbrachten dort die nächsten fünf Monate. Wir arbeiteten nur wenige Stunden am Tag im Austausch für Unterkunft und Verpflegung, halfen beim Frühstücksservice und bei der Reinigung der Zimmer, gingen mit Hunden am Strand spazieren und pflegten dreizehn Katzen, die unsere Wirtin Linda aufgenommen hatte. Wir lernten fast die gesamte Stadt kennen, und jeden Abend kehrten wir in einem kleinen Restaurant einer Familie ein, in dem wir ein Stück frischen Fisch, eine Beilage und einen Salat für nur zwei US-Dollar bekamen.

In Ecuador haben wir sonst nicht viel gesehen«, fuhr ich fort. »Wir besuchten Baños, eine schnuckelige touristische Stadt in der Mitte des Landes, und Quilotoa, einen Vulkan mit einem See in der Mitte. Doch schon bald waren wir in Santo Marianita zurück, weil ich wieder arbeiten und mein Buch zu Ende schreiben musste.«

Tag 909

Ich schloss meinen Laptop und zusammen mit ihm ein Kapitel meines Lebens. Mein erstes Baby war geboren! Mein Buch war fertig.

Das Gefühl war dasselbe, das ich nach der letzten bestandenen Prüfung an der Uni hatte. Stolz und Erleichterung nach harter Arbeit. Der Erfolg nach so viel Mühe. So wie ich es gehasst hatte, für die Prüfungen an der Uni zu lernen, so hasste ich es, zu schreiben. Die Motivation zum Schreiben hielt nur einige Tage an, das war ganz am Anfang. Die restliche Zeit musste ich mich zwingen, das zu beenden, was ich begonnen hatte.

Du bist kein Schriftsteller. Das ist eine Katastrophe. Das Buch ist schrecklich langweilig. Deine Geschichte ist überhaupt nicht besonders. Der Schreibstil ist der eines durchschnittlichen Mittelschülers.

Dies waren die Gedanken, die von Tag zu Tag durch meinen Kopf gingen, von einer Seite des Buches zur anderen. Unzählige Male wälzte ich mich im Bett herum und fühlte mich machtlos beim Anblick des weißen Laptop-Bildschirms. Ich änderte die Schriften, hatte Spaß beim Bearbeiten des Textes, ließ verschiedene Musik im Hintergrund laufen, ging unzählige Male für einen kurzen Spaziergang an den Strand und suchte nach Inspiration. Vergebens. Ich liebte den Entstehungsprozess des Buches nicht. Ich mochte es überhaupt nicht. Es langweilte mich. Aber ich fuhr fort zu schreiben.

Bis zu jenem Morgen, als sich alles verändert hat.

An der Reihe war der Tag Nummer 794. Der Tag, als ich bei HRT, beim kroatischen Rundfunk, als Gast in die Sendung *Die achte Etage* eingeladen war. Der Tag, als ich der bekannten Moderatorin Daniela Trbović gegenübersaß und ihr von meinen Reisen mit fünfzig Kuna pro Tag erzählte.

Ich lag auf dem Bett und sah das neuneinhalbminütige Interview auf YouTube, für das ich wegen der schlechten Internetverbindung über fünfundvierzig Minuten benötigte, und schrieb unseren Dialog auf. Daniela fragte mich nach meinem früheren Job als Börsenmakler. Sie wollte etwas über *Couchsurfing* und über meine erste Reise wissen. Ich sprach über mein erstes Trampen nach Sofia, über das Bummeln durch Kroatien, die zweimonatige Reise nach Europa und wie ich in Andalusien ganz ohne Geld leben konnte. Ich erwähnte das Per-Anhalter-Wettrennen nach Istanbul, den Start der Facebook-Seite, streifte kurz Bangladesch und Portugal. Schließlich kündigte ich meine größte Reise an – tausend Tage Sommer um die ganze Welt.

Und das war der Moment. Auf einmal war mir alles klar. Ich blätterte das Buch durch und sah, dass ich über all diese Themen bereits geschrieben hatte. Als ob ich alles analog zum Ablauf dieses Interview schrieb. Als ob Daniela wusste, was sie fragen musste, damit ich absolut alles erwähne, was mir passiert ist, ab dem Moment, als ich den Börsenmaklerjob an den Nagel hängte bis zu dem Zeitpunkt, als ich ihr gegenübersaß, ihre Fragen beantwortete und eine Reise ankündigte.

Das war's. Ich beschloss, dass dieser Tag, dieses Interview, der Leitfaden in meinem Buch sein soll. Alles wird darum herum aufgebaut sein. Das Buch wird chronologisch erzählt werden, aber immer wieder auf den 794. Tag und das Interview mit Daniela zurückkommen. Wie in *Slumdog Millionär*, als auf die Sendung und seinen Weg zu einer Million zurückgeblendet wird.

Mit dieser Idee kam das Lächeln in mein Gesicht zurück, während ich schrieb beziehungsweise das Buch beendete. Ich fühlte mich wie ein Schriftsteller, der Text klang nicht mehr langweilig, ich belastete mich wegen meiner einfachen Art des Schreibens nicht mehr. Mit dieser Idee begann ich, mein Buch zu lieben.

»Ich bin fertig«, flüsterte ich ihr zu, als sie die Augen öffnete.

»Fertig fertig?«, fragte sie ungläubig.

»Fertig fertig«, sagte ich aus voller Überzeugung.

Wir kletterten aus dem Bett und begannen einen neuen Tag, der sich in keinster Weise von den Tagen der letzten fünf Monate unterschied.

Na ja, bis auf eines: Am Ende des Tages hatten wir zwei Flugtickets nach Europa.

Tag 1000

»Nach fünf Monaten in Ecuador kehrten wir nach Kroatien zurück, wo ich mein erstes Buch veröffentlichte«, begann ich ein neues Thema in meinem Vortrag und ließ das Publikum einen Blick auf mein kürzlich auf Englisch und Kroatisch erschienenes Buch werfen: *1000 Tage Frühling.*

Ich bemerkte erstaunte Blicke im Publikum.

»Sie fragen sich sicher, warum ich die letzte Stunde über meine Reise um die Welt gesprochen habe, die ich 1000 Tage Sommer nenne, und den Vortrag mit einem Buch abschließe, das *1000 Tage Frühling* heißt.«

Alle nickten.

»Als ich angefangen habe, war der Plan, ein Buch mit dem Titel *1000 Tage Sommer* über das Reisen um die ganze Welt zu schreiben«, erklärte ich. »Aber ich wollte nicht mit dem Moment beginnen, an dem ich meine Reise begonnen habe. Ich wollte über alles schreiben, was dieser Reise vorangegangen ist. Ich wollte über die Jahre vorher schreiben, über meine Studentenzeit, über meine Arbeit als Börsenmakler, darüber, wie ich unzähligen Couchsurfern meine Gastfreundschaft in meiner Mietwohnung anbot, über mein erstes Trampen, über die erste große Reise, das Per-Anhalter-Wettrennen nach Istanbul, über die ersten Sponsoren, über die Reise nach Bangladesch. Ich glaubte, dass diese Geschichte noch interessanter wäre als die eigentliche Reise um die Welt. Nach zweihundert geschriebenen Seiten stellte ich fest, dass ich noch nicht einmal begonnen hatte, über die Weltreise zu schreiben. Ich traf die Entscheidung, meine Lebensgeschichte in zwei Abschnitte, sprich in zwei Bücher zu teilen. Ein Buch würde von dem Leben vor der Reise um die Welt – *1000 Tage Frühling* – handeln und das andere Buch von dem Leben während der Reise um die Welt – *1000 Tage Sommer*.

Obwohl ich mehrere Angebote von Verlagen aus Kroatien hatte, beschloss ich, das Buch selbst zu veröffentlichen«, fuhr ich fort. »Ich startete eine Crowdfunding-Kampagne, in der ich genug Geld für Korrekturlesen, Layout, Übersetzung und Druck von mehreren Tausend Exemplaren sammelte. Derzeit reise ich durch Kroatien und einige Nachbarländer, halte Vorträge und werbe für mein Buch.«

Das war's. Damit war alles gesagt, was ich zu sagen hatte. Der Vortrag war vorbei. Es folgte der gemütliche Teil des Abends.

»Hat jemand eine Frage?«, richtete ich mich ans Publikum und zeigte die letzte Folie, auf der ich mich bei allen für ihr Kommen bedankte.

Stille erfüllte den Saal. So wie bei allen bisherigen Vorträgen. Die erste Frage ist am schwierigsten zu stellen, aber wenn jemand den Mut dazu hat, kommt die Lawine ins Rollen.

»Welcher Ort gefiel Ihnen am besten auf all Ihren Reisen?«, lautete die erste Frage.

Wie erwartet. In der Regel stellen mir Leute diese Frage, vor allem wenn sie nicht viel Zeit für ein Gespräch haben und in kürzester Zeit so viel wie möglich erfahren wollen.

Ich habe mich lange gewehrt, diese Frage überhaupt zu beantworten. Jedes Mal, wenn ich sie hörte, kam Chaos in meinem Kopf auf. Da ich noch nie eine Frage leichtfertig beantwortet habe, versuchte ich jedes Mal, mir Mühe zu geben und mich an alle Orte zu erinnern, an denen ich letztes Jahr war, und einen auszuwählen. Meistens hat es nicht funktioniert, und dann hatte ich ungefähr so antworten müssen:

»Äh, es ist schwer zu sagen, letztendlich habe ich so viele Orte besucht …«

»Von den vielen Orten wäre es unfair, nur einen einzelnen auszuwählen …«

»Wissen Sie, die Schönheit des Ortes hängt von vielen verschiedenen Faktoren ab …«

»Es ist nicht der Ort, sondern es sind die Leute, die man dort kennenlernt …«

Eines Tages hörte ich damit auf. Ich erkannte, dass die Menschen, die diese einfache Fragen stellen, eine einfache Antwort wollen. Und das ist gut so.

»Von allen Orten, die ich besucht habe«, begann ich nun die Frage zu beantworten, »waren, meiner Meinung nach, die Kokosinseln oder vielleicht Machu Picchu rein optisch am schönsten. Vielleicht auch Uluru. Allerdings, mein Lieblingsplatz auf der Welt ist eine kleine Stadt im Süden von Indien.«

Tag 127

»Mmh, das riecht so lecker«, sagte Tanja und zupfte dabei mit den Fingern ein Stück des Fisches auf ihrem Teller ab. Wir saßen in einem Restaurant auf der südlichen Klippe der Varkala. Unter uns erstreckten sich mehrere Meter Sandstrand, der dort endete, wo die Meereswellen in regelmäßigen Abständen auf das Festland trafen.

Es war ihr letzter Tag in Indien, am nächsten Tag ging ihr Flug nach London. Unser letztes Abendessen.

»Lass uns meine Eltern über Skype anrufen!«, schlug ich ihr vor, als wir zu Ende gegessen hatte. Ich hatte meine Eltern eine lange Zeit nicht gesehen, und ich wusste, dass sie begeistert sein würden, von uns beiden zu hören. Wir würden ein paar Worte wechseln und ihnen zeigen, wo wir waren.

»Ich komm schon!«, sagte sie und wischte sich mit der Serviette den Mund ab.

Ich nahm den Laptop aus der Tasche, öffnete ihn, ging an mein E-Mail-Programm und drückte die Taste, um die Seite zu aktualisieren. Eine neue E-Mail.

»Ups!«, sagte ich nur und sah dann nach links zu Tanja. Das war nicht gut. Sie sah nach unten und schwieg.

»Komm, antwortete ihr«, sagte sie leise und blickte in die Ferne.

Ich klappte meinen Laptop zu und wandte mich zu ihr.

»Ich weiß echt nicht, was ich dir sagen sollte ...«

Ich wusste, dass sie alles wusste. Sobald wir Taj Mahal verließen, sagte ich ihr, dass Chloe nach Kuala Lumpur kommt und wir sie dort treffen werden. Ich sagte ihr, dass ich das nur wenige Stunden, bevor sie in Delhi ankam, erfahren hatte. Ich sagte ihr, dass das die einzige nicht abgeschlossene Geschichte in meinem Leben war, die ich zu Ende bringen wollte, egal wie.

Ich wusste auch, dass wir das alles stillschweigend unter den Teppich gekehrt hatten und einfach ignorierten. Wie damals, als ich London verließ und auf die Reise um die Welt ging. Bis zu diesem Zeitpunkt, als sie versehentlich Chloes Namen in meinem Posteingang sah.

»Was tun wir jetzt?«, fragte sie mit Traurigkeit in ihrer Stimme.

»Ich weiß es nicht«, antwortete ich ehrlich.

»Aber du bist dir sicher, dass du Gefühle für sie hast?«, fragte sie und sah mir in die Augen.

»Ja, da bin ich mir sicher«, sagte ich.

Ich selbst wusste nicht, wie ich meine Gefühle für eine Frau beschreiben sollte, die ich nur wenige Tage kannte, bevor sie mir vor langer Zeit das Herz brach, und die ich seit mehr als zwei Jahren nicht mehr gesehen hatte. Aber ich wusste, dass ich etwas fühlte. Etwas Großes. Etwas Starkes. Es musste etwas da sein, wenn ich sie nach so langer Zeit nicht mehr aus dem Kopf bekommen konnte. Ich wusste, dass ich diese Geschichte nur auf eine einzige Art und Weise abschließen konnte, nämlich indem ich sie sehe.

»Aber du weißt, dass du Gefühle für sie hast. Warum hast du dann überhaupt etwas mit mir angefangen?« Die erste Träne rann ihre Wange herab.

»Weil ich auch etwas für dich empfinde«, sagte ich. »Und ich fühle es immer noch.«

Ich habe mir selbst oft diese Frage gestellt. Immer rechtfertigte ich mich auf die gleiche Art und Weise. Ich hatte gehofft, dass ich mithilfe von Tanja, oder irgendeiner anderen Frau, die ich mochte, Chloe vergessen würde. Die Variante, allein zu sein, solange ich sie nicht vergesse, schien mir dabei unmöglich. Die Jahre vergingen, die Gefühle aber nicht. Ich dachte, oder ich wollte zumindest glauben, dass eine Möglichkeit, sie zu vergessen, wäre, jemanden Neuen zu finden, der mich dabei unterstützt und mir hilft.

»Du warst ehrlich zu ihr und hast ihr sofort gesagt, dass es da diese unvollendete Sache gibt«, verteidigte ich mich von Zeit zu Zeit, als ich mit mir selbst sprach. »Du bist nicht schuld, dass ihr dieses Thema ignoriert und jede weitere Diskussion vermieden habt.«

Doch ein Teil von mir wusste, dass ich schuld daran war. Dass ich ein Feigling war und dass ich mit meinem Schweigen nur zu dieser unvermeidlichen Traurigkeit beigetragen hatte.

»Sei ehrlich, Tomo«, sagte sie. »Mir und dir selbst gegenüber. Du hast nie aufgehört, sie zu lieben. Aber du konntest sie nicht haben, so hast du diese Liebe verdrängt. So hast du dir die erstbeste gute Gelegenheit, die sich dir in all diesen Jahren angeboten hat, ergriffen. Um damit deine Liebe zu ihr auszulöschen. So hast du dich auch in mich verliebt, mehr oder weniger, neben den Gefühlen ihr gegenüber. Du hast mich geliebt, so gut, wie du es eben konntest, aber nicht so, wie du es wolltest. Nicht so, wie du sie geliebt hast.«

Ich sagte nichts. Jedes Wort von ihr durchbohrte mein Herz, weil sie recht hatte. Ich wusste auch, dass jedes Wort ihrem Herzen tausendmal mehr wehtat.

»Es tut mir nur leid, dass ich dich nicht gebeten habe, einige Minuten deiner Zeit zu opfern und mir jede Frage über sie zu beantworten.« Sie stand vom Tisch auf. »Es tut mir leid, denn dann hätte ich gewusst, dass du nicht bereit bist ...«

Sie nahm ihre Sachen und lief zum Strand.

Ich blieb allein am Tisch sitzen, und mir schwirrte der Kopf. Hätte ich es anders machen können, ganz am Anfang? Hätte ich den Schmerz dieses wunderschönen Geschöpfs vermeiden können? Ja, auf jeden Fall. Ich hätte einfach nichts anfangen dürfen, ich hätte sofort am Anfang den Gedanken an eine Beziehung ausschließen müssen, keine Gefühle aufkommen lassen. Dies hätte sicherlich ihr gebrochenes Herz verhindert. Aber es hätte gleichzeitig all die schönen Momente verhindert, die wir hatten.

Selbst wenn man von Anfang an aufrichtig ist, lässt sich ein solcher Ausgang einer Situation nicht immer vermeiden. Diese Aufrichtigkeit kann verdrängt, ignoriert und tief im Inneren eingeschlossen werden. Alles im Namen der blinden Liebe.

Wir verbrachten die Nacht am Strand. Wir redeten, weinten und umarmten uns.

»Ich wünsche dir eine gute Reise, Tanja«, sagte ich leise vor der Morgendämmerung und verstaute ihre Sachen in einem Taxi. »Nimm die Gitarre, bei dir hat sie es besser.«

»Auf Wiedersehen, Tomo« entgegnete sie mit teilnahmsloser Miene. »Ich hoffe, du findest, was du suchst.«

Sie setzte sich in das Taxi und war weg.

Ich stand einige Minuten bewegungslos an derselben Stelle, als mich jemand an der rechten Schulter berührte. Ich drehte mich um und sah einen Rikschafahrer, der offensichtlich bereits eine Weile dort stand und unseren traurigen Abschied beobachtete.

Er sah mir in die Augen, lächelte mitfühlend und umarmte mich still.

Ich dankte ihm mit meinem Blick für eine so schöne Geste und dachte darüber nach, dass ich diese Umarmung nicht verdient habe und wie ich ihn am liebsten gebeten hätte, in ihre Richtung zu fahren, zu ihr, die jetzt im Morgengrauen allein zum Flughafen fuhr.

Ich ging zum Strand und suchte den Frieden, bevor ihn die Fischer und die Morgendämmerung stören würden.

Es war Mitte Januar, die Sonne ging langsam auf, und meine Beine steckten im feinen Sand des Strandes in Varkala. Ich versuchte, über die Tage vor mir nachzudenken, einen Plan zu machen.

Ich werde ein Fahrrad kaufen und nach Chennai fahren, von wo aus in einem Monat mein Flug nach Kuala Lumpur geht. Oder ich gehe zum südlichsten Punkt Indiens, ende in einem Fischerdorf und könnte dort einige lokale Handwerkskünste lernen. Oder vielleicht sollte ich einen Monat irgendwo ganz allein, fernab von der Welt, verbringen.

Noch ein paar Möglichkeiten kamen mir in den Sinn, als ich einen weißen Typ sah, der sich etwa zwanzig Meter von mir entfernt in den Sand setzte und beim ohrenbetäubenden Lärm der Wellen, genau wie ich, auf die aufgehende Sonne wartete.

Ich stand auf und setzte mich neben ihn. »Hallo!«

Wie sich herausstellte, war das der Moment, der alle Pläne wieder über den Haufen warf, die ich bis dahin hatte.

Tag 1000

»In Varkale verbrachte ich einen ganzen Monat«, führte ich die Antwort auf die erste Frage aus dem Publikum nach meinem Lieblingsort weiter aus. »Ich fühlte mich wie zu Hause. Ich fand einen Job, badete an schönen Sandstränden, spielte Badminton, lernte etwas von der dortigen Sprache Malayalam, traf fabelhafte Menschen.«

All dies verdankte ich diesem Moment, als ich beschloss, auf diesen unbekannten jungen Mann am Strand zuzugehen. Er würde auf die Fischer warten, dass sie ihn zum Fischen mitnehmen, teilte er mir mit. Und dann nahm er mich mit auf die nördliche Klippe, die voller Restaurants, Cafés und Souvenirläden war. Die nördliche Klippe ist das komplette Gegenteil der südlichen, wo ich ein paar Nächte verbrachte. Er zeigte mir den Ort, in dem er die letzten Tage gewohnt hatte und den ich für die nächsten dreißig Tage zu meinem Zuhause machen würde – Shiva Garden.

Ich genoss es, als Kellner zu arbeiten, genoss das Beobachten der Palmen und tief fliegenden Adler von der Hängematte aus, genoss immer wieder dieselben sechs Songs von Krishna und die spannenden Geschichten meiner neuen Freunde. Ich feierte sogar meinen ersten Regen in den letzten Monaten.

Ich hatte immer wieder Angst, wenn ich hörte, wie Kokosnüsse auf den Boden fielen, und noch mehr, als ich erfuhr, dass in einem Jahr mehr Menschen dadurch sterben als bei Flugzeugabstürzen. Aber ich dachte auch, dass ein solcher Tod eigentlich schön wäre. In der Hängematte an einem so wunderbaren Ort zu liegen, in einem schönen Garten im Süden von Indien, während die Sonne durch die Palmen blitzt, und dann auf so einzigartige Weise zu sterben. Ich würde einen solchen Tod sofort buchen.

»Denken Sie daran, obwohl Varkala mein Lieblingsort auf der ganzen Welt ist, bedeutet das nicht, dass er auch Ihnen gefallen würde«, warnte ich mein Publikum. »Ob Ihnen ein Ort gefallen wird, hängt von vielen Faktoren ab: von Ihrer aktuellen Gefühlslage, ob Sie gesund oder krank sind, von den Wetterbedingungen, wie Ihnen das Essen dort schmeckt, wen Sie kennengelernt haben, wo Sie geschlafen haben, wie lange Sie an diesem Ort bleiben oder ob Sie sich verliebt haben. Viele schöne Orte, die ich besucht habe, würden vielleicht an einem anderen Tag nicht mehr so wunderbar sein. Weil ich in diesem Moment anders sein würde, der Ort wäre anders, die Menschen vor Ort würden andere sein, alles hätte sich verändert, genauso wie mein Eindruck von diesem Ort.«

»Wie hoch waren eigentlich Ihre Reisekosten?«, war die nächste Frage.

»Ich habe ein genaues Haushaltsbuch über meine Kosten geführt, bis ich aus Afrika zur Hochzeit meines Bruders zurückgekehrt bin«, sagte ich. »In diesem Zeitraum gab ich etwa fünftausend Euro aus, während ich in derselben Zeit dreieinhalbtausend Euro verdiente. Also, in etwas mehr als fünfhundert Tagen war ich ungefähr eintausendfünfhundert Euro im Minus.«

»Aber Sie hatten doch Sponsoren?«, fragte dieselbe Frau.

»Das ist richtig«, antwortete ich. »Aber das Geld von Sponsoren verwendete ich ausschließlich für die Rückzahlung meiner Schulden, die mir aus meinen Tagen als Börsenmakler geblieben sind. Mit einigen wenigen Ausnahmefällen, wie zum Beispiel als ich meinen Vater nach Afrika eingeladen habe oder aus einem Flugzeug in Australien gesprungen bin.«

»Konnten Sie Ihre Schulden komplett zurückzahlen?«, fragte eine andere Frau.

»Ich bin nah am Ziel«, sagte ich. »Ich hoffe, ich kann es durch den Verkauf dieses Buches schaffen.«

Ich war sehr stolz auf mich wegen dieser Tatsache. Vor fünfeinhalb Jahren, vor zweitausend Tagen, ächzte ich unter der Last der Schulden in Höhe von zweihunderttausend Kuna. Ich hatte noch Prüfungen an der Uni, die ich nicht mochte. Wegen dieser beiden Punkte konnte ich nicht schlafen. Ich wollte mein Studium beenden und wollte meine Schulden tilgen. Zur selben Zeit wollte ich reisen. Schließlich gelang es mir, das Studium zu beenden und einen Weg zu finden, durch meine Reisen die Schulden zu bezahlen.

»Was ist das Schwierigste auf den Reisen gewesen?«, wollte eine ältere Dame von mir wissen.

»Das Schwierigste war wegzugehen«, antwortete ich ohne nachzudenken. »Der Start. Ich wusste, dass ich das Richtige tue, aber ich hatte immer noch Schuldgefühle, weil ich mit meinem Abschied meinen Lieben Schmerzen zufügte. Aber sobald ich gestartet bin, ging es leicht. Die größten Herausforderungen waren überhaupt nicht schwierig: per Anhalter durch all diese Länder zu reisen, in den Häusern von Fremden oder auf der Straße zu schlafen, aus dem Flugzeug zu springen oder über den Ozean zu segeln. Ich fühlte mich dabei völlig normal, als ob ich genau das tun müsste.«

»Ist Ihnen etwas Schlimmes passiert, während Sie unterwegs waren?«, sprach ein junger Mann ein heikles Thema an. Über diese Frage müsste ich doch etwas intensiver nachdenken. Ja, es sind schlimme Dinge passiert.

Ich wurde in Lima ausgeraubt, war einige Male krank, hatte ein gebrochenes Herz, und da war die berüchtigte Fahrt auf der Ladefläche eines Pick-up-Trucks in Australien, die wer weiß, wie hätte enden können ...

Tag 306

Ich warf einen Blick auf die Straßenkarte von Australien und ging in Gedanken die Strecke noch mal durch. Vor mir lagen fast zehntausend Kilometer, eigentlich die Summe aller vorher zurückgelegten Kilometer. Der Startort, Townsville, war eine kleine Stadt im Nordosten des Landes. Das Ziel, Perth, lag im Südwesten des Landes, von dem aus ich einen Flug nach Kuala Lumpur hatte, einen sogenannten Visa-Run. Mein Touristenvisum war ein Jahr gültig, aber alle drei Monate musste ich das Land verlassen und zurückkehren. Außer dem Ausgangspunkt und dem Ziel war der einzige Ort, den ich besuchen wollte, der Uluru im Zentrum des Kontinents.

Es war früh am Morgen. Wie viele Male zuvor streckte ich den Daumen hoch.

Ich habe zwei Wochen in Brisbane gearbeitet und bin für die erste richtige Tour, seit ich in Australien angekommen bin, bereit. Und die erste richtige Solotour seit Beginn dieser Reise. Tanja überraschte mich im Süden der Türkei, von wo aus wir zu einem zweiwöchigen Abenteuer per Anhalter durch die Türkei, durch den Irak und den Iran starteten. Durch den Rest von Iran und Pakistan bin ich allein gereist, in Indien verbrachte ich die ersten drei Wochen mit Kev und Gina und die Zeit in Nepal und in Indien mit Caro. Tanja traf ich wieder in Delhi, und die Zeit in Thailand sowie anfangs in Australien verbrachte ich mit Chloe.

So viel dazu, dass ich ein cooler Soloabenteurer bin.

Ich war aufgeregt und nervös. Ich hatte nur einen Kontakt über CS und das im neunhundert Kilometer entfernten Mount Isa. Wo werde ich in den kommenden Wochen schlafen? Werde ich in den kalten Nächten, in denen die Temperatur unter null Grad fallen kann, in der Wüste erfrieren? Werde ich von einer Schlange gebissen oder von einem Dingo gefressen? Ich hatte keine Ahnung. Deshalb war ich aufgeregt. Oder wegen des Gefühls, dass auf dieser Reise etwas Großes passieren würde.

Die ersten hundert Kilometer reiste ich schrecklich langsam, und schließlich landete ich an einer Tankstelle. Dort traf ich einen anderen Tramper, einen Typ aus Melbourne, der während der Winterferien an der Uni durch das Land reiste.

»Wie lange wartest du schon?«, fragte ich ihn, als ich mich auf den Bürgersteig nicht weit von ihm setzte. Ich folgte einer ungeschriebenen Regel für Tramper: Ist ein Tramper bereits als Erster vor dir an einem Ort, lass ihn seine Arbeit machen. Erst wenn er eine Mitfahrgelegenheit gefunden hat, bist du an der Reihe. Es gibt kein gemeinsames Trampen, in diesem Fall verringert man die Wahrscheinlichkeit, dass jemand anhält. Er war hier der Erste, also hatte er den Vortritt.

»Drei Tage«, antwortete er mit einem sauren Lächeln.

»Oh, fuck you, Mann!«, war meine erste Reaktion. Ich hatte erst hundert von neuntausend Kilometern hinter mir und traf einen Jungen, der das Gleiche wie ich tat, und er wartete bereits drei Tage, dass jemand ihn mitnimmt. Ich rechnete schnell durch: Wenn ich für hundert Kilometer drei Tage bräuchte, werde ich für die ganze Fahrt genau neun Monate brauchen. Scheiße.

»Ich denke, es liegt daran, weil die Straße die ganzen zwei Tage wegen der Überflutung gesperrt war«, fügte er optimistischer zu. »Heute habe ich schon vier Autos gesehen, die nach Westen fuhren.«

»Großartig!«, entgegnete ich ironisch, stand auf, nahm meinen Rucksack, wünschte ihm Glück und ging zu Fuß die Straße nach Westen entlang.

Ich wollte nicht bleiben und ihm stundenlang beim Warten zuschauen. Aber um fair zu sein und die Regeln des Trampens zu respektieren, wollte ich einen Abstand zwischen uns bringen und ging deshalb Richtung Westen. Wenn jemand sich dazu entscheidet, anzuhalten, werden sie zuerst den anderen Tramper bemerken. Ich hoffte natürlich auch darauf, dass ein Auto an ihm vorbeifahren könnte, ohne zu stoppen, aber der Fahrer oder die Fahrerin bei meinem Anblick die Meinung ändert.

Es hat schon etwas Romantisches, mit einem großen Rucksack auf dem Rücken die einsame Straße entlangzugehen. Etwas Bemitleidenswertes allerdings auch. Vor allem wenn du diesen Rucksack bei +30 Grad herumschleppst.

Es war noch früh am Morgen, aber die Sonne stach mir in den Rücken. Überall waren weiße Wolken, und der Horizont schien endlos, so etwas hatte ich noch nie gesehen. Ich konnte es mir nicht erklären, vielleicht weil es keine Berge gab? Wegen des Farbenspiels? Wegen der sauberen Luft und der weiten Sicht? Ich wusste es nicht.

Die erste Stunde.

Dann hatte ich die Nase vom Scheißhimmel und der Scheißsonne und den Scheißwolken und dem Scheißrucksack und dem Scheiß-zu-Fuß-in-Richtung-Westen-Gehen voll. Fünf Fahrzeuge fuhren an mir vorbei, von denen vier riesige Lastwagen mit Anhängern waren, die mich fast von der Straße wehten. Ich hatte nicht mehr viel Wasser, und die nächste Siedlung war wer weiß wo. Ich spürte ein vertrautes Gefühl: Meine Hoffnung schwand. Das Einzige, was mich am Leben hielt, war mein Kämpfergeist, meine Sicherheit, dass nach dem Verlust die Hoffnung immer wieder zurückkommt und dann ihren großen Auftritt hat.

Es vergingen noch einige Stunden, es fuhren noch mehrere Autos vorbei. Ich ging weiterhin in Richtung Westen.

Ich hörte wieder ein Fahrzeug. Ich drehte mich um meine Achse, ein Lächeln kam auf mein Gesicht, und ich hob den Daumen. Ein Auto. Der Fahrer hupte, und der Beifahrer winkte durch das Fenster. Das Auto wurde langsamer, aber hielt nicht an. Der Fahrer lächelte, und der Beifahrer schrie: »Viel Glück!« Es war mein Kollege, der andere Tramper, der nach drei Tagen schließlich eine Mitfahrgelegenheit gefunden hatte.

Ich lächelte und gönnte ihm sein Glück. Zur selben Zeit war ich ein bisschen traurig, weil sie ja auch mich hätten mitnehmen können, aber ich versuchte, nicht daran zu denken. Ich lenkte mich mit positiven Gedanken ab. Zumindest war jetzt ein Tramper weniger auf der Straße. Vielleicht wird mir diese Tatsache Glück bringen, so wie ich dem anderen Typ Glück gebracht habe.

Ich hörte ein weiteres Auto in der Ferne. Das gleiche Procedere. Ich drehte mich um, lächelte und hob den Daumen.

Das Auto wurde langsamer. Ich drückte meine Finger vor Aufregung und Hoffnung fester in meine Hand. Mein Lächeln wurde breiter und hoffnungsfroher.

Das Auto stoppte. Im Inneren saßen zwei Mädchen, sichtlich gut gelaunt. Der Innenraum des Autos war verraucht. Ein vertrauter Geruch.

»Wir haben nur noch weniger als eine Stunde Fahrt zu unserem Ziel«, sagte die Beifahrerin, stieg aus dem Auto und versuchte, das Chaos auf dem Rücksitz irgendwie in Ordnung zu bringen. »So viel Zeit hast du, um uns eine interessante Geschichte zu erzählen, als Ausgleich dafür, dass wir dich mitnehmen.«

Sie zwinkerte mir zu und reichte mir ohne zu fragen ein schlampig gedrehtes längliches Ding.

»Ich bin Tom aus Kroatien, siebenundzwanzig Jahre alt, trampe durch die ganze Welt, mit einem Budget von zehn US-Dollar pro Tag«, verkündete ich großspurig und blies den Rauch in großen Wolken aus. »Ist das eine ausreichend interessante Geschichte?«

»Komm schon! Ohne Scheiß, oder was?«, rief die Beifahrerin und drehte sich zu mir um. »Erzähl!«

Ich reichte ihr das Ding wieder und begann meine Geschichte zu erzählen. »Man könnte sagen, ich bin Reiseschriftsteller«, schloss ich ab. »Obwohl ich es selbst nicht glaube.«

»Wie meinst du das?«, fragte die Beifahrerin.

»Na ja, wenn ein Schriftsteller meine Texte lesen würde, wäre er auf keinen Fall begeistert«, antwortete ich. »Ich habe keine Übung im Schreiben, keinen eigenen Stil, ich glaube nicht, dass das, was ich schreibe, einen künstlerischen Wert hat.«

»Es gibt verschiedene Arten zu schreiben«, sagte die Beifahrerin. Die Fahrerin, ein dunkelhäutiges Mädchen, war die ganze Zeit über still. »Ich möchte Romane schreiben und sie meinen Kindern hinterlassen. Aber ich bin mit meinem Geschriebenen nie zufrieden und könnte das nicht veröffentlichen. Wie schaffst du es, deine Gedanken, Geschichten und Gefühle den Menschen zu vermitteln?«

»Ehrlich gesagt, das weiß ich nicht«, antwortete ich nach einigen Sekunden.

»Siehst du?«, warf sie ein. »Du bist ein Schriftsteller. Du weißt nicht, wie, aber du tust es immer wieder. Es ist einfach natürlich für dich.«

Ich lächelte und dachte über ihre Worte nach. Ich glaube immer noch nicht, dass ich ein Schriftsteller bin. Wahrscheinlich deswegen, weil ich das Schreiben nicht genossen habe. Während ich Blogs schrieb, war es ein großer Druck für mich, den Laptop zu nehmen und die blanke Seite mit Buchstaben zu füllen. Es gab keine Inspiration von oben oder so, nur Arbeit, Arbeit, Arbeit. Und meine Aufmerksamkeit wurde von absolut allem abgelenkt – Internet, Spiele, Menschen, Geschichten.

»Egal ob ich ein Schriftsteller bin oder nicht, kann ich eine Sache mit Sicherheit sagen«, meinte ich entschieden. »Ich werde nie ein Buch schreiben.«

»Sag niemals nie«, lächelte sie.

Sie hatte recht. Davon habe ich mich so viele Male überzeugt. Seit Jahren habe ich versucht, das Wort »nie« zusammen mit den Worten »immer« und »für immer« nicht zu verwenden, wenn ich über die Zukunft spreche. Vor allem, weil ich viele Dinge, von denen ich behauptete, sie »nie zu machen«, schon gemacht habe.

Die Fahrerin war immer noch schweigsam, und die Beifahrerin hörte einfach nicht auf zu reden. Es war ein Vergnügen, ihr zuzuhören, umso mehr, weil mir eine Pause von meiner eigenen Geschichte guttat. Die Leute finden sie interessant, ich mag sie auch, aber alles wird irgendwann langweilig und zu viel. Das Mädchen erzählte über viele Themen, Reisen, Bildung, Familie, aber auch über ihre Freundin, die Fahrerin.

»Sie ist Aborigine«, sagte sie über die ruhige Fahrerin. »Das hast du sicher schon selbst bemerkt. Ihre Geschichte ist nicht hübsch. Sie wurde, wie viele andere, in ihrer Jugend entführt, von der eigenen Familie und der Heimatgemeinde getrennt und an einen anderen Ort gebracht, um sie zu australisieren. Sie nahmen ihr ihren Glauben, ihre Kultur, ihre Sprache und haben ihr keinen Zugang zu ihren Wurzeln ermöglicht, weil sie glaubten, dass die Aborigines alle Wilde sind.«

»Ich nehme an, die Situation ist heute ein wenig anders«, fragte ich, verblüfft, dass diese Dinge in der jüngsten Vergangenheit von Australien, einem modernen und fortgeschrittenen westlichen Land, geschehen sind.

»Teilweise ja, aber die Situation ist immer noch sehr schlecht«, sagte sie. »Zum Beispiel waren wir vor ein paar Tagen zusammen im Kino. Die Frau an der Theke fragte mich, was ich essen und trinken möchte, und würdigte sie keines Blickes.«

»Bullshit!«, rief ich.

»Leider ist es so«, sagte sie. »Der Rassismus ist in Australien immer noch weitverbreitet, ich kenne ähnliche Fälle in meiner Familie.«

»Wieso denkst du anders über diese ganze Sache als die anderen?«, fragte ich neugierig und wollte den Grund für ihre Einstellung hören. Ich wollte mehr Geschichten von Menschen hören, die anders als die anderen in ihrem Umfeld leben und ihre eigene Meinung haben – das Rezept für den Abbau von Vorurteilen.

»Ich war dreizehn«, begann sie sofort zu erzählen. »Ich bin gerade neu in eine Schule gekommen, in der die Schüler alle bunt zusammengewürfelt waren. Weiße, Chinesen, Menschen aus Papua-Neuguinea, Aborigines. Als mich meine zwei besten Freundinnen damals verletzt haben und nichts mehr mit mir zu tun haben wollten, kamen zwei Aborigines zu mir und luden mich mit einem herzlichen Willkommen in ihre Clique ein. Seitdem fühle ich mich wie eine von ihnen, und als ich ihre Sprache und Kultur kennengelernt habe, haben sie mich auch wirklich aufgenommen.«

Die eigene Erfahrung ist, wie es scheint, das einzige Heilmittel gegen Vorurteile. Schade, dass man es nicht rezeptfrei in der Apotheke bekommen kann.

Wir kamen am Ziel an, ich verabschiedete mich von den Mädchen und machte mit meinem Wartespiel weiter. Autos waren noch seltener zu sehen, und die Nacht rückte näher.

Da ich es vermied, nachts zu trampen, bereitete ich mich langsam für die zweite Nacht unter australischem Himmel vor. Wie die Nacht damals in Sydney, würde es auch diesmal kein Sternenhimmel sein, weil mich schon seit mehreren Tagen Wolken verfolgten. Einer der Gründe, warum ich nervös war, bevor ich diese lange Reise über den ganzen Kontinent antrat, war die Angst vor dem Schlafen in der Wüste, weil dort so viele wilde Tiere leben. Da ich mich aber zu dieser Zeit in einem verhältnismäßig dicht besiedelten Gebiet befand, weit weg von allem Wilden, dessen Ruhe ich stören würde, hatte ich meinen Frieden.

»Das ist das letzte Auto, das ich versuche anzuhalten«, sagte ich zu mir selbst, kurz nachdem die spärliche Straßenbeleuchtung eingeschaltet wurde und ich in der Ferne einen langsamen Lkw bemerkte.

Der Lkw wurde langsamer und hielt an.

»Wohin willst du?«, fragte der Fahrer misstrauisch und beäugte mich von Kopf bis Fuß. Im Wageninneren saßen noch zwei Typen, beide mit großen Hüten, wie Cowboys.

»Richtung Westen«, antwortete ich lächelnd.

»Wenn du kein Problem mit der Fahrt auf der Ladefläche des Lkws hast, steig ein!«, sagte er, deutete mit seinem Kopf nach hinten und schloss das Fenster.

Ohne ein Wort zu sagen, warf ich meine Sachen in den Lkw, sprang auf die Ladefläche und, wie damals in Thailand, klopfte ich leicht auf die Scheibe hinter dem Fahrer – das Signal, dass ich bereit zum Losfahren wäre.

Ich war mir nicht sicher, wie weit meine Fahrt gehen würde, die nächste Stadt war mindestens hundert Kilometer entfernt, aber es spielte keine Rolle. Wichtig war zuerst einmal, sich in die richtige Richtung zu bewegen. Ich lehnte mich an die Rückseite der Fahrerkabine, aber bald nahm ich meinen Schlafsack und packte mich darin ein, um von dem starken und kalten Wind nicht weggeblasen zu werden. Ich legte mich hin und beobachtete den Himmel.

In diesem Moment geschah etwas, was nur als Magie bezeichnet werden kann. Die Wolken verschwanden, wie von unsichtbarer Hand weggewischt, und über mir erstrahlte der riesige Sternenhimmel. Die Sterne waren zum Greifen nah, auf der rechten Seite war das Kreuz des Südens, das bei der Orientierung hilft, wie der Große Bär auf der nördlichen Halbkugel.

Ich war überwältigt beim Anblick dieser erstaunlichen Schönheit über mir.

»Ich bin glücklich!«, sprach ich laut aus und blickte auf die Sterne.

Ich wiederholte es noch einmal, Wort für Wort. »Ich. Bin. Glücklich.«

Ich wartete einen Moment, aus Angst, ob von irgendwo ein »aber« kommen würde, aber es kam keins.

Ich dachte an Chloe und begriff, warum ich sie all die Jahre über so wahnsinnig geliebt hatte. In ihren Augen habe ich vom ersten Augenblick an, als sie nach Zagreb gekommen ist, das gesehen, was ich nicht hatte, was ich wollte, worauf ich mein Leben lang gewartet habe. Sie stand stellvertretend für alles, was ich glaubte, dass jemand haben muss, um vollkommen glücklich zu sein – sie war frei, unabhängig und selbstbewusst. Selbstgenügsam. Sie brauchte niemanden, um glücklich zu sein, um zu lachen, um ein erfülltes Leben zu haben. Sie war mit ihrem Leben zufrieden, vollständig zufrieden. Sie verschwendete keinen Augenblick auf die Meinung anderer.

Ich konnte das nie schaffen. Allein und glücklich sein. Gerade aus diesem Grund wollte ich sie. Damit sie mir ein wenig von dem gibt, was sie hat, damit sie mich lehrt, wie sie zu sein. Um mir beizubringen, wie ich gleichzeitig allein und glücklich sein kann.

Ich schloss meine Augen und ließ vor meinem inneren Auge die letzten Monate vorbeiziehen, die wir zusammen verbracht hatten. Ich betrachtete alles realistisch, mit gesundem Menschenverstand. Ließ man die Gefühle, die Liebe und das Angezogenfühlen, beiseite, waren wir nicht kompatibel. Wir hatten eine unterschiedliche Sicht auf die Welt, einen ganz anderen Sinn für Humor, Ironie, Sarkasmus. Als ich geduldig war, war sie es nicht, und umgekehrt. Als ich sie liebte und es ihr zeigte, war sie kalt wie Eis. Als ich mich nach ihrer Aufmerksamkeit sehnte, war sie mit ihren Gedanken ganz weit weg. Als ich wütend, enttäuscht oder traurig war, kümmerte sie sich um mich und liebkoste mich.

Wir waren völlig gegensätzlich, die meiste Zeit.

Nur eines hinderte mich daran, von ihr wegzugehen, mich von diesem brutalen, starken Gefühl der Verbundenheit zu lösen: die Erkenntnis, dass sie immer noch das hat, was ich nicht habe. Die Fähigkeit, glücklich mit sich selbst zu sein.

Das war genau das, was ich in diesem Moment erlebt hatte, vielleicht zum ersten Mal in meinem Leben, auf der Ladefläche des Lkw, unter dem Sternenhimmel der australischen Wüste. Ich liebte mein eigenes Leben, ich liebte es total und komplett. Ohne ein »Aber«. Ich liebte mich selbst. Ich fühlte mich würdig, ein Teil von etwas Großem, Unendlichem zu sein. Am wichtigsten war es aber, dass ich sicher war, mir konnte niemand etwas anhaben.

Ich war glücklich. Allein und glücklich.

Das Lächeln wich nicht mehr aus meinem Gesicht, ich war auf dem Gipfel der Welt. Erfüllt von einer unsichtbaren Energie, die mich an diesen Punkt gebracht hatte, wo ich jetzt war, die mir die Augen öffnete und diese Erfahrung ermöglichte.

Ich erkannte, dass es genau das war, was ich suchte, wonach ich vom Beginn der Reise an gesucht hatte, vielleicht sogar schon früher. Dieses Gefühl, dass ich mir selbst genug bin. Und jetzt kam auch endlich das Gefühl, dass die Geschichte mit Chloe abgeschlossen war. Dass ich in Frieden weiterleben kann, ohne Chloe in meinem Kopf und meinen Gedanken. Dass ich frei war, nach all diesen Jahren.

Ich lachte laut auf, noch einmal. Ich musste Tausende und Abertausende Kilometer weit weggehen, um das zu finden, was immer da war. Mich selbst.

Plötzlich merkte ich, wie der Lkw langsamer wurde. Ich wurde aus meinen berauschenden Gedanken gerissen und sah mich um. Besser gesagt, es war nichts zu sehen. Tiefschwarze Dunkelheit. Ich erinnerte mich an den schroffen und wenig vertrauenerweckenden Fahrer, der mich einlud mitzufahren. Ich dachte an all die Horrorgeschichten über das tragische Schicksal von Trampern in Australien. Ich erinnerte mich an meine Mutter, die morgen vielleicht keine Nachricht von ihrem verlorenen Sohn bekommen würde.

Ich griff nach einem Taschenmesser, das irgendwo am Boden des Rucksacks sein musste, aber ich konnte es nicht erreichen, bevor der Lastwagen ganz zum Stehen kam. Die Fahrertür öffnete sich und einen Moment danach die Beifahrertür.

Tag 1000

Glücklicherweise hielten meine Cowboys nur an, um zu pinkeln.

»Ja, es gab einige negative Momente«, beantwortete ich kurz die Frage aus dem Publikum. »Aber auch diese negativen Momente waren nötig, weil nach diesen immer die schönen kamen. Ich war krank, aber die Freude nach meiner Genesung war umso intensiver. Ich wurde ausgeraubt, aber meine Dankbarkeit für die kleinen Dinge wuchs dadurch. Ich war einsam, aber dann traf ich immer jemanden, der es wert war, dass ich diese Einsamkeit ausgehalten habe.«

»Würden Sie auch auf diese Art und Weise reisen, wenn Sie eine Frau wären?«, fragte mich eine junge Frau.

»Ich finde es schwer, diese Frage zu beantworten, und zwar aus dem offensichtlichsten Grund«, antwortete ich. »Aber ich kenne viele Frauen, die allein per Anhalter unterwegs sind. Und sie alle würden diese Art zu reisen, ihre Autonomie und Freiheit keineswegs aufgeben, obwohl sie Frauen sind. Natürlich ist es unvermeidlich, dass man solo als Frau, wenn man allein reist, etwas vorsichtiger als ein Mann sein muss, aber wenn man den gesunden Menschenverstand und Logik einschaltet, sollte es kein Problem sein.«

Viele meiner Freundinnen sagen, dass es für sie viel gefährlicher ist, solo zu reisen, aber auch viel einfacher. Viele Fahrer halten eher bei einer Frau als bei einem Mann an, da sie sich Sorgen um ihre Sicherheit machen. Die CS-Gastgeber sind eigentlich offener für Frauen als für Männer, deshalb finden sie auch schneller eine Unterkunft. Doch man muss unbedingt vorsichtiger sein.

»Welches Land ist das billigste zum Reisen?«, fragte eine ältere Dame.

»Aus meiner Erfahrung gibt es in Wahrheit in Bezug auf das Reisebudget keinen Unterschied zwischen einem sehr billigen Land wie Indien oder einem sehr teuren Land wie Australien«, antwortete ich. »Nur die Art der Reise sollte man anpassen.«

»Was bedeutet das genau?«, fragte sie.

»Es ist sehr einfach«, fuhr ich fort. »Wenn Sie auf die übliche Weise reisen, also organisiert unterwegs sind, wird es auf jeden Fall in teureren Ländern teurer, aber billiger in den billigeren Ländern sein. Das ist offensichtlich. Aber wenn Sie unkonventionell und auf alternativen Wegen unterwegs sind, kann die Situation anders sein.«

»Bei teureren Ländern denke ich in erster Linie an Nordamerika, Europa und Australien. Dort sind die öffentlichen Verkehrsmittel so teuer, dass Sie darauf auf jeden Fall verzichten müssen und gezwungen sein werden, über alternative Möglichkeiten nachzudenken, wie Trampen, Wandern oder Radfahren. Die öffentlichen Verkehrsmittel sind möglicherweise in den großen Städten praktisch, obwohl Sie auch dann über Schwarzfahren nachdenken werden, um das Geld für die überteuerten Tickets für Straßenbahn, Bus oder Zug zu sparen. In den weniger teuren Ländern, in Südamerika, Afrika oder Asien, sind die öffentlichen Verkehrsmittel ziemlich billig. Dort geben Sie einige wenige Dollar aus, um zu einem weit entfernten Ziel zu gelangen, was für Sie keine großen Kosten sind. Darüber hinaus kommen Sie mit den alternativen Möglichkeiten in diesen Ländern nicht weit. Die meisten Menschen verstehen den Sinn nicht, warum man trampen beziehungsweise per Anhalter reisen sollte. Wenn die Ärmsten der Armen für ein Transportmittel zahlen können, warum sollen ausgerechnet Sie, ein reicher weißer Mann, nicht in der Lage sein, dafür zu zahlen? Reich zumindest in ihren Augen. In einigen Teilen der Welt ist Trampen weitverbreitet, aber es wird von Ihnen erwartet, einen Teil der Kosten mit dem Fahrer zu teilen. Wandern und Radfahren sind ebenfalls oft nicht empfehlenswert, vor allem aufgrund der unsicheren Straßen und der rücksichtslosen Fahrer. Das Fazit ist: In teuren Ländern werden Sie kein Geld für Transportmittel ausgeben, in den billigeren Ländern aber schon. Nicht viel, aber im Laufe der Zeit wird etwas mehr zusammenkommen.

Was die Unterkunft angeht«, führte ich meine Antwort weiter aus, »ist sie in den teuren Ländern in der Regel so teuer, dass Sie es sich wirklich überlegen sollten, ob Sie mindestens zwanzig oder auch mehr US-Dollar für ein winziges Zimmer in einem Hostel oder Ähnlichem zahlen möchten. Das ist das Minimum für eine mehr oder weniger angemessene Unterkunft. Es gibt jedoch Alternativen wie *Couchsurfing*. Mehr potenzielle Gastgeber können Sie auf andere Art in den entwickelten Teilen der Welt kaum finden. Sie können auch mit Obdachlosen oder in Notunterkünften schlafen, können aber auch *House-Sitting*, den Haustausch oder dergleichen versuchen. Für einige Dollar finden Sie auf diesen Wegen ein Bett, auf dem Sie bis zum nächsten Morgen schlafen können. Seien Sie aber nicht immer geizig, und gönnen Sie sich selbst von Zeit zu Zeit ein ordentliches Hotel, eine Wohnung oder Ähnliches. *Couchsurfing* ist nicht überall so populär, und die Straßen sind oft nicht so sicher, deshalb werden Sie dort keinen angenehmen Schlaf haben. Meine Erfahrung: In teuren Ländern haben Sie eine größere Auswahl an alternativen Möglichkeiten, um die Nacht zu verbringen, während es in Ländern mit niedrigen Lebenshaltungskosten etwas einfacher und günstiger sein wird, ein Hotelzimmer zu bezahlen. Sie werden keine Riesensummen sparen, aber mit der Zeit kommt schon etwas zusammen.«

»Was die Verpflegungskosten betrifft, sollten Sie in teuren Ländern Restaurants aller Art weitgehend vermeiden. Entweder machen Sie eine Diät, was eine hervorragende Möglichkeit sein könnte, um in Form zu kommen und einige Pfunde zu verlieren, oder Sie kaufen Lebensmittel und kochen selbst – in der Küche Ihres Gastgebers oder auf Ihrer eigenen mitgebrachten Kochstelle. Im Extremfall können Sie sich für *dumpster diving* entscheiden. In den billigeren Ländern werden Sie die meiste Zeit in Restaurants oder auf der Straße essen, weil Sie, auch wenn Sie Platz zum Kochen haben, bald merken, dass das oft teurer ist, als ein fertiges Gericht zu kaufen. Es werden keine teuren, sondern einheimische, regionale Mahlzeiten sein. Das kann eine Inspiration sein, die lokale Küche zu erkunden. Lebensmittelabfälle werden Sie in den armen Ländern vergeblich suchen, dort wird keine Nahrung verschwendet. Wenn dort etwas übrig bleibt, findet das Essen seinen eigenen Weg zu denjenigen, die es wirklich brauchen, und ein weißer Tourist hat auf keinen Fall die oberste Priorität. Mein Fazit: Obwohl das Essen in Ländern mit niedrigen Lebenshaltungskosten viel billiger ist, kann man auch in den teureren Ländern günstig essen.

Alles in allem ist es nicht schwierig, die Kosten für die Reise in billigen und teuren Ländern in der Waage zu halten, es hängt alles davon ab, womit Sie sich zufriedengeben können. In den weniger teuren Ländern ist man auf jeden Fall entspannter und muss nicht so viel Zeit und Mühe investieren, um ein bestimmtes Budget einzuhalten. Anderseits hat man in teuren Ländern die Möglichkeit, etwas Geld zu verdienen, während man in den ärmeren Teilen der Welt bezahlte Arbeit fast vergessen kann.«

»Was machen Sie nach all dem, nach der Reise um die Welt? Werden Sie wieder als Börsenmakler arbeiten?«, fragte ein junger Mann.

»Ich bezweifle es«, antwortete ich mit einem Lächeln. «Der Plan ist momentan, die Werbetrommel für mein erstes Buch zu rühren, um alle Schulden zurückzuzahlen. Zugleich versuche ich, nicht zu viel im Voraus zu planen, weil Pläne meistens Erwartungen mit sich bringen, und Erwartungen führen unweigerlich zu Enttäuschungen.«

»Wann kommt das zweite Buch?«, meldete sich mein Freund Zvone aus der ersten Reihe. Bei ihm übernachtete ich immer, wenn ich in Split bin, und er war einer der Ersten, der mein erstes Buch zu lesen bekommen hatte.

»Wer weiß«, sagte ich. »Ich habe gerade das erste fertig geschrieben, langsam. Wenn alles nach Plan geht, sollte es in ein oder zwei Jahren so weit sein.«

Ich wollte nicht einmal daran denken, ein weiteres Buch zu schreiben, obwohl das erste an einer echt spannenden Stelle der Reise um die ganze Welt aufgehört hat. Ich wusste, ich würde auf jeden Fall einen Nachfolgeband schreiben und es wird *1000 Tage Sommer* heißen, aber der Rest war auch mir selbst noch nicht klar.

»Wir haben noch Zeit für eine weitere Frage«, sagte ich, nachdem die Bibliotheksleiterin auf die Uhr gedeutet hatte.

»Nach all dem, was Sie gesagt und erzählt haben, können Sie eine Sache nennen, von der Sie denken, dass das der Auslöser war für alles, was Sie erlebt haben?«, kam die Frage aus den hinteren Reihen.

»Hm, das ist schwer zu beantworten«, sagte ich und dachte einen Moment nach. »Natürlich spielten mehrere Faktoren eine Rolle – Neugier, Gedankenlosigkeit, verschiedene Zufälle, Hartnäckigkeit. Aber ja, ich glaube, ich habe eine Antwort auf eine ähnliche Frage gefunden, die ich mir selbst vor langer Zeit gestellt habe: Was würdest du tun, wenn du dir sicher wärst, mit deinem Plan Erfolg zu haben, egal, was auch immer der Plan sein mag? Ich glaube, jeder sollte sich selbst diese Frage stellen, sie beantworten und sich auf den Weg machen. Jeder sollte diesen Weg so gehen, als ob uns der schlussendliche Erfolg garantiert ist, als ob wir das Scheitern auf diesem Weg gar nicht in Betracht ziehen. Ich bin überzeugt, dass mich genau das, genau diese Denkweise, zusammen mit der Tatkraft, dorthin gebracht hat, wohin ich die letzten Jahre gekommen bin.

Um es allgemeiner zu machen«, sagte ich, »es müssen nicht unbedingt Reisen sein. Es können hundert andere Dinge sein, aber vor allem müssen Sie an Ihren Plan glauben. Meine eigene Antwort auf diese Frage war, um die Welt zu reisen. Stellen Sie sich selbst die Frage, und sehen Sie selbst, was Ihre Antwort ist.«

»Ich danke Ihnen allen für Ihr Kommen!«, verabschiedete ich mich mit einer Verbeugung.

Tosender Applaus. Das war mein Moment. Vor allen zu stehen, zu schweigen und den Klang der klatschenden Hände zu genießen.

Ich setzte mich, und die Leute kamen, um das Buch zu kaufen. Wir lächelten einander zu, ich schrieb ihnen ein paar Worte in ihr Exemplar, signierte das Buch und bedankte mich nochmals für ihr Kommen.

»Komm, gehen wir nach Matejuška!«, sagte Zvone, nachdem er geduldig gewartet hatte, bis alle weg waren. Matejuška ist eine kleine Bucht in Split.

»Ja, lass uns gehen, ich hätte gern ein kaltes Bier!«, antwortete ich.

Wir verließen die Bibliothek und gingen in Richtung Meeresküste, schweigend, was mir nach fast zwei Stunden Dauergespräch guttat.

Wir kamen am Diokletian-Palast vorbei, als ich ein bekanntes Gesicht in der Menge bemerkte. Ich senkte sofort meinen Blick, in der Hoffnung, dass er mich nicht sehen würde. Doch trotz der Menschenmenge auf der Strandpromenade trafen sich unsere Blicke.

»Hey, Tom!«, kam er zu mir, sichtbar überrascht. »Was machst du denn hier?«

»Na ja, ich hatte einen Vortrag hier in der Bibliothek, ich promote mein erstes Buch«, antwortete ich, sah ihm in die Augen und suchte aber gleichzeitig die Umgebung nach ihr ab. »Wo kommst du denn her?«

»Übermorgen heirate ich«, antwortete er mit einem stolzen Lächeln im Gesicht.

»Herzlichen Glückwunsch!«, antwortete ich aufrichtig. Ich wusste, dass sie heiratet, aber ich wusste nicht, wann oder wo. »Wie geht es ihr?«

»Es geht ihr gut, danke«, sagte er. »Wir sind natürlich aufgeregt wegen der Hochzeit, aber uns geht's gut. Wir sind glücklich.«

»Ich freue mich für euch«, erwiderte ich und klopfte ihm auf die Schulter. »Grüß deine zukünftige Frau von mir, ich wünsche euch alles Glück der Welt, ihr habt es verdient.«

»Vielen Dank! Ich wünsche dir auch viel Glück!«, sagte er, drehte sich um und ging weiter.

»Wer war das?«, fragte mich Zvone.

»Du wirst es nicht glauben, aber das war Tanjas Verlobter«, antwortete ich. »Ich habe ihn in London kennengelernt. Es ist ein super Typ, Kolumbianer. Ich habe von gemeinsamen Freunden gehört, dass Tanja mit ihm seit einiger Zeit zusammen ist, anscheinend haben sie beschlossen zu heiraten.

»Ich kann es nicht glauben«, antwortete Zvone. »Und du läufst ihm gerade heute, gerade hier in Split über den Weg.«

»Ja«, sagte ich. »Gerade heute, genau tausend Tage nach meinem Aufbruch zu meiner Reise um die Welt.«

»Nicht zu glauben«, wiederholte er.

»Aber das ist nicht der einzige Zufall, was Tanja betrifft«, teilte ich ihm mit. »Nicht nur, dass ich gerade heute, am tausendsten Tag hier in Split, in ihrer Heimatstadt, bin und zwei Tage vor ihrer Hochzeit auf ihren Verlobten stoße, es gibt noch eine andere Geschichte, einen noch unglaublicheren Zufall. Kurz bevor ich London verließ, um auf meine Reise um die ganze Welt zu gehen, versprach sie mir, dass sie am fünfhundertsten Tag nach meinem Aufbruch, genau nach der Hälfte meiner Reise, ihre Arbeit, London und alles verlassen würde, um sich mit mir zu treffen. Als der Tag kam, war ich irgendwo in Tansania, und unsere Beziehung war schon seit langer Zeit zu Ende. Da kam ich durch einen Zufall darauf, dass dieser fünfhundertste Tag, an dem Tanja sich mir auf der Weltreise anschließen wollte, ihr dreißigster Geburtstag war.«

»Glaub mir, mein Freund«, sagte ich. »Ich rechnete es mehr als einmal aus und glaubte es selbst nicht. Aber es stimmte. Ich habe keine Ahnung, wie oder warum. Das Universum spielt mit uns manchmal ein seltsames Spiel.«

Wir kauften uns ein paar Bierdosen und setzten uns auf den Matejuška.

Ich nahm mein Handy und las die E-Mail, die ich während des Vortrags bekommen hatte.

Hey T.

Ich bin vor ein paar Stunden in Jindabyne angekommen. Ich wohne in einer Wohnung neben der, in der wir zusammen wohnten. Das Schlafzimmer ist genau gegenüber meinem alten Schlafzimmer. Zwei Jahre. Es ist so lange her, dass wir uns nicht gesehen haben. Zwei Meter, eine Wand und ein halbes Leben von der Stelle entfernt, an der ich gerade liege.
Ich erinnere mich an den Moment, als du weggingst. Du warst traurig, weil ich dir sagte, ich wollte, dass du gehst. Du musst wissen, dass es nicht deswegen war, weil ich dich dort nicht haben wollte, ich wollte einfach allein sein, um meiner selbst willen. Es hatte nichts mit dir zu tun. Einsamkeit ist ein Teil von mir, erfrischt mich, weckt mich auf. Und ich werde sie immer brauchen. Ich habe es dir so oft gesagt, aber du hast nie zugehört. Oder du hast es nicht verstanden. Ich verstehe jetzt, wie das passieren konnte. Es tut mir leid, wenn ich dir damit wehgetan habe, aber mich hat das Ganze auch verletzt. Denke nicht, dass ich keinen Schmerz gefühlt habe, dass es einfach für mich war.
Kennst du die Serie Sex and the City? *Dort heißt es, dass wir alle drei große Lieben in unserem Leben haben. Ich denke, das könnte stimmen. Nur glaube ich, dass diese drei Lieben verschieden sind. Ich habe gelernt, die Tatsache zu akzeptieren, dass es du warst und es immer sein wirst – die Liebe meines Lebens. Für mich war es Liebe auf den ersten Blick. Die eine, über die Songs geschrieben werden. Die eine, wegen der die Zeit anhält. Schlaflose Nächte, Schmetterlinge im Bauch und alles andere. Es war eine Fantasie. Und aus diesem Grund konnte sie nicht dauerhaft sein. Nicht im wirklichen Leben. Ich habe so lange damit gewartet, dir das zu*

schreiben, damit deine Illusion von mir verschwindet. Die Illusion von einem Mädchen, das du vor ein paar Jahren kurz kennengelernt hast. Und diese Illusion hinderte dich daran, auch meine schlechten Seiten zu lieben. Weil das Mädchen, das du damals getroffen hattest, hatte für dich keine schlechten Seiten. Aber ich habe sie, einen Haufen davon. Ich bin brutal ehrlich. Selbstständig. Ich sehne mich nach Einsamkeit. Ich mag es nicht, mich vor anderen rechtfertigen zu müssen. Ich habe mein ganzes Leben lang in dem Glauben verbracht, dass die Leute mich nicht mögen, und war schockiert, als das Gegenteil der Fall war. Von dir brauchte ich etwas Wirkliches. Ich musste einfach wissen, dass du mich liebst, auch wenn ich widerlich bin, wenn das Leben widerlich ist, wenn alles um uns herum ekelhaft ist. Ich wollte mit jemandem zusammen sein, der mich nicht braucht, der sehr gut ohne mich zurechtkommt, um zu erkennen, dass es mir ohne ihn auch gut geht.

Zu oft zeigte ich dir mein schlimmstes Gesicht, nur um zu sehen, ob du damit umgehen kannst. Wir beide hatten noch so viel zu lernen, aber ich konnte von dir nicht lernen. Ich konnte nicht in deinem Leben hinter dir gehen, in deinem Schatten, und ich glaube, dass du das von mir erwartet hast. Du wollest jemanden, der dir mit Begeisterung folgt. Aber ich kann nur mir selbst folgen.

Erinnerst du dich, als wir durch Thailand fuhren, an der Grenze zu Burma, mit einem betrunkenen Fahrer? Das war der Moment, in dem ich mich mit dir am meisten verbunden fühlte. Ich erinnere mich, wie du zu dem Fahrer gesagt hast, du würdest fahren wollen, weil ich dir gesagt hätte, ich habe Angst. Damals hast du mir wirklich zugehört. Ich liebte dich nie mehr als in diesem Moment.

Hast du dein Buch geschrieben? Bin ich auch drin? Ich hoffe, du hast nette Dinge über mich geschrieben. Du musst mir unbedingt eines schicken, damit ich sehe, was du geschrieben hast. Wann wird es übersetzt? Die Adresse hast du.

Ich bin unendlich froh, dass sich unsere Lebenswege miteinander verflochten haben. Ich denke, dass wir viel voneinander gelernt haben. Ich war eine von vielen, die dich inspiriert haben, in dich selbst zu schauen und deinen eigenen Weg zu finden. Oder dabei verloren zu gehen, während du ihn suchst. Ich habe dir gezeigt, wie du allein sein kannst, wie dumm du sein kannst, wie du die Welt packen und sie dir zu eigen machen kannst. Und weißt du, was ich von dir gelernt habe? Dass mich jemand lieben kann. Dass mich jemand so sehr lieben kann, dass er bereit ist, die ganze Welt auf den Kopf zu stellen. Dass mir jemand in die Augen schauen und

Ozeane, Wolken, Gebirge – sich selbst – darin sehen kann. Ich danke dir dafür. Es war eine erstaunliche Erkenntnis.

Chloe

Ich nahm noch einen Schluck Bier und stützte mich auf meine Ellbogen. Der Sommer war heute zu Ende, obwohl er laut Kalender noch nicht einmal begonnen hatte. Es ist Juni, und hinter mir liegen tausend Tage Frühling und tausend Tage Sommer. Jetzt kommen tausend Tage Herbst.

Ich atmete tief ein und aus, schaute in den Himmel, sah die wenigen Sterne. Was nun?, fragte ich mich.

Das Lächeln kehrte in mein Gesicht zurück, zusammen mit einem ungläubigen Staunen.

Eine Sternschnuppe.

Nachwort

So, Sie sind nun am Ende meines Buches angelangt. Ich hoffe, dass es Ihnen gefallen hat.

Für mich war es aufregend, ein Buch beziehungsweise Bücher über mein Leben zu schreiben und zu wissen, dass es viele Menschen lesen und so viel über mich erfahren werden. Aber es war der einzig richtige Weg für mich, dies zu tun. Obwohl ich über einige Ereignisse nicht geschrieben habe, über manche Menschen, über manche Erkenntnisse, über manche Gefühle. Sie werden das hoffentlich verstehen – ich wollte auch etwas für mich behalten. Denn die Geschichten, die ich mit Ihnen allen teile, hören auf, wenn auch nur ein bisschen, meine zu sein. Sie werden zu Ihrer, unserer, jedermanns Geschichte. Und wenn ich Ihnen alles offenbaren würde, hätten Sie ja selbst nichts mehr zu entdecken.

Schließlich sind einzelne Geschichten auch nicht so wichtig. Alles, was ich auf meinen Reisen erlebt habe, kann jeder erleben. Ich denke, gerade das ist das Coolste an diesem Buch und meinen Reiseberichten, dieses Nichts-Besonderes-Sein. Die Hauptfigur ist ein Mann, der seinen Rucksack nahm und zu reisen begann. Solche Helden gibt es Millionen, buchstäblich. Und ihre Geschichten sind wunderbar inspirierend. Genauso wie die Geschichten von Menschen, die nicht gereist sind, die aber genauso das getan haben, was ich tat – sie folgten ihren Träumen.

Am Ende möchte ich einigen Menschen danken.

Meiner Mama und meinem Papa, die tapfer meine Wanderungen überlebt haben und meine größte Unterstützung waren. Ich bin ihnen dankbar, wie sie ihr Leben mir und meinem Bruder gewidmet haben. Dass sie der Inbegriff der Selbstlosigkeit sind. Mein Papa hat die Veröffentlichung dieses Buches leider nicht erlebt, er starb vor einigen Monaten an Lungenkrebs.

Meinem Bruder Filip danke ich, der mich, zusammen mit den Eltern, zu der Person gemacht hat, die ich heute bin. Ungewollt, natürlich – ich sage es nur, falls er jemals versucht, mir diesen Satz unter die Nase zu reiben.

Meinen Tanten Crna und Nada, die seit meiner Geburt meine Mutter Nummer zwei und drei waren.

Allen meinen Verwandten – Omas, Onkel, Tanten, zahlreichen Cousins und Cousinen. Erst als ich um die Welt gewandert war, erkannte ich eure Bedeutung.

Dank geht auch an meine Freunde, meinen ehemaligen Mitbewohner Marino und alle, die ich in diesen beiden Büchern erwähnt habe – ihr wisst, wen ich meine.

Allen danke ich, die ich in diesen beiden Büchern nicht erwähnt habe und die eine Rolle in meinem Leben gespielt haben – ihr wisst, wen ich meine.

Meiner Redakteurin Maja danke ich, ohne die diese beiden Bücher nicht so aussehen würden, wie sie aussehen. Falls Sie Beschwerden haben, wir sind für Kritik offen.

Meiner Mare gebührt großer Dank, ohne sie wären diese beiden Bücher wahrscheinlich nie ans Licht gekommen. Na ja, was passiert ist, ist passiert.

Allen von Ihnen, die mir im Laufe der Jahre über Facebook und meinen Blog gefolgt sind, die meine Vorträge besucht haben, danke ich. Wenn es Sie nicht gäbe, wer weiß, wie meine Reisen aussehen würden. Sie haben mir so viel gegeben, vielleicht mehr als ich Ihnen.

Wenn Sie etwas fragen möchten, können Sie mich unter **tomislav@tomislavperko.com** kontaktieren.

Vielen Dank noch einmal. Leben Sie das Leben. Lachen Sie. Lieben Sie. Und stellen Sie sich immer wieder die Frage: Was würden Sie tun, wenn Sie sicher wären, dass Sie mit Ihrem Plan Erfolg haben werden, was immer dieser Plan auch sein mag?

Bis zum Herbst, T.

Tipps, wie auch Sie mit einem Budget von 10 Euro am Tag um die Welt reisen können

Mit wenig Geld zu verreisen ist kein Hexenwerk, wie Sie beim Lesen dieses Buches gesehen haben. Die meisten Leute schaffen das. Sie brauchen dafür nur drei Dinge: einen starken **Willen**, ein wenig **Zeit** und einen **gesunden Menschenverstand**.

Der **Wille** ist nötig, um die irrationale Angst vor dem Unbekannten zu besiegen. Denn wenn das Reisen wirklich Ihr größter Wunsch ist, werden Sie diesen auch in die Tat umsetzen. Wenn dieser Wille jedoch fehlt, werden Ihnen auch die besten Tipps nicht helfen.

Die **Zeit** ist wichtig, weil Sie sich nicht durch Termine unnötig unter Druck setzen sollten. Je spontaner Sie entscheiden können, wann Sie abreisen, wann Sie weiterreisen und wann Sie zurückkehren, umso besser. Denn dann können Sie jederzeit die Reise unterbrechen, die Reiseroute ändern, und es steht Ihnen frei, so zu reisen, wie Sie wollen – ohne Verpflichtungen und ohne Einschränkungen. Sie können schauen, wohin es Sie verschlägt, und offen sein für die Gelegenheiten, die sich Ihnen bieten – das ist das Großartigste am Reisen.

Und der **gesunde Menschenverstand** ist einfach der gesunde Menschenverstand. Ohne den geht es nicht.

Wenn Sie diese drei Dinge mitbringen, aber das Gefühl haben, nicht genügend Geld zum Reisen zu haben, müssen Sie kreativ sein und Möglichkeiten finden, mit den drei größten Ausgabenposten beim Reisen zurechtzukommen:

(1) Verkehrsmittel
(2) Unterkunft
(3) Essen

Doch um hier keine falschen Erwartungen zu wecken: Wenn Sie zwei Wochen nach Bali reisen wollen, gibt es wahrscheinlich nicht sehr viele Möglichkeiten, viel Geld zu sparen.

Verkehrsmittel

Da Reisen definiert wird als die Fortbewegung von Menschen zwischen relativ weit voneinander entfernt liegenden Orten, ist klar, dass Sie sich beim Reisen von Punkt A nach Punkt B bewegen müssen. Und das ist normalerweise der teuerste Teil einer Reise.

Doch ich nenne Ihnen **sechs Alternativen**, wie Sie die Fahrtkosten auf ein Minimum senken können.

1. PER ANHALTER REISEN

Trampen ist nicht jedermanns Sache. Daher wird es viele Leute geben, die Ihnen erzählen, Trampen sei gefährlich. Vielleicht ist es das auch, doch ich habe nichts davon mitbekommen. Ich habe per Anhalter über fünfzigtausend Kilometer zurückgelegt und fünf verschiedene Kontinente bereist, kann Ihnen aber keine einzige Horrorgeschichte erzählen. Was jedoch nicht bedeutet, dass Sie beim Trampen nicht vorsichtig sein sollten.

Hier meine Tipps für das Reisen per Anhalter:

I. Bereiten Sie sich vor

Zunächst einmal sollten Sie immer eine Karte bei sich haben (je detaillierter, desto besser) oder eine GPS-App, dies wird Ihnen das Leben deutlich erleichtern.

Wählen Sie eine Route, die Sie in die nächste Stadt bringen wird (ich nutze dafür **maps.google.com**), finden Sie heraus, wie Sie aus der Stadt herauskommen, in der Sie sich aktuell befinden (dafür nutze ich **hitchwiki.org**), und bereiten Sie einige Schilder vor, auf die Sie die Namen der Städte schreiben, in die oder bis zu denen Sie fahren möchten. Meist werden Sie die Schilder zwar gar nicht brauchen, aber es ist besser, für alle Fälle gerüstet zu sein.

Informieren Sie sich über die Wetteraussichten für den/die kommenden Tag(e), und beginnen Sie möglichst früh mit dem Trampen, damit Sie Ihr Ziel vor Einbruch der Dunkelheit erreichen. Falls es regnet, überlegen Sie, ob Sie nicht besser noch einen Tag in der Stadt bleiben, in der Sie gerade sind – Regentage sind zum Trampen ungeeignet.

II. Finden Sie den perfekten Startpunkt

Wenn Sie alle Vorbereitungen getroffen haben, müssen Sie an die Stelle gehen, von der aus Sie als Anhalter die besten Chancen haben, von einem Auto mitgenommen zu werden. Hierzu werden Sie meistens öffentliche Verkehrsmittel nutzen müssen.

Die Wahl des Startpunkts zum Trampen ist entscheidend. Sie sollten an einer Stelle stehen, an der Autofahrer gut halten können (Bushaltestelle etc.) und wo nicht zu schnell gefahren wird, sodass Autofahrer reagieren und anhalten können, ohne fürchten zu müssen, dass ihnen ein anderes Auto von hinten auffährt.

Wenn Sie auf Autobahnen trampen wollen, gibt es drei gute mögliche Startpunkte:

- **Mautstationen** sind wegen der vielen Autos, die hier vorbeikommen, am besten geeignet. Zudem müssen die Autos hier sowieso anhalten, um ein Ticket zu ziehen oder die Maut zu bezahlen, das ist Ihr Vorteil. Stellen Sie sich an einen sicheren Platz, möglichst innerhalb der Engstelle – und dann: Daumen hoch!

  Wenn Ihnen die Polizei oder sonst jemand zusetzt, folgen Sie ihren Anweisungen – jedenfalls solange man Sie noch beobachtet.
- Ein anderer Platz, an dem Sie Ihr Glück versuchen können, ist eine **Autobahnauffahrt**. Wenn Sie in kleinen Orten sind oder in Ländern, in denen keine Maut erhoben wird, gehen Sie am besten dorthin, wo die Autobahn beginnt, wobei Sie bedenken müssen, dass dort genügend Platz sein muss, damit Autos anhalten können.

  Wenn die nächste Autobahnauffahrt sehr weit weg ist, bitten Sie einen Autofahrer, Sie wenigstens bis zur nächsten Tankstelle oder der nächsten Autobahnauffahrt mitzunehmen. Vergewissern Sie sich jedoch vorher, dass er auch in die Richtung fährt, in die Sie möchten!
- **Tankstellen** können sogar die beste Wahl sein, wenn Sie auf einer Autobahn unterwegs sind, weil die Leute dort anhalten und aussteigen müssen, um zu tun, was auch immer sie vorhaben, dort zu tun. Somit haben Sie genügend Zeit, die Leute einzuschätzen und jemanden auszusuchen, der normal aussieht und vermutlich sein Auto nicht zu Schrott fahren wird.

  Nun sollten Sie ein Gespräch beginnen – und dem Fahrer zeigen, dass Sie ebenfalls kein Verrückter sind.

III. Sehen Sie ordentlich aus, und lächeln Sie

Versetzen Sie sich beim Trampen in die Lage eines Autofahrers. Würden Sie jemanden mitnehmen, der verdreckt, nervös und griesgrämig aussieht, oder jemanden, der ordentlich aussieht und Sie vom Straßenrand her anlächelt?

Außerdem ist es ratsam, den Rucksack vor sich zu stellen, sodass die Autofahrer ihn sehen können. Die Wahrscheinlichkeit ist größer, dass die Autofahrer Ihnen helfen, wenn sie erkennen, dass Sie ein Rucksacktourist sind und kein Verrückter – Verrückte schleppen kein Gepäck mit sich herum.

IV. Haben Sie Geduld

Wenn Sie es eilig haben oder schlecht gelaunt sind, fahren Sie besser mit dem Zug oder dem Bus. Trampen ist manchmal nicht einfach – wenn es einfach wäre, würden es ja alle machen –, darum müssen Sie Geduld haben und dürfen niemals die goldene Regel des Trampen vergessen: »Egal, wie lange Sie warten müssen, irgendwann kommt die richtige Mitfahrgelegenheit.«

V. Genießen Sie es

Sie erleben ein Abenteuer, also genießen Sie jeden einzelnen Moment!

VI. Gehen Sie auf Nummer sicher

Es gibt ein paar Dinge, die beim Trampen wirklich gar nicht gehen:

- Stellen Sie sich nicht irgendwo mitten auf der Strecke an eine Autobahn oder lassen sich dort absetzen. Dort werden Sie große Probleme haben, wieder mitgenommen zu werden. Zudem wird die Polizei wahrscheinlich sehr schnell auftauchen. Außerdem ist es gefährlich.
- Versuchen Sie, während der Fahrt nicht zu schlafen. Abgesehen davon, dass es gefährlich ist, könnte sich der Fahrer von Ihnen ausgenutzt fühlen, das wäre nicht fair. Wenn er Sie schon umsonst mitnimmt, sollten Sie ihn auch ein wenig unterhalten und könnten ein paar gute Geschichten zum Besten geben.
- Vermeiden Sie es auch, bei Leuten mitzufahren, die trinken und/oder betrunken sind. Verlassen Sie höflich das Fahrzeug, oder bitten Sie, selbst fahren zu dürfen.
- Schnallen Sie sich während der Fahrt immer an!

VII. Haben Sie immer einen Plan B

Manchmal werden Sie Ihr Ziel nicht wie geplant erreichen, seien Sie auf solche Situationen vorbereitet: Sie sollten stets ein Zelt, eine Luftmatratze und einen Schlafsack bei sich haben.

VIII. Lassen Sie sich treiben (auch bekannt als: Haben Sie keinen Plan B)

Planen Sie nicht zu viel. Immerhin verwenden Sie die Fortbewegungsform, die am stärksten dem Zufall ausgesetzt ist, und wer weiß, wohin die Straße (und Ihr Fahrer) Sie bringen wird.

Manchmal wird ein Mittagessen dabei herausspringen, manchmal kommen Sie in irgendein Dorf, wohin der Fahrer gerade unterwegs ist, und manchmal werden Sie sogar nach Hause mitgenommen. Akzeptieren Sie das Unerwartete.

IX. Vergessen Sie alle Regeln!

Ich musste viele Kilometer weit trampen, um manche Dinge zu lernen. Und das Wichtigste, was ich gelernt habe, ist es, mich auf mein Gefühl zu verlassen und alle Regeln zu brechen, wenn mir danach ist.

Hören Sie auf Ihren Instinkt. Der ist genauso wichtig wie der gesunde Menschenverstand.

2. ZU FUSS GEHEN

Die einfachste (aber auch die langsamste) Form der Fortbewegung ist das Gehen. Sie nehmen Ihren Rucksack, wählen eine Strecke aus und gehen los.

Ich war meist nur zu Fuß unterwegs, um einen guten Platz zum Trampen zu finden, kenne jedoch viele Leute, die ausschließlich zu Fuß gehen. Ich bin Leuten begegnet, die von Südafrika nach Ägypten gegangen sind, von London nach Jerusalem, von St. Petersburg nach Paris, etc.

Wenn Sie weite Strecken zu Fuß gehen wollen, hier ein paar Tipps für die Vorbereitung:

I. Bereiten Sie sich körperlich vor

Ihr Körper ist bei diesem Unterfangen Ihr wichtigster Verbündeter. Wenn Sie sich nicht um ihn kümmern, ihn überfordern oder seine Signale ignorieren, kann er sich innerhalb weniger Tage in Ihren schlimmsten Feind verwandeln. Er wird Ihnen die größten Qualen zufügen und dafür sorgen, dass Sie aufgeben und Ihre Reise beenden müssen.

Daher ist es ratsam, den Körper vor Reiseantritt zu trainieren und zu kräftigen. Unter der Woche ein bisschen joggen, am Wochenende ein wenig wandern und vor dem Schlafengehen ein paar Gymnastikübungen – das sollte für die meisten Leute als Vorbereitung für das Zufußgehen ausreichen.

II. Clever packen

Zu den wichtigsten Dingen, wenn Sie bei Ihrer Reise zu Fuß unterwegs sind, gehört es, den Rucksack geschickt zu packen – auf keinen Fall zu viel, aber auch nichts Wichtiges vergessen.

Was in Ihrem Fall wichtig ist, hängt von Ihren Bedürfnissen, Gewohnheiten und Präferenzen ab.

Die Menge und die Auswahl der Dinge, die Sie in Ihren Rucksack packen sollten, hängt aber auch von der Region ab, in der Sie unterwegs sein werden. Befinden sich auf Ihrer Strecke Unterkünfte und Dörfer, in denen Sie übernachten können? Was werden Sie essen, und wie können Sie kochen? Wie sind dort die klimatischen Bedingungen?

III. Schlafen

Bei dieser Form des Reisens ist es unvermeidlich, dass Sie auch einmal am Straßenrand übernachten werden. Sichere Unterschlupf- und Übernachtungsmöglichkeiten machen dies erheblich einfacher. Planen Sie also Ihre Routen, um herauszufinden, wo Sie neben der Straße werden schlafen müssen und wie Sie dort Essen und Wasser organisieren können.

Zum Durchqueren unbewohnter Gegenden gehört es dazu, zu zelten und Dunkelheit und Wildnis zu erleben. Wenn Sie jedoch durch Dörfer kommen, können Sie Ihr Zelt auf einem Feld aufschlagen oder jemanden bitten, in seiner Garage, seiner Scheune oder unter seinem Balkon schlafen zu dürfen.

IV. Wehwehchen

Schmerzen, Blasen und Erschöpfungszustände sind häufige Begleiter der Zufußgeher. Wenn Ihre körperliche Kondition nicht gut ist, werden Sie unterwegs aller Voraussicht nach kleinere Verletzungen bekommen, und Schmerzen werden Sie eine Weile begleiten.

Besonders häufig treten infolge des Laufens Schmerzen in den Knien, den Hüften, Sehnen und Schultern auf. Daher ist es ratsam, während der ersten Tage entspannt und langsam zu gehen. So kann sich Ihr Körper allmählich an die Bewegung gewöhnen.

Die Angst vor Schmerzen wegen schlechter körperlicher Fitness sollte jedoch keinesfalls dazu führen, den Wunsch aufzugeben, zu Fuß zu gehen!

V. Freiheit erleben
Alles beginnt mit dem Wunsch, eine Region kennenzulernen oder ein cooles Projekt zu verfolgen. Jeder Schritt bringt uns näher an das gewünschte Ziel.

Am Ende verschafft uns das Wandern jedoch die Erfahrung, die Wirklichkeit mit unseren Sinnen zu erleben. Uns wird bewusst, welche Freiheit wir genießen, und wir erreichen eine zeitlose Dimension, in der wir die Hauptgestalter unserer Stimmungen sind. Wir bekommen die Chance, zu spüren, wer wir wirklich sind und wie wir durchs Leben gehen wollen.

3. RADFAHREN

Ich habe auf meinen Reisen nie ein Fahrrad verwendet, aber viele Leute tun dies. Die Regeln und Tipps sind weitgehend dieselben wie beim Trampen und Zufußgehen.

Verglichen mit dem Trampen, sind Sie mit dem Fahrrad zwar langsamer, aber auch unabhängiger. Verglichen mit dem Zufußgehen, sind Sie zwar schneller, aber Sie müssen sich um Ihr Fahrrad kümmern und gegebenenfalls in der Lage sein, es zu reparieren – und Sie müssen darauf achten, dass es Ihnen nicht geklaut wird.

4. TRAMPEN PER BOOT

Ja, Sie können sogar auf Booten trampen! Doch auch wenn dies theoretisch durchaus möglich ist, so ist es in der Praxis zugegebenermaßen ziemlich schwierig. Sie müssen viel recherchieren, flexibel sein – und vor allem Glück haben. Und selbst wenn Ihnen das alles gelingt, steht der härteste Teil noch bevor: das Bootfahren selbst.

Meine einzige Erfahrung im »Boot-Trampen« besteht darin, in einer 13-m-Jacht über den Indischen Ozean zu segeln (mehr dazu vorne im Buch). Fünfundvierzig Tage verbrachte ich mit einem Skipper und zwei Crew-Mitgliedern, die genau wie ich absolute Segelneulinge waren.

Für das Trampen auf einem Schiff gibt es vor allem zwei Möglichkeiten: Sie Suchen online nach einer Mitfahrgelegenheit oder in den Häfen. Tatsächlich gibt es viele Internetseiten, auf denen Schiffseigner, die eine Crew suchen, mit Leuten in Kontakt kommen, die Teil dieser Crew werden wollen. Ich fand meine Mitsegelgelegenheit auf **findacrew.net**, indem ich ein paar E-Mails an die Skipper von Jachten schickte, die in der Nähe lagen.

Achtung: Wenn Sie nach einem Boot suchen, müssen Sie wissen, dass die meisten Boote zu bestimmten Zeiten im Jahr auf bestimmten Routen fahren, um Meeresströmungen und Winde nutzen zu können und Zeiten zu meiden, in denen mit Hurrikans zu rechnen ist.

Die zweite Möglichkeit, um auf einem Boot zu trampen, besteht darin, dass Sie zum Hafen gehen, Jacht für Jacht abklappern und die Bootseigner fragen, ob sie auf ihrer Reise einen Handlanger brauchen können.

Diese Option ist deutlich riskanter, denn es besteht immer die Möglichkeit, dass Sie nicht finden, wonach Sie suchen, die Saison vergeht und Sie irgendwo am Ende der Welt festsitzen. Andererseits erhöhen Sie, wenn Sie direkt zum Hafen kommen, Ihre Chancen, die Skipper kennenzulernen und im persönlichen Kontakt einen guten Eindruck zu hinterlassen.

Alles in allem ist es ein sehr anstrengender Job, ein Boot zum Trampen zu finden – und das Bootfahen selbst wird dann erst richtig hart werden. Am Ende jedoch können Sie etwas wirklich Einmaliges erleben: Sie werden Orte sehen, die sonst nicht viele Leute zu sehen bekommen. Und später werden Sie Ihren Freunden erzählen können, was für ein cooler und abenteuerlustiger Typ Sie sind.

5. AUTORÜCKFÜHRUNG

Einige Autovermietungsunternehmen müssen Autos von einer Stadt in eine andere bringen, und anstatt einen Angestellten dafür zu bezahlen, schalten sie online eine Anzeige und bieten den Job der Allgemeinheit an.

Wenn Sie von einem Auto lesen, das in die Richtung gefahren werden soll, in die Sie möchten, können Sie sich melden und es für diese Strecke kostenlos bekommen – meist zahlt die Firma auch die Benzinkosten.

Ich habe diese Art der Fortbewegung nur in Neuseeland genutzt, über die Website **transfercar.co.nz**.

6. MITFAHRGELEGENHEIT

Es ist vielleicht nicht kostenlos, kann aber deutlich billiger sein, als mit dem Bus oder der Bahn zu reisen – wenn jemand in dieselbe Richtung fährt wie Sie, können Sie gemeinsam mit dessen (oder Ihrem) Auto fahren und sich die Kosten teilen.

Unterkunft

Auf Reisen müssen Sie natürlich auch irgendwo schlafen. Daher stehen die Übernachtungskosten neben den Fahrtkosten ganz oben auf der Ausgabenliste. Zum Glück gibt es viele Möglichkeiten, auf günstige Weise einen Schlafplatz zu finden.

1. COUCHSURFING

Meine Lieblingsart, um in anderen Städten zu übernachten, ist *Couchsurfing*.

Im Grunde ist *Couchsurfing* ein Netzwerk der Gastfreundschaft. Sie erstellen einfach ein Profil auf der Website und haben dann zwei Grundoptionen: Sie bieten Reisenden eine Couch in Ihrem Heimatort an, oder Sie versuchen, irgendwo in der Welt bei jemandem einen Übernachtungsplatz zu bekommen.

Da ich selbst viele Leute in meiner Wohnung beherbergt habe und von ihnen positive Referenzen bekommen hatte, war es für mich einfach, weltweit Leute zu finden, die bereit waren, mich als Übernachtungsgast aufzunehmen.

Hier einige Tipps, um *Couchsurfing* richtig zu nutzen:

I. Das Profil erstellen!

Interessanterweise bleiben die meisten Leute bei den ersten Schritten stecken – dem Ausfüllen ihres Profils. Sie wollen nicht dreißig bis sechzig Minuten damit verbringen, zig verschiedene Angaben über sich zu machen – und haben daher geringe Aussichten, einen Gastgeber oder auch nur einen Gast zu finden.

Stellen Sie sich dieses Profil wie einen Lebenslauf vor: Wenn Sie ihn gut und ansprechend erstellen, sind Ihre Chancen besser, einen Job – oder eben einen Schlafplatz – zu finden.

II. Klein anfangen, eine weitere Lektion in Geduld

Ich weiß, es wäre toll, das Profil zu erstellen, ein paar Anfragen an Leute in der Stadt zu schicken, in die Sie ein paar Tage darauf fahren werden, und dann sofort eine Antwort von jemandem zu bekommen, dass Sie eine Woche in ihrer/seiner Wohnung übernachten dürfen.
Beim *Couchsurfing* passiert aber nichts über Nacht. Vor allem seitdem es SEHR VIELE Couchsurfer gibt. Also: Haben Sie Geduld!

Wenn Sie ein Profil haben, das noch nicht über positive Referenzen verfügt – oder nur über wenige –, werden sich die Leute nicht darum reißen, zu Ihnen zu kommen oder Sie bei sich willkommen zu heißen. Denn auch andere wollen sich sicher fühlen und wissen, wer das ist, mit dem sie ein paar Tage verbringen werden.

Sie müssen also Vertrauen aufbauen, sprich mehr positive Referenzen sammeln. Hierzu sollten Sie sich mit anderen Couchsurfern treffen. Dafür gibt es ein paar Optionen. Sie können an lokalen CS-Treffen/Versammlungen in Ihrer eigenen Stadt (oder der, in der Sie gerade sind) teilnehmen oder jemanden von *Couchsurfing* auf einen Drink einladen, vielleicht wird dies ein CS-Freund und gibt Ihnen eine positive Referenz.

III. Persönlich formulieren

Wenn Sie jemanden um einen Schlafplatz bitten, ist neben Ihrem CS-Profil als eine Art Lebenslauf Ihre Anfrage sozusagen Ihr Bewerbungsschreiben, in dem Sie Ihrem potenziellen Gastgeber sagen, warum er ausgerechnet Sie bei sich aufnehmen sollte.

Versetzen Sie sich in die Lage des Gastgebers. Es gibt zurzeit eine Menge Couchsurfer und die Person, an die Sie schreiben, hat vielleicht noch zehn weitere Anfragen für denselben Tag. Warum also sollte er ausgerechnet Sie auswählen? Es liegt an Ihnen, einen Gastgeber davon zu überzeugen, dass Sie der Richtige sind.

IV. Seien Sie ein guter Gastgeber/Surfer

Erste Regel: *Couchsurfing* ist keine Partnervermittlung.
Ja, manchmal ergibt sich zwischen Couchsurfern etwas, aber wenn Sie der Community nur wegen dieser Möglichkeit beitreten, sind Sie auf dem Holzweg.

Zweite Regel: CS ist kein Hotel.
Einige Leute nutzen das *Couchsurfing* als kostenlose Schlafgelegenheit, mehr nicht. Dabei geht es beim *Couchsurfing* um so viel mehr: Freundschaften schließen, Vorurteile loswerden, gemeinsam kochen, gemeinsam ausgehen, beobachten und lernen. Genau deshalb gibt es CS: Es bietet Ihnen die Möglichkeit, von Leuten aus einem anderen Umfeld etwas zu lernen.

Dritte Regel: Verhalten Sie sich anderen gegenüber so, wie Sie gerne hätten, dass andere sich Ihnen gegenüber verhalten.

V. Seien Sie sicher

Auch wenn die Sicherheit mit an erster Stelle steht, wenn es um *Couchsurfing* geht, habe ich sie bis zuletzt aufgehoben und zwar einzig aus dem Grund, dass die Leser sich auf die positiven Dinge konzentrieren sollten, anstatt sich mit irgendwelchen Horrorgeschichten zu befassen.

Ganz allgemein gesprochen, ist das Risiko, dass etwas Schlimmes passiert, minimal, wenn Sie Ihren gesunden Menschenverstand einsetzen und etwas Vorsicht walten lassen. Auf CS gibt es ein Referenzsystem, sodass jeder, der jemanden durch CS kennenlernt, ein paar Sätze über denjenigen schreiben kann, damit nachfolgende Leute einen Einblick in den Charakter der Person bekommen. Die Referenzen können positiv, neutral oder negativ sein. Wenn Sie auf der sicheren Seite sein wollen, beherbergen Sie/wohnen Sie bei Leuten, die viele Freunde und viele positive Referenzen haben.

2. CAMPING

Auch wenn ein Zelt das größte und schwerste Teil in Ihrem Rucksack sein wird, kann es sehr nützlich sein, beim Reisen eines dabeizuhaben – es kann Ihnen Geld für Übernachtungen sparen und die Freiheit geben, dort zu übernachten, wo Sie wollen.

Wenn Sie nicht auf einem ausgewiesenen Campingplatz zelten, versuchen Sie, für andere Leute – und vor allem für die Behörden – unsichtbar zu sein (damit Sie keine Probleme wegen wilden Campens bekommen). Außerdem sollten Sie sich erkundigen, ob es in bestimmten Gegenden Wildtiere gibt, vor denen Sie sich in Acht nehmen müssen.

Manchmal werden Sie auch einfach draußen schlafen, weil Sie zu müde sind, um das Zelt aufzustellen oder weil es zu heiß ist, um darin zu schlafen – genießen Sie die Nacht unter den Sternen!

3. VOLUNTEERING – ARBEITEN FÜR ESSEN UND UNTERKUNFT

Wenn Sie eine Reisepause einlegen, Geld sparen oder einfach mehr über die Gegend erfahren wollen, die Sie gerade besuchen, ist Volunteering definitiv eine Überlegung wert. Grob gesagt, arbeiten Sie ein paar Stunden täglich im Austausch für eine Übernachtungsmöglichkeit – und meist auch Verpflegung.

Es gibt viele Möglichkeiten, Gelegenheiten zum Volunteering zu finden, alle laufen aber auf zwei Dinge hinaus.

ERSTENS: Vor Ort suchen

Sie kommen an einen Ort und beschließen, eine Weile dort zu bleiben. Dafür kann es viele Gründe geben – Sie sind müde, Ihr Budget ist aufgebraucht, Sie sind von der Schönheit des Ortes (oder von einem Jungen/Mädchen, der/das Ihnen begegnet ist) begeistert und vieles mehr.

Das Erste, was Sie haben müssen, ist: Geduld. Wenn Sie direkt anfangen, von Tür zu Tür zu gehen und nach einer Volunteering-Möglichkeit zu fragen, werden Sie vielleicht eine Arbeit finden. Aber ich denke, der Vorgang sollte anders ablaufen: Zuerst sollten Sie Leute finden, die Sie mögen, neue Freundschaften schließen, den Ort etwas besser kennenlernen, sich selbst davon überzeugen, dass Sie hier tatsächlich länger bleiben wollen und dann die Leute fragen, ob sie (oder Bekannte von ihnen) einen Job für Sie haben.

Wenn Sie in Entwicklungsländern unterwegs sind, ist die Wahrscheinlichkeit groß, dass niemand Ihnen eine bezahlte Arbeit wird anbieten können. Lassen Sie die Leute daher wissen, dass Sie mit Unterkunft und Verpflegung zufrieden sind.

***ZWEITENS*: Online suchen**

Es gibt eine Menge Internetseiten, auf denen Möglichkeiten zum Volunteering angeboten werden. Die bekanntesten (für mich zumindest) sind: **WWOOF**, **HelpX** und **WorkAway**. Sie müssen pro Jahr ein paar Dollar Anmeldegebühr zahlen, und obgleich ich ziemlich skeptisch war (warum sollte ich für Freiwilligenarbeit ZAHLEN), habe ich mich inzwischen davon überzeugen können, dass dieses Geld absolut sinnvoll investiert ist.

4. HAUS-SITTING

Das Prinzip beim Haus-Sitting ist sehr einfach: Leute überlassen ihre Wohnung anderen Leuten, die im Austausch deren Haus- oder Nutztiere versorgen, während sie selbst nicht da sind.

Die Wohnungseigentümer haben jemanden, der dafür sorgt, dass ihre Wohnung/ihr Haus bei ihrer Rückkehr in demselben Zustand ist wie bei ihrer Abreise und müssen ihre Haustiere nicht wegbringen, was die Kosten und den Stress reduziert, die damit verbunden sind.

Der Haus-Sitter andererseits bekommt eine kostenlose Unterkunft, muss häufig nicht einmal für die Nebenkosten etwas bezahlen und hat oft sogar ein Auto zur Verfügung.

Haus- und Wohnungseigentümer schauen bei Haus-Sittern auf vier Qualitäten: Sie sind vertrauenswürdig, sie haben Erfahrung, sie werden sich gut um die Haustiere kümmern, und sie werden die meiste Zeit in der Wohnung/im Haus verbringen.

5. WOHNUNGSTAUSCH

Wenn Sie Ihre Privatsphäre schätzen und eine Wohnung im Austausch bieten können, ist ein Wohnungstausch vielleicht die beste Lösung für Sie.

Auch beim Wohnungstausch ist das Prinzip sehr einfach: Sie tauschen mit jemandem an dem Ort, an den Sie reisen wollen, die Wohnung. Die Leute von dort wohnen bei Ihnen, und Sie wohnen in dieser Zeit in deren Wohnung.

Der Wohnungstausch muss nicht zwingend zur selben Zeit erfolgen, und auch die Dauer, die man sich in einer anderen Wohnung aufhält, kann ebenfalls verhandelt werden.

Das größte Netzwerk für Wohnungstausch weltweit ist **HomeExchange.com** (**haustauschferien.com** in Deutschland).

Essen und Trinken

Die drittgrößten Ausgaben auf Reisen entstehen durch Essen und Trinken.

Hier müssen Sie einfach Ihren gesunden Menschenverstand walten lassen: Meiden Sie Kneipen und Restaurants, kaufen Sie Lebensmittel auf dem Markt oder im Supermarkt, und kochen Sie wann immer möglich selbst.

Wenn Sie etwas abenteuerlustiger sind (oder besonders viel Hunger, aber besonders wenig Geld haben), können Sie es mit Dumpstern probieren. Heute werden mehr als vierzig Prozent der produzierten Lebensmittel weggeworfen, daher können Sie bei einem Supermarkt oder einem Fast-Food-Restaurant darum bitten, dass man Ihnen nach Geschäftsschluss einige Lebensmittel gibt, die sie ansonsten wegwerfen würden, die aber noch ohne Bedenken gegessen werden können.

Unterwegs Geld verdienen

Neben all diesen Tipps, wie Sie auf Reisen Geld sparen können, können Sie auf Reisen auch Geld verdienen und dadurch länger unterwegs sein.

Auf meiner Reise habe ich auf folgende Arten Geld verdient:

1. AUF DER STRASSE ARBEITEN

Das Prinzip ist ganz einfach – finden Sie ein Hobby oder ein Talent an sich, gehen Sie auf die Straße, und versuchen Sie, damit Geld zu machen.

Die einzige Erfahrung, die ich damit habe, ist, dass ich Gitarre/Ukulele gespielt und einen Hut aufgestellt habe. Aber ich habe viele Reisende getroffen, die jonglieren, Armbänder herstellen, malen etc. Das Wichtigste dabei ist, nicht zu betteln, sondern für das Geld eine Gegenleistung zu bieten.

Hier ein paar Empfehlungen, die ich Leuten gern geben möchte, die über eine Karriere als Straßenkünstler nachdenken:

I. Haben Sie keine Scheu

Sie müssen nicht überdurchschnittlich begabt sein, um sich auf die Straße zu stellen und mit Ihrer Darbietung zu beginnen. Grundkenntnisse sind natürlich erforderlich, alles, was darüber hinausgeht, ist einfach ein Pluspunkt.

II. Halten Sie eine Geschichte bereit

Die Leute werden gern Geld geben, wenn Sie eine Geschichte von Ihnen zu hören bekommen. Es liegt also an Ihnen. Noch bevor die Leute sich fragen: »Warum sollte ich diesem Typ Geld geben?«, liefern Sie ihm die Antwort. Ich nehme dafür ein Stück Pappe, auf das ich meine Geschichte schreibe (bitten Sie um Hilfe, um die Geschichte in der örtlichen Sprache zu formulieren) und angebe, wofür ich das Geld verwenden werde. Ich gebe mir Mühe, eine interessante und amüsante Geschichte aufzuschreiben, weil Einmaligkeit und Humor immer funktionieren.

III. Haben Sie keine Erwartungen

Sie werden durch Ihre Straßendarbietungen nicht reich werden. Im Idealfall werden Sie etwas Geld für Ihre täglichen Ausgaben einnehmen, schrauben Sie also Ihre Erwartungen herunter, oder verzichten Sie besser gleich ganz darauf. Erwartungen führen sowieso nur zu Enttäuschungen.

IV. Geben Sie Ihr Bestes

Oft spielte und sang ich meine Songs mit geschlossenen Augen, ohne auf meine Umgebung zu achten, in einer Sprache, die den Passanten unbekannt war, und ohne zu merken, dass Leute stehen blieben und aufmerksam zuhörten. Einfach weil sie spürten, dass ich mit Herzblut spielte und sang.

V. Brechen Sie die Regeln

Spielen Sie, beobachten Sie, stellen Sie Ihre eigenen Regeln auf. Was beim einen funktioniert, muss beim anderen nicht funktionieren. Was an einem Ort klappt, muss an einem anderen Ort nicht auch klappen.

VI. Genießen Sie es

Das ist das Wichtigste. Freuen Sie sich, für andere zu spielen. Wenn Sie es nicht toll finden, wenn jemand einen Moment stehen bleibt, um Ihnen zuzuhören, Augenkontakt herstellt und das Lied bis zum Ende anhört, sollten Sie vielleicht besser etwas anderes machen.

2. IN EINEM RICHTIGEN JOB ARBEITEN

Wenn Sie in einem Industrieland unterwegs sind, können Sie auch einen normalen Job suchen und eine Zeit lang arbeiten. Wie bei der Freiwilligenarbeit können Sie Jobs finden, indem Sie Leute fragen oder online suchen.

Meiner Erfahrung nach ist es am besten, zuerst Kontakte zu knüpfen, besser mit den Leuten bekannt zu werden (wenn Sie lässig drauf sind, andernfalls sollten Sie besser nicht zu viel reden) und sie dann nach einem Job zu fragen. Machen Sie sich klar, dass es für diese Leute ein großes Risiko ist, Ihnen Arbeit zu geben (wenn Sie die nötigen Papiere dafür nicht haben), verhalten Sie sich daher entsprechend. Wie so oft im Leben: Versetzen Sie sich in die anderen hinein.

3. SCHREIBEN SIE EINEN BLOG

Wenn Sie eine einmalige Geschichte zu erzählen haben und gut erzählen können, lässt sich durch einen Blog, mit dem Sie in den sozialen Medien präsent sind, unter Umständen auch etwas Geld verdienen. Bis dahin ist es ein langer Weg, Sie müssen jahrelang wirklich hart arbeiten, aber wenn Sie Ihre Reisen für Ihre Karriere nutzen wollen, ist dies definitiv möglich.

4. SCHREIBEN SIE EIN BUCH

So wie ich dieses hier geschrieben habe, das Sie gerade lesen.